Sybille Schulemann-Adlhoch
Thomas Zimmermann
Peter Collier
Volker Wedde

Praxiswissen
Geprüfter Handelsfachwirt

Handelsmarketing
Beschaffung und Logistik

Mit Übungen und Prüfungstipps

weConsult-Verlag

Die Verfasser verfügen als Dozenten und Prüfer über eine langjährige Erfahrung im Studiengang Handelsfachwirt und Geprüfter Handelsfachwirt.

Vertrieb: F. Schöningh-Verlag, Würzburg info@schoeningh-buch.de

Printed in Germany 2010

ISBN 978-3-87717-825-6

Statt eines Vorworts...

Sie haben sich für die Fortbildung zum Handelsfachwirt entschieden. Mit diesem Buch möchten wir Sie dabei unterstützen.

In den Beschreibungen zum Studiengang „Geprüfter Handelsfachwirt“ sind die wichtigsten Qualifikationen genannt wie z.B.

- qualifizierte Handels- und Dienstleistungsaufgaben ausüben und dabei rechtliche Vorschriften berücksichtigen
- kundenorientierte und wirtschaftliche Konzepte und Lösungen zu den wesentlichen Bereichen eines Handelsunternehmens erarbeiten
- Marketingkonzepte konzipieren, umsetzen und auswerten
- handelsrelevante Marktentwicklungen beurteilen
- kunden- und dienstleistungsorientiert kommunizieren und kooperieren.

Dieses Kompetenzprofil beschreibt zweifellos einen hohen Anspruch. Jeder muss sich gründlich auf diese Prüfung vorbereiten.

In diesem Buch haben wir uns auf die Pflichtbereiche „Handelsmarketing“ und „Beschaffung und Logistik“ konzentriert, da in der Prüfung in diesen Handlungsbereichen besonders praxisorientierte, handelsspezifische Kenntnisse und Fertigkeiten erwartet werden. Ein weiterer Band mit den übrigen Prüfungsinhalten wird Ende 2010 in diesem Verlag folgen. Wir werden Ihnen die Inhalte des Rahmenplans zunächst theoretisch vermitteln und dann am Beispiel des Groß- und Einzelhandelsunternehmens Trinkmann GmbH darstellen. Dabei haben wir die Struktur des DIHK - Rahmenplans übernommen, so dass Sie sich gut orientieren können.

Dieser Rahmenplan setzt das Wissen aus der Erstausbildung im Groß- bzw. Einzelhandel voraus. Es ist also ratsam, falls Ihr Wissen nicht mehr ganz aktuell ist oder Sie zu den Quereinsteigern gehören, ein Schulbuch hinzuzuziehen, um die Grundlagen zu wiederholen.

Auf Querverweise haben wir verzichtet, da sie den Lesefluss hemmen; dafür ist das Sachwortverzeichnis sehr umfangreich.

Die Rechtsfragen basieren auf den Gesetzesstand vom Sommer 2010.

In der Prüfung müssen Sie handlungsorientierte Fachaufgaben bearbeiten. Dies haben wir durch die Beispiele in unserem Musterunternehmen berücksichtigt. Außerdem bieten wir Ihnen noch im Anhang Aufgaben an, mit denen Sie den Transfer des Erlernten trainieren können. Eine umfangreiche Vorbereitung auf die IHK – Prüfung mit mehreren Fragesätzen zu allen Prüfungsgebieten finden Sie im Buch „Collier, Wedde, Handelsfachwirt werden“, weConsult-Verlag, ISBN 978-3-87717-713-6. Von den gleichen Verfassern gibt es eine Formelsammlung, die Sie sogar mit in die Prüfung nehmen dürfen, ISBN 978-3-87717-712-9.

Herzlich danken wir Herrn Steffen Kraus für die engagierte Gestaltung etlicher Charts und die Erstellung des Satzes.

Ihnen wünschen wir Ihnen viel Spaß bei der Fortbildung und vor allem viel Erfolg bei der Prüfung und Ihrer beruflichen Karriere.

Ihr Autorenteam und der weConsult-Verlag

Inhaltsverzeichnis

Verzeichnis der Abbildungen

1. Das Modellunternehmen

Damit Sie die vielfältigen Theorien, Methoden und Probleme der Handelsbetriebslehre nachvollziehen können, haben wir ein mittelständisches Unternehmen als Modellbetrieb gewählt, die Trinkmann GmbH, Groß- und Einzelhandel mit Getränken. An typischen Situationen dieses Unternehmens werden Theorien auf den betrieblichen Alltag übertragen. Sie erfahren, wie wichtige Entscheidungen zustande kommen, wie Konzepte geplant, umgesetzt und ausgewertet und Entwicklungen im Handel beurteilt werden.

Rechtsform	Trinkmann GmbH Marco Trinkmann ist alleiniger Gesellschafter und Geschäftsführer. Das Unternehmen ist ein Groß- und Einzelhandelsunternehmen mit Getränken.
Umsatz	Gesamt 9,7 Mio. Euro, davon 5,0 Mio. Euro im Großhandel, 4,7 Mio. im Einzelhandel.
Standorte	Zentrale im Gewerbezentrum in A-Stadt Fachmärkte in • A-Stadt City • A-Stadt, Vorort • B-Stadt • C-Stadt • D-Stadt • E-Stadt • F-Stadt • G-Stadt Die Fachmärkte haben ca. 1000 qm Verkaufsfläche. In Zukunft sollen weitere Fachmärkte in einem Umkreis von 50 km um die Zentrale hinzukommen.
Sortiment	Alkoholfreie Getränke, Bier, Wein, Likörwein, Schaumwein, Spirituosen. Zusätzlich werden noch Salzgebäck, Gläser, Pralinen und saisonale Artikel wie z.B. Gartenpartyartikel geführt.
Serviceleistungen	Die Kunden des Großhandels aus der Gastronomie werden bei der Anmietung bzw. Anpachtung, der Einrichtung ihres Betriebes sowie bei Events beraten. Außerdem betreibt der Großhandel Getränkeautomaten als Rack Jobber in Kantinen. In den Fachmärkten können die Kunden Zapf- und Thekenanlagen, Gläser und Festzeltgarnituren mieten. Das Unternehmen unterhält einen Fuhrpark.

Organigramm Trinkmann GmbH

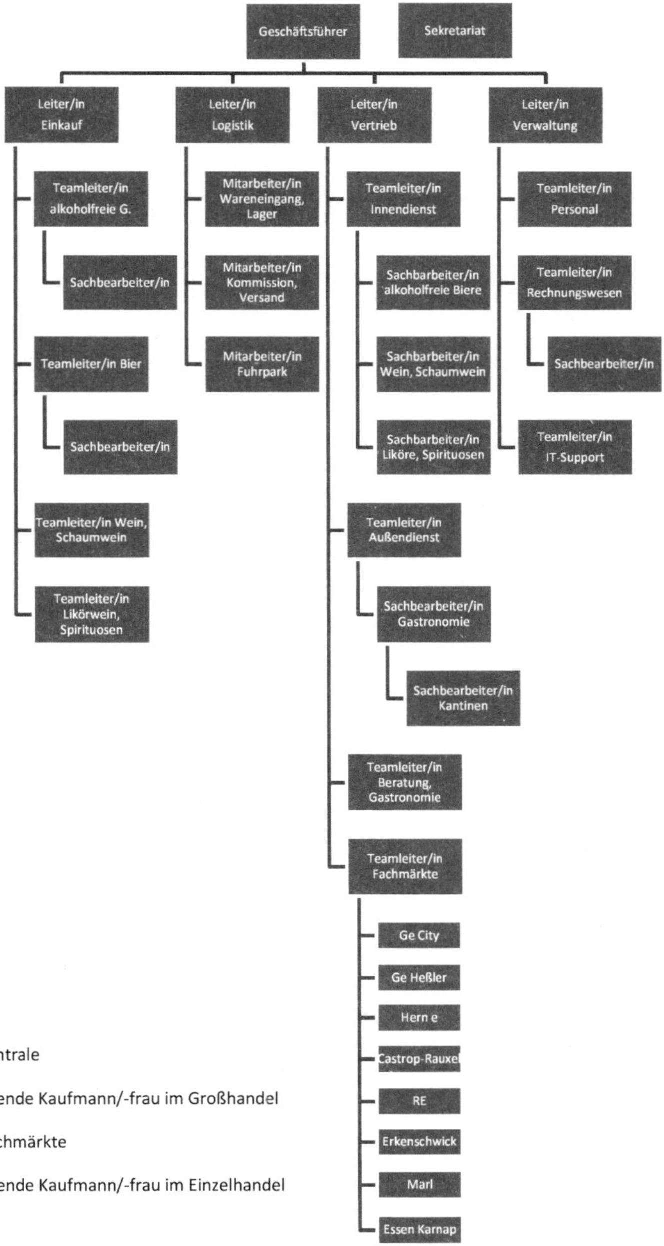

26,2 MA Zentrale

2 Auszubildende Kaufmann/-frau im Großhandel

26,5 MA Fachmärkte

3 Auszubildende Kaufmann/-frau im Einzelhandel

2. Handelsmarketing

2.1 Marketing: Vom Markt her denken

Im Handlungsbereich „Handelsmarketing“ soll in der Prüfung die Fähigkeit nachgewiesen werden, Veränderungen der Bedingungen auf nationalen und internationalen Absatzmärkten einzuschätzen, systematisch und entscheidungsorientiert Marktbeobachtung, -analyse und -bearbeitung mit den entsprechenden Instrumenten darzustellen und zu bewerten sowie Maßnahmen zur Kundengewinnung und -bindung zu bearbeiten und umzusetzen. Dabei soll gezeigt werden, dass die Marketinginstrumente des Handels zielorientiert eingesetzt werden können und ihr Erfolg überprüft werden kann.

In einer engeren Sicht handelt es sich bei Marketing um die Planung, Gestaltung und Kontrolle der absatzpolitischen Instrumente eines Unternehmens. In einer erweiterten Form wird Marketing als eine marktorientierte Unternehmenspolitik aufgefasst, wobei es insbesondere darum geht, die Erfordernisse des Absatzmarktes ausdrücklich und systematisch in allen Funktionsbereichen der Betriebe zu berücksichtigen. Im Mittelpunkt stehen Konzeption und Durchführung marktbezogener Aktivitäten eines Anbieters gegenüber aktuellen und potentiellen Nachfragern seiner Leistungen. Marketing bedeutet einerseits Anpassung an die Erwartungen und Bedürfnisse der Kunden, andererseits aber auch Impulsgebung und Gestaltung auf dem Markt mit neuen Sortimenten, Betriebsformen oder Systemen im Handel. Im Handel kommt auch der marktgerechten Gestaltung der Beziehungen zu den Lieferanten eine große Bedeutung zu.
Institut für Handelsforschung (IfH), Katalog E zur handels- und absatzwirtschaftlichen Forschung, 5. Ausgabe

„Vom Markt her denken“, kundenorientiert handeln, sind heute allgemeine Forderungen, die für alle Wirtschaftsbereiche gelten. Sogar die öffentlichen Verwaltungen werden umstrukturiert, so dass ihre Serviceleistungen bürgernäher angeboten werden können. Umso wichtiger ist es für ein Handelsunternehmen, den Kunden in den Mittelpunkt seines Denkens und Tuns zu stellen und seine Entscheidungen davon abhängig zu machen, ob der Kunde hieraus Vorteile hat. Nur dann wird er sich zum Kauf entscheiden.

Marketing orientiert sich am Beschaffungs- und Absatzmarkt, in diesem Teil werden die Marketingaktivitäten eines Handelsunternehmens auf dem Absatzmarkt dargestellt.

Handelsmarketing umfasst das für den Handel spezifische Marketing. Instrumente des Marketings im Handel sind:

- **Standortpolitik**
- **Sortimentspolitik**
- **Preispolitik**
- **Servicepolitik**
- **Distributionspolitik**
- **Kommunikationspolitik.**

Das Instrument der Sortimentspolitik ist besonders wichtig im Handel, in der Industrie steht dagegen das Instrument der Produktpolitik im Vordergrund. Dort geht es vor allem darum, das Produkt in seinen Eigenschaften zu verändern oder neu zu gestalten. Bei der Sortimentspolitik steht dagegen im Vordergrund, aus der Vielzahl der auf dem Markt angebotenen Artikel die richtige Auswahl zu treffen.

Auch die Service- und die Kommunikationspolitik bedürfen anderer Gestaltungsalternativen als in der Industrie, ganz besonders im Einzelhandel und im Abholgroßhandel. Hier sind spezielle Schwerpunkte neben der Werbung die Verkaufsförderung, die Warenpräsentation und die Verkaufsraumgestaltung.
Als Ganzes Instrument und der Art der Ware, ob Konsum- oder Produktionsgut, steht im Handel meist das Unternehmen im Mittelpunkt aller Marketinganstrengungen - im Gegensatz zur Industrie, bei der vorwiegend das einzelne Produkt in den Vordergrund gestellt wird.

Die Marketing-Instrumente werden nicht einzeln eingesetzt, sondern im Marketing-Mix miteinander kombiniert und aufeinander abgestimmt.
In der Fachliteratur werden Marktforschung, Planung, Gestaltung und Kontrolle des Marketings mit Hilfe des Marketing-Kreislaufes dargestellt:

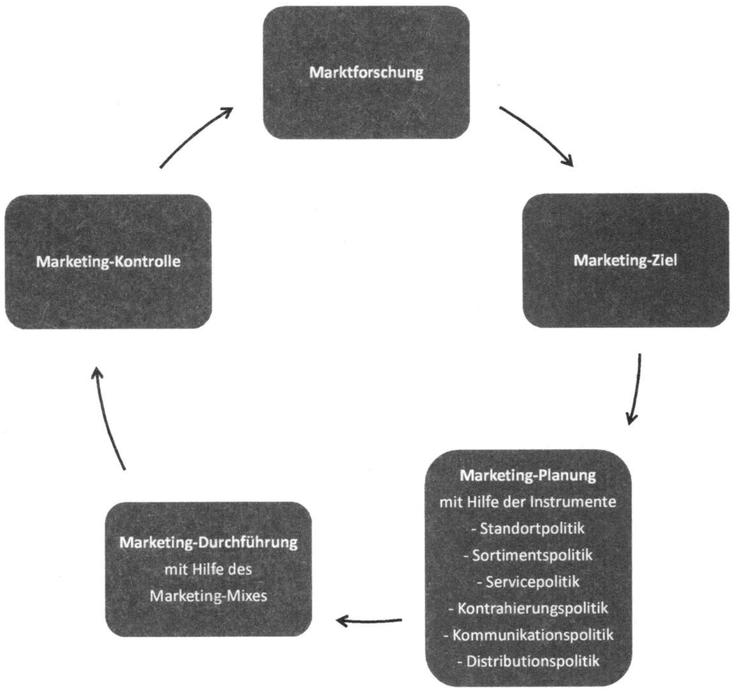

Abb 1: Marketingkreislauf

2.2 Handelsentwicklungen

2.2.1 Entwicklung vom Verkäufer- zum Käufermarkt

Die Stellung des Marketings spiegelt in vielen Fällen die Entwicklung des Marktes nach dem 2. Weltkrieg wieder.

Nach dem Krieg stand der Wiederaufbau des zerstörten Deutschlands im Vordergrund. Die Nachfrage nach Gütern aller Art war so groß, dass die Industrie die starke Nachfrage nicht befriedigen konnte, da die Produktionsstätten erst wieder aufgebaut werden mussten. Diese Situation entspricht einem **Verkäufermarkt**. Ein Verkäufermarkt ist gekennzeichnet von einem kleinen Angebot und einer großen Nachfrage. Der Verkäufer ist in der stärkeren Position und bestimmt, mit wem er zu welchen Konditionen Geschäfte abwickelt.

In den 60er Jahren hatte die Industrie ihre Produktion wieder aufgebaut, nun entwickelte sich der Absatz zum Engpass für das große Angebot der Industrie. Für den Erfolg der Hersteller war ausschlaggebend, ob sie in das Sortiment des Handels aufgenommen wurden. Daher bauten sie ihre Verkaufsorganisation aus, um die Auftragsvergabe zu forcieren.

So ergab sich in den 70er Jahren ein Überangebot im Handel. Um den Kunden musste geworben werden, die Unternehmen hatten sich auf die Wünsche der Kunden einzustellen. Der Verkäufermarkt der Nachkriegszeit hatte sich zu einem Käufermarkt entwickelt.

Der Käufermarkt ist gekennzeichnet von einem großen Angebot, das die Nachfrage übersteigt. Der Käufer wird von vielen Konkurrenten umworben. Auf den Absatzmärkten, auf denen ein starker Verdrängungswettbewerb besteht, wird mit allen Mitteln um den Käufer gekämpft, denn Mehrumsatz ist nur zu erzielen, wenn es gelingt, den Mitbewerbern Marktanteile abzuringen.

In den 80er Jahren wurde der Verdrängungswettbewerb zwischen den Unternehmen immer stärker. Die angebotene Ware gab es im Überfluss und der Kunde konnte zwischen vielen Anbietern und Marken wählen. Außerdem konnte er durch Verhandeln und Kaufzurückhaltung auf die Marktbedingungen einwirken. Dr. Kreke, ehemaliger Vorstandsvorsitzender der Douglas AG, sprach in einem Vortrag über den Einzelhandel sogar von einem „Krieg in den Innenstädten".

Im letzten Jahrzehnt kam noch hinzu, dass viele Märkte gesättigt sind: Eigentlich muss der Kunde dort nur Ersatz kaufen. Hier müssen die Handelsunternehmen zusammen mit der Industrie versuchen, neue Bedürfnisse zu wecken und Trends anzustoßen.

In den letzten Jahren nehmen auf den Erfolg eines Unternehmens immer mehr Umfeldfaktoren Einfluss wie z.B. die Ökologie, politische, technische oder gesellschaftliche Entwicklungen. Nur Unternehmen, denen es gelingt, sich kurzfristig diesen Entwicklungen anzupassen, werden in Zukunft am Markt erfolgreich sein.

2.2.2 Die Dynamik der Betriebsformen des Handels

Als Betriebsformen des Handels werden Unternehmen zusammengefasst, die in ähnlicher Form ihr Geschäft betreiben. Die wichtigsten Unterscheidungsmerkmale sind die Betriebsgröße sowie die Instrumente des Marketings wie der Standort, das Sortiment, das Serviceangebot, die Preispolitik bzw. die Distributionsarten.

Betriebsformen (Betriebstypen) des Einzelhandels im institutionellen Sinne sind insbesondere durch Branche, Sortiment, Preisniveau, Bedienungsform, Fläche

(Geschäftsfläche, Verkaufsfläche), Standort und Filialisierung (Filialunternehmung) gekennzeichnet.

„Handel ist Wandel“ ist eine alte Weisheit, die sich bei der Entwicklung der Betriebsformen besonders bewahrheitet. Im Katalog E Ausgabe 4 von 1995 wurden noch folgende Betriebsformen aufgeführt:

Groß- und Außenhandel	Einzelhandel
Sortimentsgroßhandlung	Fachgeschäft
Spezialgroßhandlung	Fachmarkt
Export-, Import- und Transitgroßhandlung	Fachdiskonter
Aufkaufhandel	Spezialgeschäft
Absatzgroßhandlung	Boutique
Rack Jobber	Fabrikladen (Factory Outlet)
Zustellgroßhandlung	Gemischtwarengeschäft
Cash-and-Carry-Betrieb	Warenhaus
Versandgroßhandlung	Gemeinschaftswarenhaus
Konsumgütergroßhandel	Kaufhaus
Produktionsgütergroßhandel	Verbrauchermarkt
Einkaufsvereinigung/Verbundgruppe	Selbstbedienungswarenhaus
Freiwillige Kette	Supermarkt
Großhandelszentrum	Convenience Store
Handelsvertreterzentrum	Drugstore
Produktionsverbindungshandel	Diskontorientierung – Diskontgeschäft
Werkhandelsunternehmung	Off-Price-Store
Streckengeschäft	Katalogschauraum
	Duty-Free-Shop
	Filialunternehmung
	Einkaufszentrum
	Versandhandel
	Sammelbesteller
	Automatenverkauf
	Teleshopping
	Drive-in-Store

Die Übersicht weist Betriebsformen im Einzelhandel auf, die es Praktisch nicht mehr auf dem Markt gibt wie z.B. das Gemischtwarengeschäft: Gingen die Eigentümer von **Gemischtwarengeschäften** in Rente, so fanden sich keine Nachfolger für das Geschäft. Außerdem wurde diese Betriebsform von keiner der Verbundgruppen wie z.B. Edeka oder Rewe mehr unterstützt, sie erwarten zwischenzeitlich für einen Supermarkt eine Mindestfläche von deutlich über 800 qm. Diese Verkaufsfläche ist jedoch nicht rentabel in den ländlichen Gebieten. Nach einer Befragung der NRW-Landesregierung rechnet sich ein Supermarkt erst ab 15.000 Einwohner im Einzugsgebiet.

Andere Betriebsformen verlieren an Bedeutung wie z.B. die **Warenhäuser**. „Alles unter einem Dach" schätzen die Kunden seit den 90er Jahren nicht mehr. Für viele Waren besuchen sie lieber die **Fachmarktzentren**, in denen sie mit dem Auto vor die Tür fahren können und den Eindruck haben, die Waren preiswerter zu erhalten. Große Warenhausunternehmen sind in Insolvenz gegangen wie z.B. Hertie, Woolworth oder Karstadt. Fachleute sehen durchaus eine Chance für diese Betriebsform, wenn sie es schafft, das Erlebnis in den Mittelpunkt zu stellen. In jedem Fall müssen die Warenhäuser weiterhin die Sortimente bereinigen und in den verbleibenden Abteilungen ein tiefes Angebot im mittleren bis gehobenen Preisniveau präsentieren. In manchen Fällen kann es die Attraktivität steigern, wenn Flächen von starken Lieferanten bewirtschaftet werden. Doch dabei besteht die Gefahr, das eigene Profil zu schwächen; ein Fehler, der bereits in der Vergangenheit gemacht wurde. Andererseits sind die Warenhäuser für unsere Innenstädte von großer Bedeutung und es wäre ein schwerer Verlust, wenn diese Betriebsform nicht erhalten bliebe.

Die Grenzen zwischen dem **Versandhandel**, **stationären Handel** und **E-Commerce** verschwimmen immer mehr. Stationäre Betriebsformen bieten ihre Ware auch über das Internet an, klassische Versender verkaufen herkömmlich und über das Internet an den gleichen Kunden und erfolgreiche Anbieter wie z.B. Amazon bauen ihre Sortimente aus, die sie ausschließlich über das Internet verkaufen. Die neuen Bereiche des Versands verzeichnen hohe Zuwächse im Gegensatz zu den großen traditionellen Sortimentsversendern, deren Umsätze rückläufig sind; der große Versender Quelle konnte sich nicht auf diese neuen Entwicklungen einstellen und musste aufgeben. In jüngster Zeit scheint sich die Umsatzkurve des online Handels abzuflachen. So berichtet das Statistische Bundesamt darüber, dass seine Umsatzentwicklung im 1. Halbjahr 2010 unter jener des stationären Einzelhandels gelegen habe.

Gewinner und Verlierer 1995 bis 2007

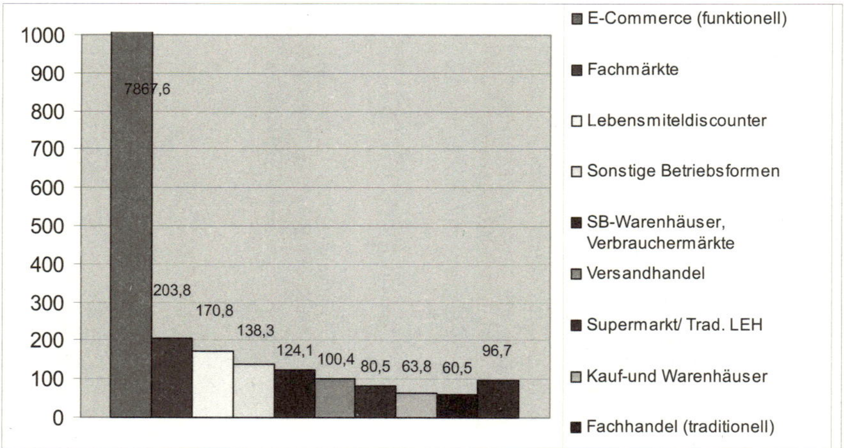

Abb 2: Gewinner und Verlierer • Entwicklung in Prozent

Quelle: BBE Retail

Das folgende Diagramm zeigt, wie sich allein zwischen 1995 und 2009 die Gewichte der einzelnen Betriebsformen verschoben haben:

Marktanteilsentwicklung nach Vertriebsformen Anteil am Umsatz

Einzelhandel (ohne Kfz, Brennstoffe, Apotheken) in Prozent

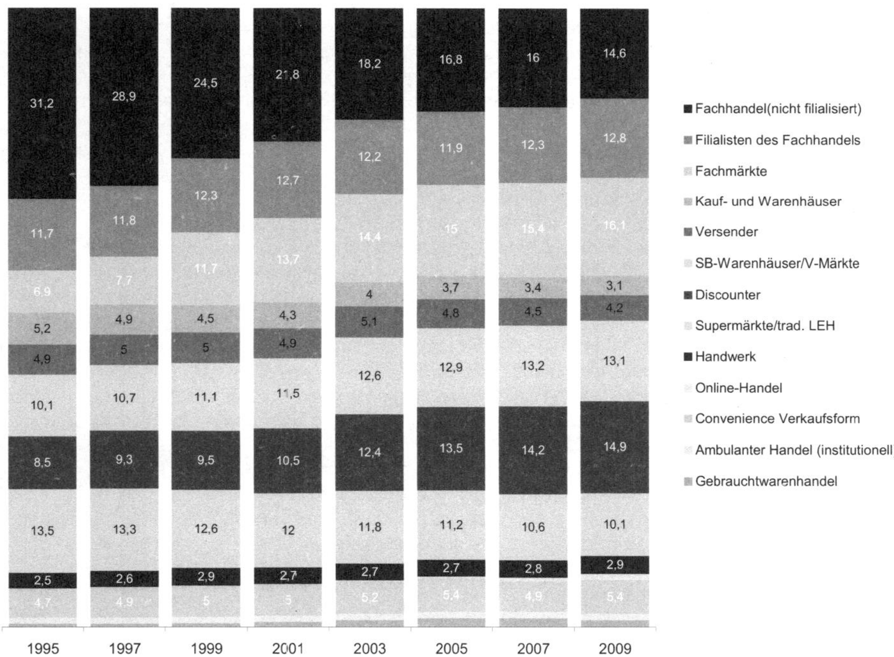

Quelle: BBE, veröffentlicht in HDE Zahlenspiegel 2010, Hrsg. Handelsverband Deutschland e.V.
Abb 3: Marktanteilsentwicklung nach Betriebsformen

Doch es gibt auch Betriebsformen, die sehr stark an Bedeutung gewonnen haben:

Die Städte und Gemeinde haben in der Vergangenheit ihre Bedenken gegenüber **Fachmärkten** aufgegeben und entlang von Ausfallstraßen oder in eigens ausgewiesenen Zentren auf der „grünen Wiese" diese Betriebsform genehmigt. Dies führte zu Umsatzzuwächsen bei diesem Betriebstyp. Ihr Marktanteil wird in der Zukunft weiter zunehmen. Inzwischen steuert die Landesplanung der Bundesländer eher gegen diese Entwicklung. Denn die Verantwortlichen der Stadt- und Landesplanung haben gemerkt, dass Fachmarktzentren mit innenstadtbezogenem Sortiment die Innenstädte schwächen. Um weitere Leerstände in den Citylagen zu vermeiden, definieren die Städte und Gemeinden in Einzelhandels- und Zentrenkonzepten die Sortimente, die nur in den Innenstädten geführt werden dürfen. Auf der „grünen Wiese" dürfen diese Sortimente wie z.B. Bekleidung, Bücher, Glas, Porzellan, Lederwaren dann nur noch in begrenztem Umfang geführt werden.

Schlechte konjunkturelle Phasen in Verbindung mit Arbeitslosigkeit und Kurzarbeit begünstigen bei den Kunden die Betriebsformen mit niedrigem Preisniveau, ganz besonders die **Discounter**. Hierdurch verlieren die Supermärkte mit Vollsortiment, zumal die Discounter mittlerweile ein Frische-Angebot mit Gemüse, Fleisch und Wurst aufweisen und so als Nahversorger präsent sind.

Bei der jüngeren Generation gehört Shopping heute zur Freizeitgestaltung. Nutznießer sind davon vor allem die **Shoppingcenter** und die 1 a – Lagen in den Citys der Großstädte, in denen vornehmlich die Warenhäuser und die Filialbetriebe vertreten sind.
Für die Zukunft wird angenommen, dass Betriebsformen im Umfeld von „Convenience" weiterhin gewinnen werden wie z.B. **Tankshops** und **Bahnhofsgeschäfte** mit erweiterten Öffnungszeiten sowie **Home Shopping** über das Fernsehen bzw. Internet. Die Umsätze steigen sehr stark, jedoch immer noch auf niedrigem Niveau.

Neue erfolgreiche Unternehmen oder Unternehmenskonzepte setzen sich am Markt durch, die in die bestehenden Betriebsformen nicht einzuordnen sind:

- Tchibo bietet jede Woche eine „neue Tchibo Welt" an: Das Sortiment ist einem Thema unterstellt und aus der Sicht des Kunden wird versucht, mögliche Wünsche zu diesem Thema zu erfüllen: z.B. „Zeit für mich" umfasst ein Sortiment von Bekleidung, Massagematten- und –liegen, Leuchten und Kerzen, Wäsche, Duftöle sowie einem Ganzkörperbräuner. Dabei ist Tchibo weiterhin ein Spezialgeschäft für Kaffee, und all dies auf kleiner Fläche. Der Kunde nimmt es so an.
- Eine ähnliche Leitidee haben die **Conceptstores**: Hier wird das Sortiment an einer sehr spezifisch definierten Zielgruppe ausgerichtet wie z.B. dem Designliebhaber, dem Sammler von Marken, die es schon immer gab. Oft umfasst das Sortiment Mode, Schuhe, Bücher/CD, Wohnaccessoires und Kosmetik.

Die beispielhaft genannten Faktoren zeigen, dass in der Zukunft die niedrigpreisigen Betriebsformen und die Betriebsformen mit Erlebnischarakter, also die eher höherpreisigen Typen, gewinnen werden. Einbußen wird weiterhin das mittlere Segment wie z.B. das Fachgeschäft zu verzeichnen haben.

Anhand der Tabelle des Katalogs E ist sichtbar, dass die Betriebsformen des Großhandels Bestand haben. Sie unterliegen lediglich Veränderungen, die Absatzinstrumente bleiben erhalten, werden lediglich modifiziert, so dass die Betriebsform mit ihren Merkmalen bleibt.

2.2.3 Handelsrelevante Trends

Die Umsätze im Großhandel sind im letzten Jahrzehnt bis zur Finanzkrise 2008 auf niedrigem Niveau angestiegen. Dabei hatte der Export-Großhandel starke Zuwächse, der Großhandel mit Konsumgütern stagnierte. Dies entspricht der Entwicklung im Einzelhandel. Die anhaltende Konjunkturkrise, steigende Arbeitslosenzahlen und eine Konsumunlust der Verbraucher führten zu stagnierenden Umsätzen. Da seit Anfang der 90-er Jahre der Einzelhandelsumsatz stagnierte, brachte die Krise 2008 insbesondere jenen Unternehmen das Aus, die schon zuvor die Anpassung an das geänderte Kaufverhalten nicht oder nur unzureichend vorgenommen hatten..
Seit 2010 rangiert der Export wieder als Lokomotive der Wirtschaft.

Das **verfügbare Einkommen** der deutschen Volkswirtschaft hat sich in den letzten Jahren im internationalen Vergleich nur mäßig entwickelt. Die Wirtschaftsentwicklung ließ keinen nennenswerten Anstieg der Einkommen zu und was mehr verdient wurde, wirkte sich nicht netto aus, da Steuern und Sozialabgaben anstiegen. Real betrachtet verdienen die Arbeitnehmer heute nicht sehr viel mehr als zu Beginn der 90er Jahre und in der nächsten

Zukunft wird sich dies auch nicht ändern. Zusätzlich nahm und nimmt weiterhin die Sparneigung der Deutschen zu, da sie um ihren Arbeitsplatz fürchten und sie angesichts ungünstiger Rentenprognosen mehr für das Alter zurücklegen. Dazu kommt noch, dass die privaten Haushalte immer weniger Geld im Einzelhandel ausgeben. Wohnen ist durch höhere Mietbelastungen und Energiekosten teurer geworden und Gesundheit, Wellness, Verkehr und Nachrichtenübermittlung sowie Bildung gewinnen an Bedeutung.

Dadurch wird die Wettbewerbsituation im Handel immer angespannter. Und trotzdem nehmen die **Verkaufsflächen** kontinuierlich zu. Jedes Jahr eröffnen viele Einkaufszentren, insbesondere in den Mittelstädten. Doch es gab auch spektakuläre Neueröffnungen wie z.B. „MyZeil“ in Frankfurt (47.000 qm) und den „Limbecker Platz“ (70.000 qm) in Essen. Zwar sind noch viele Zentren in Planung, doch die starke Zunahme der Flächen wird nachlassen. Bereits geplante Erweiterungen wie z.B. des Centro Oberhausen wurden verschoben, erste Betreibergesellschaften mussten Insolvenz anmelden. Neugeschaffene Shopping Center (wie z.B. Schweinfurt erleben einen weitaus stärkeren Widerstand des Marktes. Nicht immer finden sich heute gleichwertige Nachfolger für die leerstehenden Häuser der insolventen Handelsunternehmen.

Gerade discounterorientierte Betriebsformen expandieren in den letzten Jahren – nicht zuletzt in den Klein- und Mittelstädten – sehr stark. Und auch der Möbelhandel erlebt nach wie vor eine beispiellose Flächenexpansion.

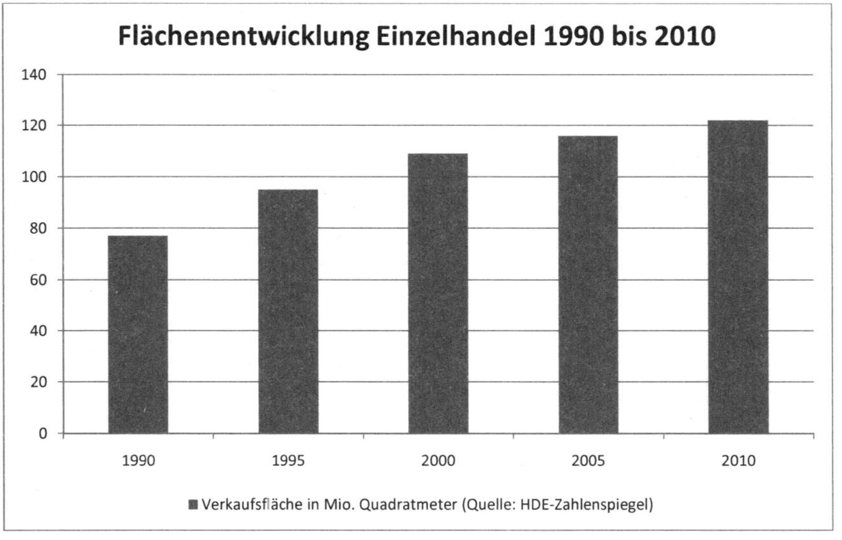

Abb 4: Flächenentwicklung im Einzelhandel

Nutznießer der starken Flächenzunahme waren und sind die **Filialisten**, und hier vor allem die preisaggressiven wie z.B. Deichmann, KiK, Takko. Auch ausländische Filialisten versuchen wieder ihr Glück in Deutschland. Der deutsche Markt gilt als sehr schwierig, doch auch als sehr potent.

Die **Konzentration** im Handel setzt sich weiter fort. Große Unternehmen werden durch Expansion, Übernahmen und Fusionen immer größer, manches unternehmergeführte

Einzelunternehmen sieht keine Zukunft und gibt auf. Doch es gibt auch große, inhabergeführte Geschäfte, die ihre lokale Marktposition behaupten oder sogar noch ausbauen konnten. Sie nutzen die Vorteile der besseren Beratung und des persönlichen Kundenkontakts.

In den letzten Jahren ist eine Verschiebung vom institutionellen zum funktionellen Handel zu beobachten.

Handel im **funktionellen** Sinne liegt vor, wenn Unternehmen Ware, die sie in der Regel nicht selbst be- oder verarbeiten, von anderen Unternehmen beschaffen und an Dritte absetzen. In der Praxis wird der Begriff im Allgemeinen auf den Austausch von Sachgütern, noch häufiger auf den Austausch von beweglichen Sachgütern eingeschränkt.
Handel im **institutionellen** Sinne umfasst nur die Unternehmen, deren wirtschaftliche Tätigkeit ausschließlich oder überwiegend dem Handel zuzurechnen ist. In der amtlichen Statistik wird eine Unternehmung oder ein Betrieb dann dem Handel zugeordnet, wenn aus der Handelstätigkeit eine größere Wertschöpfung resultiert als aus einer zweiten oder aus mehreren sonstigen Tätigkeiten.

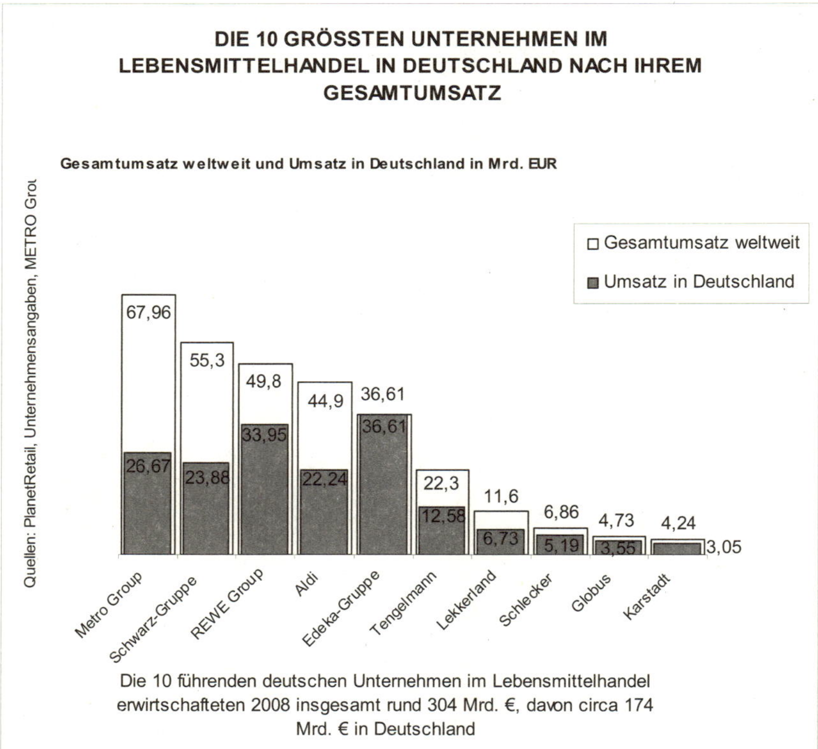

Quelle: Metro Handelslexikon 2009/2010, METRO AG

Abb 5: Die 10 größten Unternehmen im Lebensmittelhandel

Hersteller und Großhandel verkaufen inzwischen ihre Ware auch direkt über das Internet. Sie werden aber oft auch vom Handel gebeten, vor allem von Waren- und Kaufhäusern, Verkaufsflächen selbst zu bewirtschaften. **Franchise-Systeme** setzen sich durch, bei denen der Hersteller oder Großhändler Franchisegeber und der Einzelhändler Franchisenehmer wird. Im Lebensmittelhandel expandiert das Handwerk, vor allem Bäckereien, bei denen das Geschäft des Handels im Vordergrund steht und nicht mehr die handwerkliche Produktion. Oft werden Fertigprodukte gekauft, die lediglich vor Ort noch aufgebacken werden. Andererseits betätigen sich Handelsunternehmen in der Produktion: Sie unterhalten Designabteilungen, die Produkte als Handelsmarken entwickeln, und lassen bei den Herstellern, oft in Osteuropa bzw. Asien, unter ihrer Aufsicht und Anleitung die Ware anfertigen. Ist die Firma „ESPRIT“ ein Hersteller, ein Groß- oder Einzelhändler? Eine Zuordnung ist fast nicht mehr möglich. Das Unternehmen selbst bezeichnet sich als „wholesaler“ – als Großhändler.
Außerdem nutzen große Handelsunternehmen ihre Chancen, außerhalb des schwierigen Marktes Deutschland mit seinen niedrigen Erträgen im Ausland zu expandieren.

Märkte in Osteuropa bzw. Asien bieten noch Potenziale, die hier innerhalb der EU nicht denkbar wären. Außerdem fehlt dort eine Handelsstruktur, die es gerade großen Handelsunternehmen mit ihren ausgefeilten Konzepten – vielleicht in Partnerschaft mit regionalen Handelsunternehmen oder Einkaufscenterbetreibern – ermöglicht, sehr erfolgreich zu werden. Darüber hinaus gibt es heute Handelsmetropolen wie z.B. Dubai oder Shanghai, die Einzugsgebiete von 1000 Kilometern haben und Kunden aus vielen Ländern anziehen, die dort einkaufen. Große Markenhersteller versuchen, in diesen Weltzentren Niederlassungen zu eröffnen, im funktionellen Handel in eigener Regie oder im institutionellen Handel innerhalb einer Partnerschaft mit Handelsunternehmen aus Deutschland, die sich hierauf spezialisiert haben, oder mit Partnern aus dem jeweiligen Land. Nicht selten werden hier noch keine Erträge erwirtschaftet, vielmehr wird der Marketingwirkung große Bedeutung zugemessen. Erste Erfahrungen mit dem fremden Kunden werden möglich, die bei weiteren Expansionsentscheidungen sehr wertvoll sein können.

Gleichzeitig streben ausländische Unternehmen auf den deutschen Markt. Einerseits zieht die vielfältige Handelslandschaft diese fremden Unternehmen an, andererseits wurde Deutschland durch die Öffnung von Osteuropa und die Erweiterung der EU die Mitte Europas, die sich als Zentrale einer europaweiten Expansion anbietet.

2.3 Kooperation im Handel

2.3.1 Formen der Kooperation

Die Konzentration im Handel erfordert, dass kleine und mittelständische Unternehmen ihre Marktposition verbessern und mit Partnern zusammenarbeiten. Dies gilt für den Großhandel und Einzelhandel gleichermaßen.

Bei den **horizontalen** Kooperationen arbeiten Unternehmen der gleichen Handelsstufe zusammen – Großhändler mit Großhändler oder Einzelhändler mit Einzelhändler. Oft wollen die Partner ihre Marktstellung gegenüber den Lieferanten durch gemeinsames Auftreten stärken. Typische Formen sind der Einkaufsverband, das Einkaufskontor oder die Einkaufsgenossenschaft.

In **vertikalen** Kooperationen oder Allianzen arbeiten Partner unterschiedlicher Handelsstufen zusammen. Dabei gibt es eine Vielzahl von Formen:

- Vertragshändler – oft im Großhandel bzw. Autohandel– vertreiben ausschließlich Ware eines Herstellers. Vertraglich wird dem Händler zugesichert, von dem Markenzeichen des Herstellers Gebrauch machen zu dürfen; häufig wird ihm Gebietsschutz gewährt.
- Der Einkaufsverband oder die Verbundgruppe können auch eine vertikale Kooperation bilden aus einem Großhändler, der ähnliche Aufgaben wie eine Zentrale in einem Filialunternehmen übernimmt, und einer Vielzahl von Einzelhändlern.
- Der Rack Jobber übernimmt wichtige Funktionen des Einzelhändlers. Ähnlich arbeiten Depotsystemen und Concessions, bei denen der Hersteller diese Funktionen übernimmt, wie z.B. Disposition der Ware, Warenpflege, Lagerhaltung, Präsentation, Bestandsüberwachung.
  Beim Rack Jobber handelt es sich meist um die Vermietung von Warenträgern, bei Depotsystemen, Concessions und shops-in-the-shop um die Vermietung von Flächen.
- Franchisesysteme nehmen im Großhandel und noch stärker im Einzelhandel zu: Der Hersteller oder Großhändler als Franchise-Geber räumt den Partnern aus Groß- und Einzelhandel das Recht ein, sein Marketing-Konzept zu verwenden. Als Gegenleistung garantiert der Franchise-Nehmer die Warenabnahme und führt eine Provision ab.
- Beim Electronic Data Interchange – EDI – tauschen die Partner der gesamten Wertschöpfungskette wichtige Daten aus, um Logistikkosten zu senken und die Warenverfügbarkeit zu erhöhen.

Bei den **lateralen** oder **diagonalen** Kooperationen arbeiten Unternehmen verschiedener Branchen und/oder Handelsstufen zusammen. Typische Formen im Handel sind die City Logistik-Gesellschaften, in denen ein oder mehrere Logistikdienstleister die Innenstädte effizient mit Waren versorgen, oder die City-Marketing-Gesellschaften, die das Ziel verfolgen, die Stadt und ihr Image, ihre Attraktivität und Anziehungskraft zu verbessern.

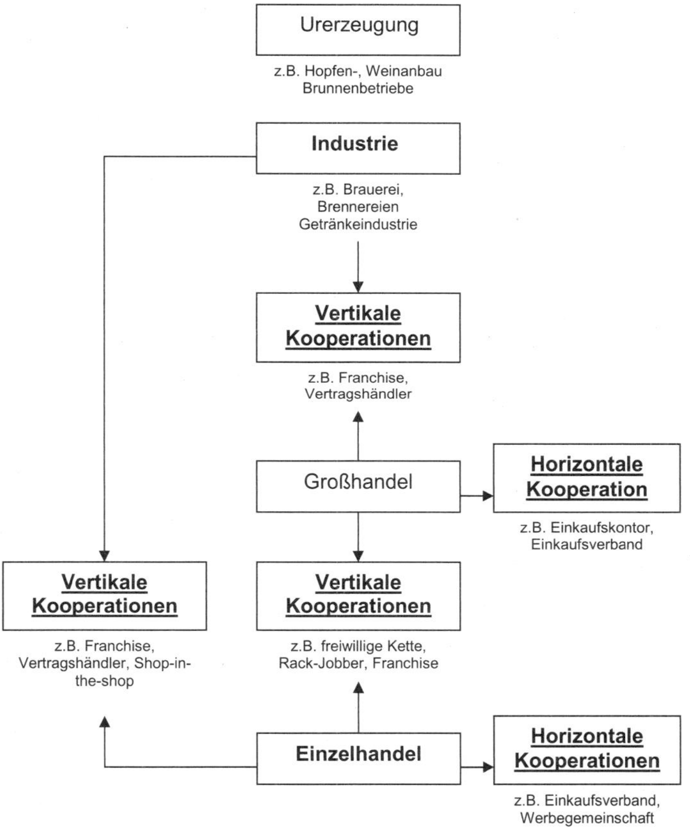

Abb 6: Formen der Kooperation

2.3.2 Ziele der Kooperation

Früher war das vorrangige Ziel von Kooperationen die **Verbesserung der Einkaufsbedingungen**. Dies gilt heute zwar auch noch, dazu aber haben sich ergänzende Leistungen herausgebildet, die sowohl im Marketing wie auch in der internen Organisation das Handelsunternehmen stärken.

Einkaufskooperationen werden von Unternehmen jeder Unternehmensgröße eingegangen: Kleine und mittelständische Unternehmen des Groß- und Einzelhandels schließen sich zu vertikalen und horizontalen Einkaufskooperationen zusammen, doch auch Großunternehmen suchen die Partnerschaft, z.B. arbeitet die Karstadt AG im Schuheinkauf mit dem Einkaufsverband „Garant Schuhe und Mode AG“ zusammen. Dabei sollen Beschaffungsmengen gebündelt werden, um bessere Konditionen zu erhalten. Für den Partner einer starken Kooperation werden günstige Geschäftsbedingungen möglich, die die Rechte bei Warenmängeln und Lieferungsverzug stärken und Kosten reduzieren. Außerdem werden internationale Beschaffungsquellen zugänglich, die für den Einzelnen durch die Risiken und Kosten des Außenhandels trotz der niedrigen Beschaffungspreise nicht rentabel wären.

Für kleine und mittelständische Handelsunternehmen kann es schwierig sein, starke **Herstellermarken**, die im Fokus des Kunden stehen, ausreichend Gewicht im Sortiment zu geben, denn Lieferungsbeschränkungen der Industrie erschweren nicht selten den Bezug . Hier sichert der Einkaufsverband oder die Vertragspartnerschaft diese Bezugsquelle.

Wichtige Herstellermarken bieten immer stärker **Vertriebskonzepte** an, die auf ihren Werbeauftritt abgestimmt sind, der Kundenzielgruppe entsprechen und als Systemangebot Kosten der Ladengestaltung und Warenpräsentation senken. Dies gilt vor allem für vertikale Partnerschaften wie Franchise und Concessions, bei denen der Lieferant die Verkaufsfläche des Handelsunternehmens bewirtschaft. Die Risiken des Absatzes werden geteilt: Das Handelsunternehmen kann bei Absatzschwierigkeiten großzügig retournieren, der Hersteller beteiligt sich an Preisreduzierungen. Dabei optimieren sich oft die Verkaufskennziffern, da Lieferant und Handelsunternehmen in der Warenwirtschaft vernetzt sind, der Lieferant sofort Absatzmöglichkeiten und -risiken erkennen und schnell reagieren kann. Reibungen innerhalb der gesamten Wertschöpfungskette werden sehr schnell offenkundig und können abgestellt werden. Außerdem hat sich erwiesen, dass der Erfolg mittelständischer und kleinerer Handelsunternehmen, vom Engagement und persönlichen Einsatz des Unternehmers abhängig ist. So können auch sie expandieren, da wichtige Aufgaben vom Lieferant zuverlässig und effizient übernommen werden.

Neben den Herstellermarken gewinnen die **Handelsmarken** immer mehr an Bedeutung. Sie schaffen Profil im Sortiment, geben kalkulatorische Freiheiten und sind ein wichtiges Absatzinstrument, um den Kunden an das Unternehmen zu binden. Nur durch horizontale oder vertikale Partnerschaften ist die Entwicklung von Handelsmarken für kleine und mittelständische Unternehmen möglich.

Die Einkaufsverbände machen oft – egal ob horizontal oder vertikal gegliedert – ihren Mitgliedern **Finanzierungsangebote**. Sie übernehmen die Zentralregulierung, so dass alle Rechnungen der Lieferanten zentral von der Einkaufskooperation beglichen und später den Mitgliedern belastet werden. Damit übernimmt der Einkaufsverband das Risiko für Forderungsausfälle. Dies macht auch für marktstarke Lieferanten das Geschäft mit vielen kleinen und mittleren Handelsunternehmen interessant.

Weitere Serviceangebote von Einkaufskooperationen, Großhändlern und der Industrie gegenüber dem Einzelhandel sind die **Betriebsberatung, Betriebsvergleiche und Logistik- und Informationskonzepte**.

Fallbeispiel
Die Trinkmann GmbH erwägt ihre Expansion durch ein Franchise-Angebot zu beschleunigen. Dabei ist geplant, im engeren Umkreis die Fachmärkte in eigener Regie zu führen, im weiteren Absatzgebiet jedoch Franchise-Partner zu gewinnen, die die Fachmärkte als selbständige Unternehmer führen. Die Trinkmann GmbH übernimmt die Beschaffung von Wasser, Bier, Säften und Limonaden, stellt die Geschäftausstattung, übernimmt die Werbung und bietet Mitarbeiter-Schulungen und Betriebsberatungen an. Die Franchise-Nehmer konzentrieren sich auf die Kunden- und Mitarbeiterbetreuung. Dabei lässt die Trinkmann GmbH den Märkten unternehmerische Freiheiten im Sortiment: Weine, Spirituosen und Ergänzungssortimente können von der Trinkmann GmbH bezogen oder in Eigenregie entsprechend den Anforderungen des Standortes beschafft werden.

Dadurch reduziert sich das unternehmerische Risiko für beide Partner: Der Franchise-Nehmer übernimmt die niedrigeren Kosten der Geschäftsausstattung von ca. 40.000 Euro, zahlt eine Einstiegsgebühr von 8.000 Euro und eine Umsatzprovision von 5%.

Die Trinkmann GmbH stellt ihr in der Praxis bewährtes Konzept der Getränkemärkte zur Verfügung, sichert den Absatz des Großhandels, erhöht den Bekanntheitsgrad der Märkte und vielleicht später auch einer Handelsmarke und optimiert die Kosten der Zentrale.

2.3.3 Was macht Kooperationen erfolgreich?

Geht ein Handelsunternehmen Kooperationen ein, so müssen alle Mitglieder dieser Zusammenarbeit Ziele verfolgen, die nur gemeinsam erreicht werden können. Oft steht die Marke der Verbundgruppe im Mittelpunkt, die gemeinsam am Markt durchgesetzt werden soll. Viele Partner treten im gleichen Erscheinungsbild auf. Dies ist für die rasche Durchsetzung der Marke von großer Bedeutung. Alle partizipieren so gleichermaßen von ihrem Engagement. Nicht selten wird den Partnern ein differenziertes Angebot unterbreitet, so dass das Handelsunternehmen zwischen verschiedenen Sortimentsbausteinen und Leistungspaketen wählen kann.

Ein elektronischer Datenaustausch ist heute unerlässlich, um die Sortiments- und Preisentscheidungen auf beiden Seiten schnell und effizient treffen zu können.
Immer wieder scheitern Kooperationen an dem Konflikt zwischen Selbständigkeitswahrung und -aufgabe. Nur die Bereitschaft der Handelsunternehmen, auf einen Teil der unternehmerischen Eigenständigkeit zu verzichten, sichert das Erreichen des gesetzten Zieles. Dabei sollte bei den Mitgliedern darauf geachtet werden, dass Konflikte, widersprüchliche Interessen und regionale Überschneidungen nicht zu groß sind.

Soviel Freiheit für den einzelnen Partner wie möglich, nicht mehr Bindung als nötig.

Horizontale Kooperationen sind Kartelle: Unternehmen auf der gleichen Handelsstufe verpflichten sich zu gemeinsamen Handeln in bestimmten Bereichen - z.B. dem Einkauf – mit der Folge, den Wettbewerb zu beschränken. Oft treten die Mitglieder nicht mehr selbst am Markt auf, sondern die Verbundgruppe übernimmt die Verhandlung mit den Lieferanten. Grundsätzlich sind Kartelle verboten, doch der Gesetzgeber hat Ausnahmen geregelt. Zu diesen Ausnahmen gehören die Mittelstandskartelle. Dem Gesetzgeber ist hier wichtiger, den Mittelstand zu stärken und ihm am Markt eine Position zu geben, die es ermöglicht, gegenüber den großen Handelsunternehmen bestehen zu können. Daher müssen Einkaufskooperationen lediglich angemeldet werden.

Namenswechsel und Fusionen: Die Geschichte der Intersport Deutschland eG

1952 schließt sich der Heilbronner Sportartikelhändler Theo Saemann mit elf Sporthändlern zur „Interessengemeinschaft von Sportfachgeschäftinhabern IGESPO“ zusammen. Jedes Mitglied muss über die IGESPO im Jahr mindestens 25.000 DM Ware einkaufen.

Während der 8. Wiesbadener Sportartikelmesse 1956 wird daraus die Einkaufsgenossenschaft Sport eGmbH EGESPO, Heilbronn, mit anfangs 15 Anschlusshäusern. Der Genossenschaftsumsatz zu EK-Preisen liegt 1956 bei 2 Mill. DM, im folgenden Jahr schon bei 5 Mill. DM. Da sind es 27 Mitglieder. Durch die Fusion mit dem Dortmunder Einkaufsverband Sportring wächst die Zahl der Mitglieder auf 59. 1962 steigt der Umsatz auf 20 Mill. DM. Im Jahr darauf wird in Deutsche Intersport eGmbH Einkaufsgenossenschaft Sport umfirmiert und der Sitz nach Heilbronn-Böckingen verlegt. Seit 1975 wird unter Intersport Deutschland eG firmiert. Seit 1979 trägt die Intersport den blau-roten Schriftzug. 2000 fusionieren die Intersport-Töchter Zentrasport und Sportring zur Systempartner Intersport GmbH. Die bis dahin größte Investition von 20 Mill. Euro, das Messe- und Eventcenter Redblue, wird 2004 in Betrieb genommen. Im Jahr finden dort sechs Ordermessen statt. Am Standort Heilbronn gibt es heute 280 Mitarbeiter.

Quelle: DE, TW

2.4 Marktforschung

Die Marktforschung umfasst die geplante und systematische Beschaffung, Analyse, Aufbereitung und Interpretation sowohl interner als auch externer Informationen. Die Sammlung der Daten erfolgt gemäß wissenschaftlicher, methodischer Vorgehensweisen. Werden Daten eher sporadisch und unsystematisch erhoben, wird dies als Markterkundung bezeichnet. Die Ergebnisse der Marktforschung stellen die Grundlage zur Entwicklung von Marketingstrategien dar. Je gründlicher die Datenerhebung ist, desto wirkungsvoller sind die zielgerichtete Auswahl und der Einsatz der absatzpolitischen Instrumente.

Objekte der Marktforschung sind z.B.:
- das eigene Unternehmen
- potentielle und tatsächliche Kunden
- Mitbewerber
- Standort des Unternehmens.

Je nach Ziel der Erhebung von Daten wird zwischen der **quantitativen und qualitativen Marktforschung** unterschieden. Ziel der quantitativen Marktforschung ist die Erhebung von numerischen Daten bezüglich des Marktes, wie z.B. Marktvolumen, Marktanteile, Umsatz je Kunde. Das Ziel der qualitativen Marktforschung ist z.B. Meinungen der Kunden zum Handelsunternehmen, Erwartungen an Produkte oder auch Motive für bestimmte Verhaltensweisen zu ermitteln.

2.4.1 Aufgaben der Marktforschung

- **Innovationsfunktion**
  Neue Märkte und Marktlücken werden aufgespürt, um für ein Unternehmen neue Chancen zu erschließen.
- **Entscheidungsverbesserungsfunktion**
  Durch umfangreiche Informationen wird die Entscheidungsfindung qualitativ verbessert. Sachverhalte können präziser und objektiver formuliert werden.
- **Strukturierungsfunktion**
  Teilentscheidungen und einzelne Marketingaktivitäten können optimaler aufeinander abgestimmt werden.
- **Selektionsfunktion**
  Aus einer Vielzahl von Marktdaten werden diejenigen herausgefiltert und aufbereitet, die für einen Entscheidungsprozess relevant und notwendig sind.
- **Frühwarnfunktion**
  Risiken können vorzeitige erkannt und in Bezug auf die Planung und Steuerung von Marketingaktivitäten abgeschätzt werden.
- **Prognosefunktion**
  Veränderungen im Umfeld eines Unternehmens werden wahrgenommen und die Auswirkungen auf die Zukunft eingeschätzt.

2.4.2 Arten und Methoden der Marktforschung

Im Hinblick auf die zeitlichen Dimensionen bei der Datenerhebung werden die **Arten der Marktforschung** unterschieden.

- **Marktanalyse**
  Die Marktanalyse ist eine einmalige Untersuchung des Marktes. Es handelt sich um eine statische Betrachtung, vergleichbar mit einer Momentaufnahme, einem Foto.

Fallbeispiel
Ein Makler bietet der Trinkmann GmbH ein Objekt für eine Fachmarktfiliale an; das Unternehmen analysiert die Konkurrenz am Standort anhand vorliegender Daten zur Entscheidungsvorbereitung.

- **Marktbeobachtung**
  Die Marktbeobachtung ist eine fortlaufende Untersuchung der Entwicklung des Marktes. Es handelt sich um eine dynamische Betrachtung, bei der Veränderungen im Zeitablauf erkennbar werden, vergleichbar mit einem Film.

Fallbeispiel
Die Mitarbeiter der Fachmärkte der Trinkmann GmbH führen monatlich Konkurrenzgänge durch, um z.B. Veränderungen im Sortimentsaufbau, Verkaufsförderungsaktionen und Werbung der Mitbewerber zu dokumentieren. Die angefertigten Berichte werden an den Teamleiter Fachmärkte zur Auswertung weitergeleitet.

- **Marktprognose**
  Die Marktprognose ergibt sich aus der Verarbeitung der Erkenntnisse der Marktanalyse und der Marktbeobachtung und stellt eine Vorhersage der zukünftigen Entwicklung dar.

Fallbeispiel
Die Fachzeitschrift des Hotel- und Gaststättenverbandes veröffentlicht eine in Auftrag gegebene Studie, die vorhersagt, dass die Anzahl der Gastronomiebetriebe, die noch gezapftes Exportbier anbieten, weiter abnimmt.

Um die marktrelevanten Daten zu sammeln bedient sich die Marktforschung der Methoden der **Primärforschung** und der **Sekundärforschung**.

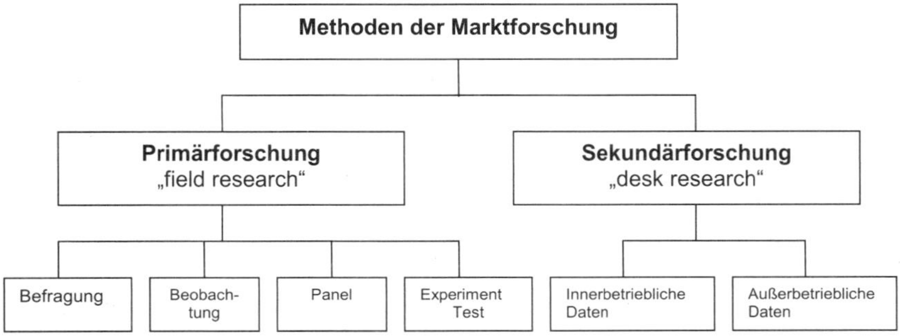

Abb 7: Methoden der Marktforschung

Sekundärforschung (desk research)
Bei der Sekundärforschung wird auf bereits vorhandenes Datenmaterial, innerbetrieblicher bzw. außerbetrieblicher Art, zurückgegriffen. Dieses Verfahren ist preiswert und kann schnell durchgeführt werden. Dafür sind die außerbetrieblichen Daten nicht immer genau auf die Fragestellung bezogen, es handelt sich oft um allgemeine Daten, die auch nicht immer aktuell sind.

Beispiele innerbetrieblicher Daten
- Umsatzstatistiken
- Lagerbestandsübersichten
- Verkaufsberichte der Außendienstmitarbeiter
- Schriftwechsel mit Kunden
- Kundenstatistiken
- Reklamationen
- Deckungsbeiträge nach Artikel, Artikelgruppe oder Abteilungen

Beispiele außerbetrieblicher Daten
- Veröffentlichungen der statistischen Ämter, GfK, A.C. Nielsen
- Veröffentlichungen der Verbände, IHK
- Veröffentlichungen in Fachzeitschriften, Fachbüchern, örtlicher Presse
- Geschäftsberichte von Lieferanten, Kunden, Mitbewerbern
- allgemeine Daten aus dem Internet
- Strukturdaten von Stadtverwaltungen, Gemeinden

Primärforschung (field research)
Bei der Primärforschung werden Daten unmittelbar für eine konkrete absatzpolitische Fragestellung mit Hilfe von **Befragung, Beobachtung, Panel** oder **Test/Experiment** neu erhoben. Diese Methode nimmt jedoch viel Zeit in Anspruch und verursacht hohe Kosten. Dafür kann die Datenerhebung sehr genau auf die Fragestellung des Handelsunternehmens, auf die Zielgruppe oder auf den Zeitraum abgestimmt werden. So erhält das Unternehmen maßgeschneiderte, aktuelle Informationen. Die jeweiligen methodischen Vorgehensweisen richten sich an verschiedene Personengruppen, wie z.B. tatsächliche oder potentielle Kunden, Handelsunternehmungen und Hersteller.

Statistisch besteht die Möglichkeit die Daten über eine Vollerhebung oder eine Teilerhebung zu gewinnen. **Vollerhebung** bedeutet, dass z.B. für eine Befragung alle Personen einer Grundgesamtheit erfasst werden. Bei einer **Teilerhebung** wird nur ein für die

Grundgesamtheit repräsentativer Personenkreis befragt. Die Auswahl der Personen kann z.B. nach folgenden Verfahren erfolgen:

- **Zufallsauswahlverfahren**, auch als Random- Verfahren bezeichnet: Hier wird z.B. per Zufallsgenerator eine Stichprobe aus einer Kundendatei ausgewählt. Jeder Kunde aus der Datei hat bei dieser Vorgehensweise die gleiche Chance, ausgewählt zu werden.
- **Quotenauswahlverfahren**: Hier erfolgt eine bewusste Auswahl von Personen aus der Grundgesamtheit anhand bestimmter Merkmale wie z.B. Alter, Geschlecht, Einkommen. Der Anteil der jeweiligen Merkmale der Stichprobe soll der Anteilsverteilung der Grundgesamtheit entsprechen.

2.4.3 Erhebungsmethoden

Befragung
Die häufigste Untersuchungsmethode ist die **schriftliche Befragung** mit Hilfe von Fragebögen. Um eine ausreichende Rücklaufquote zu erhalten, werden sie oft mit Anreizen wie z.B. Gutscheinen verbunden.

Vorteile der schriftlichen Befragung
- Fragebögen verursachen niedrige Kosten.
- Befragter bearbeitet den Fragebogen anonym und ist daher ehrlicher.
- Fragebogen ist schnell und einfach auszuwerten.
- Es können viele Personen befragt werden.

Nachteile der schriftlichen Befragung
- Die Rücklaufquote ist gering.
- Es kann nicht geprüft werden, ob der Befragte die Frage richtig verstanden hat.
- Es kann auch nicht zuverlässig festgestellt werden, wer wirklich den Fragebogen ausgefüllt hat.

Das Handelsunternehmen kann aber auch **mündliche Befragungen** durchführen.

Vorteile
- Das Unternehmen kann geschulte Interviewer einsetzen.
- Interviewer kann komplexe Fragen stellen.
- Der Interviewte kann nachfragen, ihm können Erläuterungen gegeben werden.

Nachteile
- Es ist eine sehr zeitaufwendige Methode.
- Die Methode verursacht hohe Kosten.
- Die Interviewten können durch die Atmosphäre beeinflusst werden.

Das Handelsunternehmen kann auch eine **telefonische Befragung** durchführen.

Vorteile
- Es ist eine sehr schnelle Erhebungsmethode.
- Sie verursacht niedrige Kosten.

Nachteile
- Viele Konsumenten sind nicht aufgeschlossen gegenüber telefonischen Interviews.
- Es können nur wenige, kurze Fragen gestellt werden.

Handelsunternehmen, die per Internet verkaufen oder eine stark frequentierte Homepage führen, können auch eine **Befragung auf elektronischem Weg / online- Befragung** durchführen. Hier haben wir es mit einer anderen Form der schriftlichen Befragung zu tun. .

Beobachtung
Die Beobachtung untersucht Verhaltensweisen, ohne dass dies den beobachteten Personen bekannt ist. Wichtige Anwendungsgebiete sind z.B. die Beobachtung des Kundenverhaltens mit der Kamera (Kundenlaufstudie), die Beobachtung der Mitarbeiter durch Testkäufer und die Beobachtung der Mitbewerber durch den Besuch in den Geschäftsräumen und Festhalten der Eindrücke über z.B. Sortiment, Preise, Platzierungen, Kundenfrequenz in einem Konkurrenzbericht.

Panel
Beim Panel werden ausgewählte Personen oder Handelsunternehmen über einen längeren Zeitraum über bestimmte Sachverhalte wiederholt befragt und beobachtet. Im **Handelspanel** werden z.B. Absatzmengen oder Umsätze, Einkaufsmengen, die Lagerbestände, Werbe- und Verkaufsförderungsmaßnahmen des Handels abgefragt. Handelspanel können als Einzelhandels- bzw. Großhandelspanels durchgeführt werden. Das bekannteste Marktforschungsunternehmen, das regelmäßig Einzelhandelspanels durchführt, ist die A.C. Nielsen GmbH, die z.B. alle zwei Monate bei den umsatzstärksten Lebensmitteleinzelhandelsunternehmen die Lagerbestände von Konsumgütern zu Einstands- und Verkaufspreisen sowie deren Einkaufsmengen und Bezugsquellen ermittelt.

Abb 8: Nielsen-Gebiete

Beim **Verbraucher-/ Haushaltspanel** zeichnen Haushalte, die nach repräsentativen Gesichtspunkten ausgewählt wurden, ihre Einkäufe auf. Beispiel dafür ist das Haushaltspanel der Gesellschaft für Konsumforschung (GfK) in Nürnberg, die ausgewählte Haushalte bittet, alle Einkäufe nach Marke, Packungsgröße, Menge, Preis und Einkaufsstätte in einem Fragebogen festzuhalten oder mittels eines Lesegerätes, welches kostenlos zur Verfügung gestellt wird, den Strichcode auf den Verpackungen einzuscannen, sowie Einkaufsstätte und Preis einzugeben. Die Auftraggeber der GfK erhalten so z.B. Informationen über den Anteil der Handelsausgaben an den Gesamtausgaben der privaten Haushalte, den Anteil von Branchen, von Herstellermarken und Handelsmarken und über die Beliebtheit von Betriebsformen in den einzelnen Branchen.

Auf Dauer kann es bei Panelerhebungen zu Problemen in der Aussagefähigkeit kommen. Es können **Paneleffekte** eintreten wie z.B. bewusste Verhaltensveränderungen der Haushalte bei den Einkäufen, Verringerung von Spontankäufen, nachlässige und unvollständige Erfassung von Einkäufen, oder das bewusste Overreporting oder Underreporting. Im ersten Falle gibt der Haushalt aus Prestigegründen vielleicht den hochwertigen Markenartikel an (tatsächlich hat er nur den einfachen Discounterartikel gekauft). Im zweiten Fall ist es umgekehrt: Der Haushalt gibt an, den einfachen Artikel gekauft zu haben – tatsächlich hat er das Spitzenprodukt gekauft. Ein weiters Problem stellt die **Panelsterblichkeit** dar; Haushalte steigen aus Mangel an Zeit oder Interesse aus oder versterben. Mit diesen Problemen ist ebenfalls bei Handelspanels in entsprechender Form zu rechnen. Eine **Panelrotation,** also ein regelmäßiger prozentualer Austausch von Haushalten innerhalb des Erhebungszeitraumes, kann diesen Problemen entgegenwirken.

Test/Experiment
Im Handel beziehen sich Tests oder Experimente meist auf Sortiments-, Platzierungs-, Ladenausstattungs-, Beleuchtungs-, Beschilderungsveränderungen, die Preisgestaltung und die Wirkung von Werbung und Verkaufsförderung. Beim Test/Experiment wird versucht, durch Veränderung eines Merkmals oder auch mehrerer Merkmale die Auswirkungen auf das Kundenverhalten aus diesen Veränderungen aufzuzeigen

2.4.4 Marktanalysen
Aus den Marktanalysen gewinnt das Handelsunternehmen alle Erkenntnisse, die notwendig sind, um Entscheidungen für eine bestimmte Marketingstrategie zu treffen bzw. individuelle Marketingstrategien zu entwickeln und zu kontrollieren. Ausgewertet werden die Marktgrößen (Potenzial, Volumen, usw.), die Daten der Mitbewerber sowie die Nachfrager und ihre Bedürfnisstruktur.

Analyse der Marktsituation
Bei der Analyse der Marktsituation wird die Aufteilung eines jeweiligen Gesamtmarktes, welcher für ein Unternehmen relevant ist, nach **Marktanteilen** betrachtet. Das Handelsunternehmen kann Aufschluss über die momentane Marktsituation, die Stellung von Produkten oder die Position des eigenen Unternehmens oder anderer Unternehmen auf dem Markt gewinnen. Neben den jeweiligen Anteilen am Markt sind **Absatz- bzw. Marktvolumen** und **Absatz- bzw. Marktpotenziale** zu erkennen.

- **Marktpotenzial:** Das Marktpotenzial zeigt die maximal mögliche Aufnahmefähigkeit eines Marktes auf. Diese ergibt sich z.B. aus der Zahl der potentiellen Kunden oder dem Grad der Marktsättigung. Eine Erhöhung des Marktpotentials wird z.B. durch Erschließung neuer Kundenzielgruppen, die Zunahme der Kaufkraft oder durch eine Umverteilung der Bedarfsart erzielt.
- **Marktvolumen:** Das Marktvolumen gibt die realisierte oder prognostizierte Absatzmenge einer Branche oder Warengruppe an.

- **Absatzpotenzial:** Das Absatzpotenzial zeigt das individuelle Marktpotential eines Unternehmens, den Anteil des Unternehmens am Marktpotential.
- **Absatzvolumen:** Das Absatzvolumen ist die individuelle Absatzmenge eines Unternehmens.
- **Marktanteil:** Der Marktanteil ist der prozentuale Anteil des Absatzvolumens am Marktvolumen.
- **Relativer Marktanteil:** Der relative Marktanteil ist das Verhältnis des Marktanteils des eigenen Unternehmens zum Marktanteil des größten Wettbewerbers.

Kundenanalyse
Durch die Kundenanalyse anhand von Daten aus Befragungen und Beobachtungen wird festgestellt, welche Zielgruppen tatsächlich angesprochen werden. Der Vergleich der vorliegenden Daten mit denen des Zielgruppenprofils aus der Marktsegmentierungsstrategie kann bestätigt werden oder es können sich Abweichungen ergeben. Ein sehr gutes Hilfsmittel stellen die Kundenkartensysteme der Handelsunternehmen dar, über die gleichfalls das Kaufverhalten der Kunden festgestellt und ausgewertet werden kann. Je mehr Informationen über die Kunden vorliegen, desto intensiver und genauer kann das Unternehmen mit Marketingmaßnahmen zur Steigerung von Kundenbindung und Kundenzufriedenheit reagieren. Die Analyse kann zu einer verstärkten Bearbeitung der Kernzielgruppe führen, oder es werden aus den abweichenden Ergebnissen neue Zielgruppen in die Marketingstrategie eingebunden bzw. es werden neue Strategien für diese Zielgruppen entwickelt.

Fallbeispiel
Die Mitarbeiter in den Getränkefachmärkten der Trinkmann GmbH bitten bei jedem Kassiervorgang die Kunden um die Angabe ihrer Postleitzahl. Die Analyse der Daten ergibt eine Übereinstimmung mit den für die aktuelle Werbeaktion festgelegten Streugebieten für die Verteilung der Handzettel und die Schaltung der Werbeinserate in den Anzeigenblättern.

Distributionsanalyse
Die Distributionsanalyse liefert dem Handelsunternehmen wichtige Informationen, um Entscheidungen über die Absatzwege zu treffen. So können neue Vertriebswege gefunden, die bisherigen ausgebaut oder diese an veränderte Gegebenheiten angepasst werden. Es werden bei der Analyse generell alle Distributionsmöglichkeiten betrachtet, welche vom Produzenten bis hin zum Endverbraucher bestehen. Das Handelsunternehmen kann sich für einen einzelnen Absatzkanal oder für eine Kombination verschiedener Möglichkeiten, die „multi-channel-Distribution", entscheiden. Über die jeweiligen Absatzkanäle sollen mögliche Kunden akquiriert und mit Waren versorgt werden.
Bei den klassischen Vertriebswegen, wie z.B. dem stationären, oder dem ambulanten Handel und modernen Vertriebswegen, wie dem Internet werden bei der Analyse z.B. folgende Aspekte beurteilt:

- **Mitbewerber**
  Sind Mitbewerber vorhanden, kann das zur Entscheidung führen, den Markt zu verlassen und neue Absatzwege zu beschreiten. Die Konsequenz kann aber auch sein, den Absatzweg beizubehalten und sich mit verschiedenen absatzpolitischen Maßnahmen von den Mitbewerbern abzuheben.

- **Zusammensetzung, Art und Anzahl der Kunden**
  Welche Kunden nutzen den Vertriebsweg, Endverbraucher oder Gewerbetreibende?

- **Besonderheiten der vom Handelsbetrieb angebotenen Waren**
  Untersuchung von warenspezifischen Aspekten, wie z.B. Erklärungsbedürftigkeit, Verderblichkeit, Gewicht etc.

- **Kosten des Vertriebskanals**
  Analyse der Einstiegskosten sowie der laufenden Kosten.

- **Mögliche Serviceleistungen zur Verkaufsunterstützung**
  Welche zusätzlichen Dienste, z.B. Reparatur, Verpackung, Lieferung, qualitative Aufbereitung von Waren, sind eventuell erforderlich, um den optimalen Absatz zu gewährleisten?

Fallbeispiel
Der Geschäftsführer der Trinkmann GmbH beschließt die Expansion der Getränkefachmärkte über das Franchising zu betreiben. Die Entscheidung ist nach der Auswertung und Beurteilung umfangreichen Materials vom Deutschen Franchise-Verband, aktuellen Vertriebsstatistiken, aus Fachzeitschriften und Informationsmaterial von diversen Fachtagungen gefallen.

Wettbewerbsanalyse
Bei der Analyse der Wettbewerbssituation stehen die Mitbewerber des Handelsunternehmens im Mittelpunkt der Betrachtung. Hierbei wird festgestellt und ausgewertet, welche Unternehmen als Mitbewerber in Betracht kommen, ihr Erscheinungsbild in der Öffentlichkeit und ihre Marketingstrategien. Bei der Analyse muss nach direkten, indirekten, tatsächlichen und potentiellen Mitbewerbern unterschieden werden. Grundsätzliche Ziele der Analyse sind der Ausbau bzw. die Sicherung der Wettbewerbsposition. Das Handelsunternehmen stellt die eigenen Stärken und Schwächen denen der Mitbewerber gegenüber und zieht daraus Konsequenzen für die künftigen Marketingstrategien.

Untersuchungs- bzw. Beurteilungskriterien der Wettbewerbsanalyse sind:

- Anzahl der Filialen
- Größe der Verkaufsfläche
- Anzahl der Mitarbeiter
- Qualifikation der Mitarbeiter
- Preislagen
- Sortimentspolitik
- Intensität und Rhythmus von Werbemaßnahmen

Fallbeispiel
Die Teamleiter der Fachmärkte der Trinkmann GmbH sind aufgefordert, regelmäßig, einmal im Monat einen Bericht anzufertigen, in dem sie die Aktionen der Mitbewerber dokumentieren, die jeweils angebotenen Produkte, die Aktionspreise sowie Aufmachung des Werbematerials. Diese Berichte werden gesammelt und jeweils pro Halbjahr vom Vertriebsleiter ausgewertet.

Umfeldanalyse
Bei der Umfeldanalyse werden die Rahmenbedingungen betrachtet, die auf die Handelsunternehmen von außen Einfluss nehmen. Zu analysieren sind dabei sowohl die derzeitige Ausprägung als auch die Entwicklung bestimmter Faktoren. Es handelt sich dabei um Faktoren, die von einzelnen Handelsunternehmen selbst nicht beeinflusst werden können, aber zu verändertem Verhalten auf der Kunden-, Mitbewerber- sowie Lieferantenseite führen. Ziel der Umfeldanalyse ist die Aufdeckung von externen Aspekten, welche Chancen oder Risiken für ein Handelsunternehmen darstellen oder darstellen können.

Faktoren bzw. Bedingungen, die bei der Umfeldanalyse betrachtet werden, sind:

- **Rechtliche Bedingungen**
  Hier werden Veränderungen hinsichtlich der Gesetzeslage analysiert, die auf ein Handelsunternehmen einwirken wie z.B. die Zwangspfandregelung, die Reform des Schuldrechts, Verbraucherschutzauflagen, Liberalisierung des Ladenschlussgesetzes etc.

- **Volkswirtschaftliche Bedingungen**
  Die Entwicklung des Bruttoinlandsprodukts, die Veränderung der Verbraucherpreise, die Entwicklung der Kaufkraft innerhalb der Volkswirtschaft, der Zinsen sowie anderer Konjunkturindikatoren sind für den Erfolg eines Handelsunternehmens von Bedeutung und müssen daher genau verfolgt werden.

- **Demografische Bedingungen**
  Zu den demografischen Gegebenheiten gehören besonders die Entwicklung der Bevölkerung in den verschiedenen Altersklassen wie auch die Entwicklung der Haushaltsgröße.

- **Sozio-kulturelle Bedingungen**
  Wertesysteme, auch das Konsumverhalten, die Sparneigung, Lebensstile (z.B. das Gesundheitsbewußtsein) und das Freizeitverhalten verändern sich. Sie haben Auswirkungen auf den Einzelhandelsumsatz und damit auf den Erfolg des Unternehmens

- **Ökologische Bedingungen**
  Umweltbewusstsein, Recyclingverhalten und der Umgang mit den Ressourcen unterliegen Veränderungen. Kunden als auch Produzenten reagieren teilweise sehr drastisch auf ökologische Aspekte.

- **Technologische Bedingungen**
  Der technische Fortschritt schreitet in der heutigen Zeit immer schneller voran, so dass auch hier das Handelsunternehmen die Bedingungen genau analysieren muss, um entsprechend darauf reagieren zu können. Von besonderer Bedeutung sind für den Handel in diesem Zusammenhang die Innovationen auf dem Sektor der Informations- und Kommunikationstechniken. Durch die technologischen Entwicklungen entstehen neue Einsatz- und Anwendungsgebiete, Auf der Absatz – und der Beschaffungsseite, die erheblichen Einfluss auf die Handelsunternehmen ausüben. Beispiel dafür stellt der wachsende Bereich des E- Commerce, E- Business, ECR, RFID sowie die damit verbundenen Produktinnovationen dar.

2.4.5 Ausgewählte Methoden der Marktanalyse

Um auf die Gegebenheiten des Marktes individuell reagieren zu können ist eine gründliche Marktanalyse notwendig. Hierbei kann sich das Handelsunternehmen der unterschiedlichsten Methoden, wie z.B. **Portfolio- Analyse**, **SWOT- Analyse**, **Punktbewertungsverfahren (Scoring-Verfahren)**, **ABC- Analyse, Produktlebenszyklusanalyse, Kennzahlensysteme** bedienen.

Portfolioanalyse

Anhand einer Matrix wird das Marktwachstum und der relative Marktanteil einer Warengruppe oder Strategischer Geschäftseinheit (SGE) in einem Koordinatensystem verdeutlicht. Es handelt sich um eine rein statische Darstellung der Marktsituation. Marktwachstum und relativer Marktanteil werden dabei in hoch oder niedrig eingestuft, es entstehen dadurch vier Felder, die als: „Fragezeichen“ („Question Marks“), “Sterne („Stars“), „Milchkühe“ (Cash Cows“) und „Arme Hunde“ (Poor Dogs“) definiert sind. Die zu

analysierenden Warengruppen werden durch bestimmte Zeichen dargestellt. Damit entspricht die Vier-Felder Matrix dem 4 - phasigen Produktlebenszyklus.
Die Portfolioanalyse wird als Auswertungsmethode der Zusammensetzung des Sortiments eines Handelsunternehmens genutzt. Sie dient als Basis für die Entwicklung von absatzpolitischen Maßnahmen. Während für die „Fragezeichen" am ehesten eine Investitionsstrategie in Frage kommen kann, wird das Unternehmen bei den „Armen Hunden" desinvestieren.
Probleme bei der Erstellung einer Portfolioanalyse stellen die Ermittlung der Marktanteile und des Marktwachstums für die jeweiligen Artikel/ Warengruppen dar, da diese Werte lediglich auf Schätzungen oder Informationen aus Veröffentlichungen beruhen.

Portfolio- Matrix

Portfolio Matrix	**niedriger Marktanteil in %**	**hoher Marktanteil in %**
hohes Markt-wachstum in %	*„Fragezeichen/Question Marks"* Produkte mit (noch) niedrigem Marktanteil, aber hohen Wachstumsraten **Maßnahmen:** Beobachten und ggf. fördern	*„Sterne/Stars"* Produkte mit bereits hohen Marktanteilen und zugleich hohen Wachstumsraten **Maßnahmen:** fördern
niedriges Markt-wachstum in %	*„Arme Hunde/Poor Dogs"* Produkte mit niedrigem Marktanteil Und niedrigen Wachstumsraten **Maßnahmen:** Aus dem Markt nehmen	*„Milchkühe/Cash Cows"* Produkte mit hohem Marktanteilen, aber bereits niedrigen Wachstumsraten **Maßnahmen:** Position halten; „Melken"

Abb 9: Portfolio Matrix

Fallbeispiel
Der Trinkmann GmbH liegt für die Warengruppen Wein, Schaumwein, Bier, Spirituosen folgende Portfolio- Matrix zur Beurteilung vor.

Die Auswertung und Beurteilung ergibt folgende Positionierung und Handlungshinweise:

Fragezeichen	**Schaumwein** Diese Warengruppe sollte gut beobachtet werden. Die Einschätzung der Geschäftsleitung bezüglich der Entwicklung ist positiv. Daher wird in Expansionswerbung investiert und einzelne Artikel werden durch Verkaufsförderung am POS forciert.
Sterne	**Spezialbiere** Diese Warengruppe birgt großes Erfolgspotential. Daher wird diese Warengruppe durch zusätzliche Varianten ausgebaut und mit Hilfe von expansiven Werbeaktivitäten weiter gefördert.
Milchkühe	**Wein** Hier wird versucht, die Position so lange es geht z.B. durch Erhaltungswerbung zu halten. Es wird eine Strategie der Abschöpfung verfolgt.
Arme Hunde	**Spirituosen** Diese Warengruppe wird bis auf einige Artikel zur Abrundung des Gesamtsortimentes in der Tiefe gestrafft.

SWOT- Analyse

Die **SWOT** (**S**trength, **W**eaknesses, **O**pportunities- **T**hreats)- Analyse besteht aus der Kombination einer Stärken/Schwächen-Analyse, die interne Gegebenheiten des Unternehmens im Verhältnis zu den Mitbewerbern darstellt und der Chancen/Risiken-Analyse, welche das Branchenumfeld beleuchtet und auf der Darstellung von Prognosen beruht. Diese einzelnen Analysen werden in Bezug zu einer Situation, zu einem Thema, z.B. Trend zu biologischen Produkten in der Lebensmittelbranche in einer Matrix kombiniert.

Swot-Matrix:

		Interne Analyse	
		Stärken (**S**trength)	Schwächen (**W**eaknesses)
Externe Analyse	Chancen (**O**pportunities)	S-O-Strategie = Stärken ausbauen	W-O-Strategie = Schwächen abbauen
	Risiken (**T**hreats)	S-T-Strategie = Risiken vorbeugen	W-T-Strategie = meiden

Abb 10: Swot-Matrix

Aus der Swot-Matrix ergeben sich folgende Konsequenzen:

Stärken/Chancen
Stärken des Unternehmens treffen hier auf Chancen, die auf dem Markt zu erkennen sind. Die Stärken sollten Schwerpunkte innerhalb der Marketingstrategie sein, um die guten Gegebenheiten zu nutzen und die eigenen Möglichkeiten auszuschöpfen.

Stärken/Risiken
Das Unternehmen muss hier versuchen, seine Stärken zu nutzen, um die Marktposition zu sichern und Verschlechterungen vorzubeugen.

Schwächen/Chancen
Hier müssen die Schwächen schnell abgestellt werden, um gegenüber den Mitbewerbern aufzuholen und die Chancen des Marktes nutzen zu können.

Schwächen/Risiken
Das Unternehmen muss prüfen, ob es sich hier nicht vom Markt zurückziehen sollte, um Gefahren abzuwehren.

Punktbewertungsverfahren (Scoring-Verfahren)
Im Scoring-Verfahren werden Entscheidungsfaktoren bestimmt und ihre prozentuale Gewichtung festgelegt. Danach erfolgt die Ist- Aufnahme mit der Vergabe von Bewertungspunkten. Die Bewertungspunkte werden mit dem jeweiligen Gewichtungsfaktor multipliziert. Im Kapitel 2.6 Standortmarketing finden Sie ein Beispiel, um Standorte zu bewerten. Eine weitere Einsatzmöglichkeit ist die Bewertung von Kunden im Großhandel.

2.5 Marketingstrategien

Marketingstrategien legen den grundlegenden Handlungsrahmen für alle künftigen Marketingaktivitäten zum Erreichen der Marketingziele fest. Damit haben sie einen mittel- bis langfristigen Charakter. Ansatzpunkte für die strategische Ausrichtung können die angebotenen Produkte, der Preis, die Kommunikation, die Zielgruppe und oder die Mitbewerber sein. Es entstehen individuelle Handlungskonzepte, in denen die Instrumente des Marketing-Mix ausgewählt, kombiniert und in Bezug zur Strategieorientierung aufeinander abgestimmt werden. So wird der grundsätzliche Handlungsrahmen für ein Unternehmen gebildet.

Abb 11: Marketingstrategien

2.5.1 Produktstrategien

Bei den meisten Unternehmen steht die Ausweitung und Sicherung der Marktanteile im Vordergrund. Bei der Sortimentsgestaltung ist ein Handelsunternehmen bestrebt die Produkte zu forcieren, die aus der Portfolioanalyse heraus als „Stars" bezeichnet werden.
Im Rahmen der Produktstrategien kann zum einen als Ziel die **Marktdurchdringung** angestrebt werden. Durch Verstärkung der Marketingaktivitäten z.B. Gewinnung neuer Kunden, Neue Verwendungen für das Produkt, Ausbau und qualitative Verbesserung der Serviceleistungen oder Intensivierung der Werbeaktivitäten soll für die im Sortiment vorhandenen Produkte eine intensivere Durchdringung auf dem vorhandenen Markt erreicht werden.

Vorhandene Produkte können auch im Rahmen der **Strategie der Marktentwicklung** auf neuen Märkten positioniert werden. Hier kann z.B. auf die Ergebnisse der Distributionsanalyse zurückgegriffen werden. Durch die Nutzung von neuen, zusätzlichen Vertriebswegen werden neue Zielgruppen akquiriert. Es kann eine Ausweitung des Absatzes des Sortimentes auf regionale, nationale oder internationale Märkte erfolgen.
Kürzere Produktlebenszyklen und Innovationsintervalle führen auf bestehenden Märkten immer häufiger zu neuen Produkten. Die **Strategie der Produktentwicklung** entsteht aus der generellen Sättigung der Absatzmärkte in fast allen Branchen. Auch im Hinblick auf immer differenziertere Kundenwünschen sind die Handelsunternehmen gezwungen laufend Innovationen oder verbesserte Produkte ins Sortiment aufzunehmen. Oft entscheiden sich Handelsunternehmen selbst Marken zu entwickeln. Diese Handelsmarken sollen Alternativen zu Herstellermarken darstellen.

Eine besondere Variante innerhalb der Produktstrategien stellt die Sortimentserweiterung durch **Diversifikation** dar. Hier sollen neue Produkte, welche branchenfremd sind, bzw. Dienstleistungsangebote in das Sortiment aufgenommen werden, um neue Märkte zu erschließen. In der Literatur wird oft darauf hingewiesen, dass die Diversifikation im sinnvollen Zusammenhang mit der Basisstrategie des Unternehmens stehen soll. Diversifikation dient einerseits der Risikostreuung, Andererseits aber stellt sie auch deshalb ein Risiko dar, weil in der Regel das Unternehmen noch nicht über das notwendige Know-how des neuen Marktes verfügt.

Produkt-Markt-Matrix nach Ansoff

Markt \ Produkte	Bestehende Produkte	Neue Produkte
Bestehende Märkte	Marktdurchdringung	Produktinnovation/ Produktentwicklung
Neue Märkte	Marktentwicklung / Markterweiterung	Diversifikation

Abb 12: Produkt-Markt-Matrix nach Ansoff

2.5.2 Marktsegmentierungsstrategien

Die Absatzsituation der Handelsunternehmen ist durch eine Vielzahl unterschiedlichster Kundengruppen mit teilweise sehr individuellen Ausprägungen gekennzeichnet. Mit einer Marketingstrategie allein können nicht alle Kunden gleichermaßen angesprochen und erreicht werden. Unternehmen entschließen sich daher oft, die einzelnen Zielgruppen mit unterschiedlichen, auf die jeweiligen Belange des Segments abgestimmten Marketingstrategien zu erreichen. Hier können z.B. geografische, demografische und psychografische Segmentierungskriterien Ansatzpunkt für strategische Vorgehensweisen bieten. Im Rahmen der Vorgehensweise kann das Unternehmen entscheiden, ob alle Zielgruppen angesprochen werden sollen oder eine Konzentration auf eine oder wenige Zielgruppen erfolgen soll.

2.5.3 Wettbewerbsstrategien

Ansatzpunkt für diese strategischen Vorgehensweisen ist die Konkurrenzsituation auf dem Absatzmarkt des Handelsunternehmens. Es soll ein Wettbewerbsvorteil gegenüber der Konkurrenz geschaffen und eine langfristige Sicherung dieser Vorteile angestrebt werden.
Das Handelsunternehmen kann über eine Senkung der eigenen Kostensituation Vorteile erzielen, in diesem Falle wird die **Strategie der Kostenführerschaft** verfolgt. Große Beschaffungsvolumina und Ausschöpfung der Vertragsspielräume bei den Preisverhandlungen mit den Lieferanten sowie Einsparungen bei den Leistungsfaktoren Raum und Mitarbeiter können dazu beitragen, Einstandspreise und Kosten zu senken. Durch ständige Kostenkontrolle in allen Leistungsbereichen des Handelsbetriebes werden Rationalisierungsreserven aufgespürt und mit entsprechenden Maßnahmen realisiert.
Ein Wettbewerbsvorteil kann über die **Strategie der Differenzierung** erlangt werden. Dabei ist das Handelsunternehmen bestrebt sich durch spezielle Leistungen und Maßnahmen von den Mitbewerbern abzuheben. Mit der Aufnahme besonders hochwertiger, exklusiver Produkte, einem ausgeprägten, qualitativ hochwertigen Serviceangebot sowie einer aufwendigen Präsentation im visuellen Marketing wird eine Einzigartigkeit (Unique Selling Proposition – USP) angestrebt.

Im Rahmen einer **Nischen- bzw. Konzentrationsstrategie** bezieht sich das Handelsunternehmen im Wesentlichen auf ein oder wenige Marktsegmente und/ oder bestimmte Angebote. Oft wird diese Strategie von kleinen Unternehmen verfolgt, sie füllen mit ihrem Sortiment eine Nische aus, die von großen Unternehmen vernachlässigt wird.

2.5.4 Preisstrategien

Bei den preisstrategischen Vorgehensweisen trifft das Handelsunternehmen grundsätzlich die Entscheidung über das Preisniveau, die Preispolitik, ob **passiv, aktiv oder aggressiv**.

Die Instrumente der Kontrahierungspolitik werden ebenfalls im Rahmen der Entwicklung von Preisstrategien einbezogen. Bei der Neueinführung von Produkten kann gemäß einer Skimmingstrategie oder einer Penetrationsstrategie vorgegangen werden. Bei der **Skimmingstrategie** steigt das Unternehmen mit einem hohen Preis ein und schöpft Gewinne ab. Im Lauf der Zeit wird der Preis auf Grund auftretender Mitbewerber neu bestimmt, z.B. sukzessive abgesenkt. Die **Penetrationsstrategie** verfährt mit niedrigen Einstiegspreisen, um von Anfang an eine große Kundenzahl zum Kauf zu bewegen; auf diese Art soll eine schnelle Marktdurchdringung erfolgen.

2.5.5 Kommunikationsstrategien

Der Handel kann seine Waren an die Kunden nur verkaufen, wenn diese die Leistungen des Unternehmens sowie das Handelsunternehmen an sich kennen. Bei der Bestimmung der Kommunikationsstrategien kommt es darauf an, welche Ziele angestrebt werden z.B. Bekanntmachen des Sortiments, Erhöhen des Bekanntheitsgrades des Unternehmens oder die Schaffung eines positiven Unternehmensimages. Dadurch ist generell auch die Botschaft, welche kommuniziert werden soll, bestimmt. Es wird zielgruppenbezogen festgelegt, was, wie, wann und in welcher Form kommuniziert werden soll. Die unterschiedlichen Kommunikationsstrategien sind Teil des Kommunikations- Mix aus Werbungs-, Verkaufsförderungs- und Public Relations- Maßnahmen.

2.5.6 Strategische Geschäftseinheiten

Zu den strategischen Geschäftseinheiten einer Handelsunternehmung gehören z.B. das jeweilige Sortiment, die gebildeten Abteilungen sowie die gewählte Betriebsform. Bei der Ausgestaltung dieser Geschäftseinheiten können verschiedene Marketingstrategien angewendet und auf die individuellen Gegebenheiten ausgerichtet werden. Die Ergebnisse der Portfolioanalyse und der Swot- Analyse stellen oft die Basis für die jeweiligen Entscheidungen dar.

Fallbeispiel

*Die Trinkmann GmbH wurde als Handelsunternehmung im Großhandels- und Einzelhandelsbereich angesiedelt. In den jeweiligen Handelsbereichen wurde die Entscheidung für eine **Fachorientierung innerhalb der Lebensmittelbranche** getroffen, so entstand zum einen der Getränkezustellgroßhandel und die Filialorganisation der Getränkefachmärkte. Die Entscheidung für diese Betriebsformen ist anhand einer Markt- und Wettbewerbsanalyse gefallen, aus der hervorging, dass im Vergleich zu anderen Bereichen und Betriebsformen der Lebensmittelbranche bei Getränken noch erhebliches Marktpotential besteht. Bei der Ausgestaltung der jeweiligen Betriebsformen wurde in erster Linie die Strategie der **Differenzierung von Mitbewerbern** verfolgt.*

Fallbeispiel

*Im Vertrieb ist der Getränkegroßhandel der Trinkmann GmbH unter anderem in die Außendienst-Abteilungen Gastronomie und Kantinen gegliedert. Auf Grund dieser Aufteilung kann im Rahmen der Kommunikationsstrategien durch die Teamleiter sehr **zielgruppenbezogen** vorgegangen werden.*

Fallbeispiel
*Bei der Gestaltung des Sortimentes der Trinkmann GmbH wird im Rahmen der **Produktstrategien** darauf geachtet, dass das Sortiment um jeweils aktuelle **Produktinnovationen** ergänzt wird, durch die **neue Kunden** gewonnen bzw. Stammkunden gehalten werden sollen.*

2.5.7 Marktbearbeitungsstrategien

Grundlage der Marktbearbeitungsstrategie ist die Marktsegmentierung. Anhand der Segmentierung trifft das Unternehmen die Entscheidung, welches Marktsegment bearbeitet werden soll und welche Produkte, Sortimente oder Leistungen auf diesem Markt angeboten werden.
Bei den Marktbearbeitungsstrategien wird oft auf die Darstellungen der Produktmatrix nach **H.I. Ansoff** und die Wettbewerbsstrategien nach **M.E. Porter** Bezug genommen.

- **Ansoff** unterscheidet nach alten und neuen Märkten. Als Märkte werden Zielgruppen bzw. Regionen definiert, zwischen denen eine Auswahl getroffen werden kann, um diese durch bestimmte strategische Vorgehensweisen mit den Produkten des Unternehmens zu bearbeiten. Die Verwendung des Schemas nach Ansoff, welches eher produktionsorientiert ist, macht für die Handelssituation eine Anpassung an die Gegebenheiten des Handels notwendig. Die **Produktstrategien** innerhalb der Unterscheidung der Marketingstrategien entsprechen diesen Ansätzen.

- **Porter** bezieht sich in seinen Basisstrategien ebenfalls auf die Marktsegmentierung als Grundlage für die Marktbearbeitung und ergänzt dies durch die Strategie der Kostenführerschaft, welche einer Vorgehensweise ähnlich jener der Discounter gleichkommt und der Strategie der Differenzierung, welche die Einmaligkeit auf einem Gebiet bzw. in einer Region anstrebt. Bei der Unterscheidung der Marketingstrategien entspricht diese Vorgehensweise den **Wettbewerbstrategien.**

Wettbewerbsmatrix nach Porter

		Strategischer Vorteil	
		Singularität aus Käufersicht	**Kostenvorsprung**
Strategisches Ziel	**Branchenweit**	Differenzierung	Kostenführerschaft
	Segment der Branche	Fokussierung	Fokussierung

Abb 13: Wettbewerbsmatrix nach Porter

Durch diese strategischen Vorgehensweisen sollen die Auswahl, die Kombination und die Abstimmung der absatzpolitischen Instrumente des Marketing-Mix eines Handelsunternehmens optimiert werden und somit zu einem besseren Erfolg führen.

2.5.8 Marketingstrategien und Internationalisierung

Die Liberalisierung des Welthandels durch den Abbau von Handelshemmnissen und der technische Fortschritt z.B. im Bereich der Kommunikation und Logistik haben dazu beigetragen, dass Handelsunternehmen auch international tätig sind oder in Zukunft tätig werden. In diesem Zusammenhand wird oft der Begriff der Globalisierung verwendet. Hierbei wird die gesamte Verflechtung von wirtschaftlichen, politischen sowie kulturellen Aspekten betrachtet. Bei der Internationalisierung werden die klassischen Standortfaktoren in den jeweiligen Ländern untersucht und eingeschätzt. Ergänzt werden diese durch die Analyse der Umfeldbedingungen, besonders politische und rechtliche Aspekte.

Internationalisierung im Handel –
In wie vielen Ländern Handelsbetriebe vertreten sind

Gesamtanzahl von Ländern	
32	METRO Group
25	Schwarz-Gruppe
20	Carrefour
18	Aldi
16	Wal-Mart
14	REWE Group
13	Tesco
13	Auchan
13	Tengelmann
11	Casino

Quelle: Metro Handelslexikon 2009/2010, METRO AG

Abb 14: Internationalisierung im Handel

2.5.9 Marketingstrategien als Teil der Unternehmenspolitik

Die unterschiedlichen Marketingstrategien werden in die Basisentscheidung einer Unternehmenspolitik bzw. -philosophie eingebunden. Es können dabei mehrere Vorgehensweisen ineinander greifen oder parallel verfolgt werden. Durch die Einbindung verschiedener Strategien in ein Gesamtkonzept kann ein Handelsunternehmen flexibler und individueller agieren und den Handlungsradius ausbauen bzw. sichern. Durch das Controlling sollen die Zielvorgaben und Maßnahmen der jeweiligen Strategien überwacht werden, um bei Abweichungen schnellst möglich reagieren zu können.

2.6 Standortmarketing

2.6.1 Die Standortentscheidung – Teil einer langfristigen Strategie

Die Wahl des richtigen Standortes bzw. der Standorte kann für ein Handelsunternehmen lebenswichtig sein. Es ist eine sehr langfristige Entscheidung, die wegen der üblicherweise langen Laufzeiten der Mietverträge oder der getätigten Investition des Immobilienkaufes nur schwer revidiert werden kann.

Im Absatzgroßhandel und im Einzelhandel sind die Konsequenzen einer Standortentscheidung noch weitreichender, da der Standort innerhalb des Marketingmixes als Absatzinstrument dient und die anderen Instrumente hierauf ausgerichtet werden. Eine Standortveränderung ist so zunächst mit Umsatzverlusten verbunden.

In Filialunternehmen werden die Standortbestimmungen besonders kompliziert: Die einzelnen Standorte müssen unter logistischen Aspekten abgestimmt werden; die Objekte müssen ähnlich zugeschnitten sein, um ein einheitliches Verkaufskonzept in allen Filialen darstellen zu können. Außerdem sollen die Filialen nicht in Konkurrenz zueinander stehen – eine Anforderung, die freilich heute bei zunehmender Versichtung von Filialnetzen immer schwerer zu erfüllen ist. So berichtete IKEA, dass man für seine neue Filiale in Würzburg rund 20 % des Umsatzes zu Lasten der bestehenden Filialen erreichen werde. Das Wachstum des Filialunternehmens ist von der Sicherung neuer Standorte sehr stark abhängig, nur so ist eine Expansion möglich. Dabei sind mögliche Entwicklungen der Sortiments- und Preispolitik sowie der Verkaufsförderung zu berücksichtigen, wenn die Objekte auch langfristig erfolgreich arbeiten sollen.
Einige Städte und Kommunen haben in den letzten Jahren die Bedeutung des Einzelhandels für das Erscheinungsbild der Innenstädte erkannt. Das bekannteste Beispiel ist wohl das KaDeWe, eine touristische Attraktion für die Berlin-Besucher aus aller Welt. Und was das Kadewe für Berlin, das ist Harrod's für London.

Harrods – Alles für alle, zu jedem Preis

Das britische Kaufhaus Harrods bietet eine einzigartige Mischung aus Exklusivität, Kauferlebnis und Kundenorientierung

Mit seiner 80.000 Quadratmeter großen Verkaufsfläche steht das repräsentative Haus an der Brompton Road wie ein Fels in der Brandung. So konnte Harrods auch 2009 trotz der allgemeinen Konsumflaute einen Rekordgewinn erwirtschaften. Genauere Zahlen sind nicht bekannt. Der Umsatz lag bei etwa 750 Millionen Pfund (etwa 900 Millionen Euro). Harrods trotzt damit nicht nur der Wirtschaftskrise sondern auch dem Trend zum Onlinehandel und Discountern auf der grünen Wiese.

Was ist das Geheimnis von Harrods? „Man sei eine sehr spezielle Marke", erklärte Kaufhausdirektor Michael Ward in einem Interview. Er meinte damit die einzigartige Mischung zwischen Exklusivität, Kauferlebnis und bedingungsloser Orientierung am Kunden. Es ist dabei kein Nachteil, daß Harrod's auch ein Toptouristenziel an der Themse geworden sei, das ähnlich umlagert wird wie der Buckingham-Palast. Der Nimbus Harrods lockt bis zu 300.000 Besucher pro Tag an. Mit staunenden Augen schlendern die Harrod's-Fans durch den Konsumententempel, der auf jeder Etage etwas Besonderes bietet.

„Alles für alle Leute überall" – so heißt das Motto, dem sich schon die Firmengründerfamile Harrods im vorvergangenen Jahrhundert verpflichtet sah. Und so wird die Hausfrau, die in

der Küchenabteilung einen Rührstab für 35 Pfund sucht, von einem der 5 000 Harrods Mitarbeiter ebenso zuvorkommend beraten wie der reiche Scheich aus dem Nahen Osten, der in der Schmuckabteilung ein ausgefallenes Hochzeitsgeschenk für mehrere zehntausend Pfund erstehen will.
Die neuen Eigentümer wollen unter anderem das Haus weiter vergrößern; unter anderem ist aber auch eine Filiale in Shanghai geplant.

Auszug aus der Süddeutschen Zeitung vom 23. August 2010

Doch neben dem Standort in der Innenstadt ist auch ein Einzelhandelsbesatz in den Wohngebieten wichtig. Besondere Aufmerksamkeit verlangt der Standort „Grüne Wiese". Von großflächigem Einzelhandel an einem solchen Standort können schädliche Einflüsse auf die Innenstadt und die wohnungsnahe Versorgung ausgehen. Hier gibt es neben planerischen und nutzungsrechtlichen Fragen oft Konflikte unter den Gemeinden einer Region, sie werden wie Handelsunternehmen zu Konkurrenten.

2.6.2 Standortwahl im Großhandel

Beim Zustellgroßhandel und Versandhandel sind für den Standort vielfach ausschlaggebend:
günstige Verkehrsanbindungen: Sie wählen einen Standort in der Nähe von Autobahnanschlüssen, von Bundesstraßen, von Wasserstraßen und bei Außenhandelsunternehmen in Grenzgebieten oder in der Nähe von Flug- oder Seehäfen. In einigen Branchen kann der Gleisanschluss der Immobilie von Vorteil sein.
die Entfernung zu Lieferanten und Kunden
der Zuschnitt des Objektes und seine Kosten: Das Handelsunternehmen prüft die Kosten der Immobilie, die bauliche Aufteilung, den Zustand und mögliche Erweiterungsmöglichkeiten in der Zukunft. Im Zustellgroßhandel kann nur rationell und mit niedrigen Kosten gearbeitet werden, wenn der Warenfluss auf einer Ebene abgewickelt wird. Dies erfordert viel Lagerfläche und ein entsprechend großes Grundstück. Dabei ist die Lage innerhalb eines Gewerbegebietes von nicht so großer Bedeutung, vorausgesetzt, dass der Betrieb gut erreichbar ist. Um niedrige Miet- bzw. Anschaffungskosten zu erzielen, wird meist ein Standort in Gewerbegebieten, am Stadtrand, in jedem Fall außerhalb von Ballungsgebieten gewählt.

Besondere Methoden der Standortwahl werden nicht angewandt, da die Auswahlkriterien überschaubar und berechenbar sind.

2.6.3 Standortwahl im Einzelhandel und Abholgroßhandel

Die Standortfaktoren im Abholgroßhandel sowie im Einzelhandel sind in der Regel ausschließlich absatzorientiert. Dabei spielen eine wichtige Rolle:

Größe und Reichweite des Einzugsgebietes

Die Größe und Reichweite des Einzugsgebiets ist im Einzelhandel abhängig von der Betriebsform. Besonders Supermärkte und Lebensmitteldiscounter suchen die unmittelbare Nähe des Kunden. Sie dienen der Nahversorgung, ihre Kunden kommen teilweise zu Fuß oder mit dem Rad. Die Standorte liegen hier in Wohngebieten, oder zumindest nahe an ihnen.

In anderen Betriebsformen und Sortimenten ist weniger die Nähe sondern die Erreichbarkeit des Standortes von großer Bedeutung: Ist der Kauf der Ware mit einem Transportaufwand verbunden, z.B. Möbel, Bau- und Heimwerkerbedarf, Elektrogroßgeräte, so sind wichtige Faktoren des Standortes der Weg des potentiellen Kunden von seinem Wohnort, der verbundene Zeitaufwand für die Hin- und Rückfahrt und das Angebot von Parkplätzen. Doch zeigen Untersuchungen, dass der Kunde zwischenzeitlich ebenso gern Lebensmittel mit dem Auto einkauft. Bei den Betriebsformen der „Grünen Wiese" und dem Abholgroßhandel ist daher die Anbindung an überörtliche Straßen wie z.B. Autobahnen und Bundesstraßen wichtig. Bei den Betriebsformen in Citylagen ist die Nähe zu den Hauptverkehrsachsen ebenso entscheidend wie die vorhandenen Stellplätze in der Nähe des Standorts, ein gutes Parkleitsystem und die Nähe zu öffentlichen Verkehrsmitteln. Gerade in den großen Ballungsgebieten wie München, Hamburg, Frankfurt oder Berlin erreicht ein erheblicher Anteil der Kunden den Einzelhandel mit Bahn oder Bus.

So ist das mögliche Einzugsgebiet eines Standortes schwierig zu bestimmen:
Das Handelsunternehmen kann auf Erfahrungswerte anderer Standorte oder anderer Unternehmen zurückgreifen, welche Wegezeit der Kunde bei dem bestimmten Sortiment bereit ist zu akzeptieren. Selbstverständlich können Befragungen am möglichen Standort durchgeführt werden, um den Wohnsitz der Kunden zu erfahren. Dabei ist Voraussetzung, dass es sich um einen Standort handelt, an dem schon Konkurrenzbetriebe bestehen. Erfahrene Beratungsunternehmen wie die BBE Handelsberatung können zu den Einzugsbereichen von Standorten Daten liefern.

Kaufkraftvolumen im Einzugsgebiet und erreichbares Umsatzpotenzial
Die **Kaufkraft** einer Region wird durch das verfügbare Einkommen der privaten Haushalte gebildet. Grundlage hierfür sind die bei den Finanzämtern vorliegenden, selbstverständlich anonymisierten Lohnsteuerkarten und Einkommensteuererklärungen, nicht einbezogen werden die Lohn- und Einkommensteuer und die Sozialabgaben. Zusätzlich erfasst werden die staatlichen Transferleistungen wie Kindergeld, Wohngeld, Arbeitslosengeld, Hartz IV, Renten und BAFöG; ebenso werden berücksichtigt die Entnahmen aus Ersparnissen und aufgenommene Kredite abzüglich der Bildung von Ersparnissen und der Tilgung von Schulden.
Üblicherweise erfolgt die Darstellung von Kaufkraftkennziffern eines Standorts oder einer Region als

- Relativzahlen in Prozent- oder Promille-Anteilen der Kaufkraft des gesamten Bundesgebiets

- Indexzahl, die auf den Pro Kopf durchschnitt der gesamten Bundesrepublik bezogen ist; der Bundesdurchschnitt beträgt 100. Dadurch ist zu erkennen, ob der Standort über oder unter dem Bundesdurchschnitt liegt

- absoluter Betrag für die Gesamtbevölkerung oder als Pro-Kopf-Wert in Euro.

Diese Werte kann man von verschiedenen Instituten erhalten. Wir haben im Folgenden die von der Firma MB-Research ermittelten Werte abgedruckt. Sie zeichnen sich durch eine besondere Nähe zum Handel aus.

Einzelhandelsrelevante Kaufkraft 2010 in Deutschland

Bundesländer

Schlüssel	Bundesland	Bevölkerung Datenstand 1.1.2009		Bevölkerung Prognose 2010 Jahresdurchschnitt		Haushalte Prognose 2010 Jahresdurchschnitt	Einzelhandelsrelevante Kaufkraft 2010			
	(Gebietsstand 1.1.2010)	Anzahl	Promilleanteil	Anzahl	Promilleanteil	Anzahl	in Mio. Euro	Promille-anteil	Euro pro Kopf	Kaufkraft-Index D = 100
01	Schleswig-Holstein, Land	2.834.260	34,563	2.826.197	34,658	1.385.575	16.306,86	35,225	5.770	101,6
02	Hamburg, Land	1.772.100	21,610	1.775.120	21,769	981.867	10.683,63	23,078	6.019	106,0
03	Niedersachsen, Land	7.947.244	96,915	7.919.150	97,114	3.849.620	44.969,83	97,141	5.679	100,0
04	Bremen, Land	661.866	8,071	659.346	8,086	364.647	3.632,80	7,847	5.510	97,1
05	Nordrhein-Westfalen, Land	17.933.064	218,690	17.835.761	218,723	8.576.790	102.476,79	221,363	5.746	101,2
06	Hessen, Land	6.064.953	73,961	6.037.511	74,039	2.932.214	35.752,55	77,230	5.922	104,3
07	Rheinland-Pfalz, Land	4.028.351	49,125	4.001.877	49,076	1.905.845	22.753,87	49,151	5.686	100,2
08	Baden-Württemberg, Land	10.749.506	131,088	10.689.455	131,086	5.038.275	62.733,45	135,513	5.869	103,4
09	Bayern, Land	12.519.728	152,675	12.504.792	153,348	5.965.253	74.296,29	160,490	5.941	104,7
10	Saarland, Land	1.030.324	12,565	1.019.614	12,504	508.870	5.619,00	12,138	5.511	97,1
11	Berlin, Land	3.431.675	41,848	3.422.243	41,968	1.971.292	18.501,98	39,967	5.406	95,2
12	Brandenburg, Land	2.522.493	30,761	2.503.381	30,699	1.254.846	13.029,78	28,146	5.205	91,7
13	Mecklenburg-Vorpommern, Land	1.664.356	20,296	1.642.451	20,142	851.592	8.190,04	17,692	4.986	87,8
14	Sachsen, Land	4.192.801	51,130	4.138.111	50,746	2.191.651	20.968,48	45,295	5.067	89,3
15	Sachsen-Anhalt, Land	2.381.872	29,046	2.337.914	28,670	1.167.347	11.770,73	25,426	5.035	88,7
16	Thüringen, Land	2.267.763	27,655	2.232.131	27,373	1.137.020	11.248,66	24,299	5.039	88,8
Deutschland		**82.002.356**	**1.000,000**	**81.545.054**	**1.000,000**	**40.082.704**	**462.934,74**	**1.000,000**	**5.677**	**100,0**

Abb 15: Einzelhandelsrelevante Kaufkraft 2010 in Deutschland

Doch nur ein Teil des verfügbaren Einkommens wird im Einzelhandel ausgegeben, die Kunden haben laufende Aufwendungen für z.B. Miete, Auto, Versicherungen und andere Dienstleistungen. So werden bei der einzelhandelsrelevanten Kaufkraft einer Region die Ausgaben folgender Warengruppen berücksichtigt:

Lebensmittel	2.143,00 Euro
Schuhe	98,00 Euro
Apotheken	524,00 Euro
Sportartikel, Bekleidung	516,00 Euro
Unterhaltungselektronik	164,00 Euro
Baumarktartikel, Eisenwaren, Gartenmärkte	125,00 Euro
Möbel	330,00 Euro
Buchhandel	102,00 Euro
Telekom, PC, Büroorganisation	153,00 Euro
Drogerien, Parfümerien	267,00 Euro
Elektro	478,00 Euro

Quelle: BBE Handelsb.GmbH

Neben der Kaufkraft ist für die Errechnung des möglichen Umsatzvolumens eines Standortes die **Zentralität** bzw. Kaufkraftbindung zu berücksichtigen. Da nicht alle Bewohner eines Standortes auch alle ihre Einkäufe an diesem Standort tätigen, andererseits das Einzugsgebiet jedoch auch Käufer aus anderen Regionen anzieht, werden diese Ab- und Zuwanderungen bei der Kennziffer „Zentralität" berücksichtigt. Die Zentralität gibt an, ob es einem Standort gelingt, über die örtliche Kaufkraft hinaus Umsatz zu tätigen. Entsprechen die Umsätze eines Standortes der örtlichen Kaufkraft, so beträgt die Zentralität 100; bei Kennziffern über 100 hat der Ort einen Kaufkraftzufluss, bei Kennziffern unter 100 findet ein Kaufkraftabfluss statt. Diesem Ort gelingt es nicht einmal, die am Ort vorhandene Kaufkraft zu binden.

Mit den Kennziffern Kaufkraft, Konsumausgaben nach Verwendungszwecken und Zentralität kann das Handelsunternehmen das Umsatzpotenzial eines Standortes ermitteln:

- Einzugsgebiet festlegen
- Kaufkraftvolumen in EUR ermitteln
- Mit Hilfe der Konsumausgaben nach Verwendungszweck das Kaufkraftvolumen für das Sortiment ermitteln
- Mit der Kennziffer Zentralität berichtigen

Die Marktforschungsunternehmen – z.B. die BBE Handelsberatung -, die Einzelhandelsverbände, Industrie- und Handelskammern und die kommunalen Verwaltungen unterstützen das Handelsunternehmen bei der Ermittlung bzw. können detaillierte Zahlen zur Verfügung stellen.

Fallbeispiel
Die Trinkmann GmbH möchte gern expandieren und untersucht die Standorte O und S. An beiden Standorten wäre es möglich, im Zentrum der Städte Ladenlokale anzumieten, die gut mit dem Auto erreichbar wären und bei denen ausreichend Parkplätze vorhanden wären. Dabei legt das Unternehmen das Einzugsgebiet mit den Stadtgrenzen fest.

Vom Handelsverband erhält die Trinkmann GmbH folgende Kennziffern:

Stadt	*Einzelhandelsrelevante Kaufkraft in Mio. EURO*	*Einzelhandelsrelevante Kaufkraftkennziffer*	*Zentralitätskennziffer]*
O	*61,0*	*101,0*	*75,7*
S	*108,5*	*102,9*	*59,0*

Daraus ergibt sich ein gesamtes Umsatzpotenzial für
O von 46,2 Mio. EURO
S von 64,0 Mio. EURO.
*Vom Statistischen Bundesamt erhält das Unternehmen die Information, dass **15%** der Konsumausgaben für **Nahrungsmittel und Getränke** ausgegeben werden. Dies ergibt ein Umsatzpotential für*
O von 6,9 Mio. EUR
S von 9,6 Mio. EURO.
*Der Fachverband gibt den Anteil von Getränken innerhalb der Konsumausgaben für Nahrungsmittel und **Getränke**, der in **Getränkefachmärkten** ausgegeben wird, mit **5,1%** an. Daraus resultiert für*
O ein endgültiges Umsatzpotenzial von 351.900 EURO
S von 486.600 EURO.
Aus diesen Zahlen muss die Trinkmann GmbH feststellen, dass O und S von der Expansionsliste zu streichen sind: Die Jahresumsatzleistung der Fachmärkte der Trinkmann GmbH sollte mindestens bei 500.000 Euro liegen. Vor-Ort-Recherchen werden hier unnötig.

Zahl, Größe, Entfernung und Attraktivität vergleichbarer Mitbewerber
Die Konkurrenzsituation ist meist nur durch Vor-Ort-Recherchen zu beurteilen. Dabei ist es von der Betriebsform abhängig, ob die Nähe zur Konkurrenz gesucht wird oder eine Alleinstellung erforderlich ist. Betriebsformen wie z.B. der Supermarkt oder der Lebensmitteldiscounter, bei denen der Kunde seinen alltäglichen Bedarf deckt, bevorzugen einen Standort innerhalb eines Wohngebietes, in dem das Handelsunternehmen einziger Anbieter ist. Nicht selten sucht inzwischen der Supermarkt die Nachbarschaft des Discounters zur Steigerung der Attraktivität des Standorts. Noch mehr suchen die Betriebsformen in der die Citylage wie z.B. das Fachgeschäft die Nähe zu anderen Unternehmen unterschiedlicher, aber auch gleicher Branchen. Sie erwarten von dieser Ballung von Einzelhandel – der **Agglomeration** - eine hohe Passantendichte, die wiederum die eigene Kundenfrequenz sichert.

Bei der Berechnung des verbleibenden Umsatzpotenzials für das Unternehmen kann anhand von Kennziffern der bereits von der Konkurrenz abgeschöpfte Umsatz geschätzt werden. Hilfreich ist hierbei z.B. die Flächenleistung: Die Verkaufsfläche der Mitbewerber wird geschätzt und mit dem branchenüblichen Umsatz/qm multipliziert. Weitere Kennziffern können die Pro-Kopf-Leistung, die Miete und der durchschnittliche Anteil der Miete am Umsatz sein. Liegen aktuelle Einzelhandels-Gutachten der Städte und Gemeinde vor, so kann auf diese Zahlen zurückgegriffen werden.

Immer neue Center

Jahr	Shopping-Center Anzahl	Gesamtfläche in qm
1965	2	68.000
1970	14	458.000
1975	50	1.545.000
1980	65	1.956.500
1985	81	2.413.800
1990	93	2.780.700
1995	179	6.019.500
2000	279	9.212.200
2005	363	11.449.600
2010	385	11.932.600

Quelle: EHI

Eine besondere Form der Agglomeration ist das **Einkaufscenter**. In Deutschland herrscht ein wahrer Center-Boom und das Ende dieses Booms ist nicht in Sicht. Experten sagen, dass die Einkaufscenter die Rolle der Warenhäuser übernehmen werden. Ein professioneller Center-Betreiber – die größten sind die ECE Projektmanagement GmbH & Co KG, die mfi AG und die Deutsche Euroshop AG – errichtet das Center und sucht die Mieter aus. Dabei wird auf einen ausgewogenen Mix von verschiedenen Anbietern geachtet. Es gibt Magnetmieter, die die Frequenz im Center sichern, wie z. B. H & M, Zara, New Yorker, C & A, Media Markt und Saturn, und eine Vielzahl von kleinen und mittleren Geschäften, die Sortimente vieler Branchen und Preislagen abdecken. Ergänzt wird das Angebot durch Gastronomie und Dienstleistungsunternehmen wie z.B. Apotheken und Arztpraxen. Die Mieten sind sehr unterschiedlich in ihrer Höhe, je nach Attraktivität, Sortiment und der Rolle innerhalb der Angebotsvielfalt, so dass es auch möglich wird, Sortimente anzubieten, die normalerweise in diesen Lagen nicht kalkulierbar wären. Selbstverständlich bietet ein Center viele günstige Parkplätze in der oberen Ebene oder im Tiefgeschoss, so dass der Kunde sehr kurze Wege zu den Geschäften hat und auch Ware einkaufen kann, die in Innenstadtlage an der Fußgängerzone nicht mehr angeboten werden, da der Transport zu aufwändig für den Kunden wäre. Immer wieder finden Aktionen in den Centern statt. Schon im Mietvertrag sind die Mieter in der Regel verpflichtet, einer Werbegemeinschaft beizutreten und dafür einen Beitrag zu zahlen.

Objekt

Die Größe und der Zuschnitt der Immobilie sind von der Betriebsform bzw. vom Sortiment abhängig. Bei der Größe des Objektes werden die angebotene Verkaufsfläche und die Lagerfläche mit dem eigenen Bedarf abgestimmt. Die Raumhöhe sollte nicht zu niedrig sein für die Betriebsformen, bei denen Warenpräsentation als Absatzinstrument eingesetzt wird. Andererseits erhöhen hohe Räume die Energiekosten, die genau so intensiv geprüft werden müssen wie die eigentlichen Mietkosten. Verwinkelte Räume mit Säulen verhindern einen Überblick, erschweren eine Kundenführung und erfordern mehr Personal. Betriebsformen wie z.B. Fach- oder Verbrauchermärkte entscheiden sich ausschließlich für ebenerdige Immobilien; Betriebsformen mit hohem Flächenbedarf in Citylagen müssen mehrgeschossige Liegenschaften wählen.

Ein ebenerdiger barrierefreier Zugang zum Geschäft ist heute Grundbedingung. Bei Betriebsformen wie z.B. dem Fachgeschäft oder Kaufhaus muss der Zuschnitt der Schaufenster geprüft werden. In allen Betriebsformen muss eine schnelle Warenbelieferung möglich sein, in Citylagen werden zusätzlich die Lieferzeiten berücksichtigt. Im Absatzgroßhandel und im Einzelhandel, vor allem bei den Betriebsformen Fachmarkt, SB-

Warenhaus, muss die direkte Anfahrbarkeit geprüft werden. Die Lage an einer Bundesstraße, an einer Autobahnabfahrt oder einer Ausfallstraße ist von großem Vorteil. Bei Handelsunternehmen mit großem Einzugsgebiet und hoher Kundenfrequenz ist die Abwicklung des ab- und zufahrenden Verkehrs ein wichtiger Prüffaktor. Außerdem muss bei diesen Betriebsformen auch ausreichend Parkraum zur Verfügung stehen.

Die Baunutzungsverordnung und die Landesentwicklungsprogramme vieler Bundesländer erfordern für Immobilien ab 1200 qm Geschoßfläche (das entspricht ca. 800 m² Verkaufsfläche) ein spezielles Genehmigungsverfahren. Dabei prüft die Regierung wie auch die betreffende Gemeinde, ob die Sortimente des Handelsunternehmens für dieses Gebiet verträglich sind, bzw. in Randlagen oder auf der „grünen Wiese“, ob die Sortimente die Attraktivität der City oder auch jene benachbarter Orte bedrohen. Weiterhin prüft die Regierung, ob ein solches Projekt die Versorgung der Bevölkerung im Einzugsbereich gefährdet.

Anhand einer Checkliste wird in vielen Handelsunternehmen geprüft, ob die Immobilie den Anforderungen entspricht. Alle Faktoren gleichzeitig werden innerhalb des Scoring-Verfahren bewertet:

Fallbeispiel
Prüfen der Leiter Vertrieb oder der Teamleiter Fachmärkte der Trinkmann GmbH neue Standorte, so untersuchen sie diese Orte mit Hilfe des folgenden Scoring-Verfahrens; hier am Beispiel für den Standort Borken, eine Kreisstadt im westlichen Münsterland:

Entscheidungsfaktor	*Gewichtung*	*Ist-Situation am Standort Borken*	*Punktzahl für Standort Borken*	
Größe und Reichweite des Einzugsgebietes *Zentralität* *Anbindung an Bundesstraße, Ausfallstraße*	***10***	 *106,6* *an der B 67*	***6***	***60***
Umsatzpotenzial *Kaufkraft* *Kaufkraftkennziffer* *Zentralität* *Umsatzpotenzial* *regionale Verkaufsziffern* *Motorisierungsgrad* *Arbeitslosigkeit*	***20***	 *211,9 Mio. EURO* *98,9* *106,6* *210,8 Mio. EURO* *aktuell nicht vorhanden* *67,3 %* *7,9 %*	***5***	***100***
Mitbewerber *Anzahl der Fachmärkte* *Angebot der Supermärkte* *Angebot der Verbrauchermärkte* *Angebot der SB-Warenhäuser* *Geschätzter Umsatz* *verbleibendes*	***30***	 *2: GF, Trinkkiste* *Edeka-Sortiment* *Real: breit, bei nichtalkoholischen Getränken tief* *nicht vorhanden* *der Fachmärkte 6.000 EURO* *1,1 Mio. EURO*	***5***	***150***

Umsatzpotenzial *Vorteile des Trinkmann-Marktes*		*tieferes Sortiment bei Wein, Spirituosen; Warenpräsentation übersichtlicher, ansprechender*		
Zwischenergebnisse	***360***			***310***
Objekt *Größe* *Zuschnitt* *Erweiterungsmöglichkeiten* *Zufahrt* *Parkplätze* *Nachbargeschäfte* *übliche Ladenöffnungszeiten* *Miete* *Nebenkosten* *% zum Planumsatz* *ggf. Umbaukosten*	***30*** *mindestens 850 qm* *mindestens 20*			
Gesetzliche Auflagen *Baunutzungsverordnung* *Baugenehmigung*	***10***	*keine Beschränkungen zu erwarten*		
	600			

Gepunktet wird in diesem Scoring-Verfahren mit
Sehr gut 6 Punkte
Gut 5 Punkte
Befriedigend 4 Punkte
Ausreichend 3 Punkte
Mangelhaft 2 Punkte
Ungenügend 1 Punkt

Schon bei der Standortprüfung anhand des Zwischenergebnisses ist für die Trinkmann GmbH zu erkennen, dass dieser Standort interessant ist für eine Expansion. Herr Trinkmann entscheidet, dass der Teamleiter Fachmärkte den Immobilienmarkt laufend begutachtet und ein Borkener Makler einen Auftrag erhält. Die Immobilie sollte mindestens eine Fläche von 850 qm und eine Höhe von 4 m haben. Unbedingtes Muss ist eine ebenerdige Verkaufsfläche mit elektronischen Schiebtüren am Eingang und ein Minimum von 20 Parkplätzen direkt vor der Tür.
Für jedes Immobilienangebot wird das Scoring-Verfahren vervollständigt und anhand des Ergebnisses entschieden, ob die Offerte weiter verfolgt wird. Hierfür wären mindestens 450 Punkte notwendig.

Die Attraktivität von Standorten ändert sich

Betriebsformen wie z.B. das Fachgeschäft, das Waren- und das Kaufhaus bevorzugen die Innenstädte. Durch die starken Passantenströme ist die Gruppe der Gelegenheits- und Impulskäufer groß, die Frequenz ist gesichert. Dienstleistungszentren wie z.B. die Stadtverwaltung, Ärztezentren, gastronomische Angebote oder Umsteigebahnhöfe des öffentlichen Nahverkehrs verstärken dies noch. Daher nehmen die Makler in Citylagen eine Einstufung des Standortes nach Passantendichte vor:

Top 1A-Lage: 90% bis 100% der Gesamt-Passantenfrequenz der City - meist in der Fußgängerzone
A-Lage: 60% bis 90% – oft innerhalb der Fußgängerzone
B-Lage: 40% bis 60% - schließt meist direkt an eine A-Lage an
C-Lage: weniger als 40%

Aber nicht nur quantitative Merkmale definieren heute die Lage, sondern gleichermaßen qualitative Aspekte. Gängig ist hier die Unterscheidung zwischen konsumiger und hochwertiger Lage. Die konsumige Lage definiert sich durch absolut höchste Fußgängerfrequenz. Hier Beispiele für die 1A-Lagen der Bundesrepublik Deutschland für hochwertige Sortimente:

Höchstmieten und Frequenzen in Deutschlands Luxusmeilen

Stadt	**Straße**	**Höchstmiete/qm/Monat**	**Frequenz**
München	Maximilianstraße	310 Euro	3150
Düsseldorf	Königsallee	235	5205
Frankfurt	Goethestraße	220	k.A.
Hamburg	Neuer Wall	215	885
Berlin	Kurfürstendamm	190	7495

Höchstmiete: Euro pro qm und Monat, 100 qm ebenerdige VK-Fläche, 6 m Front
Quelle: Kemper´s

Die Konzentration des Handels auf 1A-Lagen der großen Städte sowie die Expansion auf der „grünen Wiese“ führen zu Leerständen in Nebenstraßen oder in Kleinstädten. Räumungsverkäufe, Geschäfte mit kleinpreisigen Angeboten mit schlichter oder schriller Warenpräsentation verringern die Attraktivität der Stadt, die Leerstände nehmen noch zu. Die Ministerien der Bundesländer, die Städte und Gemeinde sowie der Handel haben erkannt, dass dieser Missstand aufgehalten werden muss. Dabei werden zwei Modelle gefördert. Im ersten Modell arbeiten Stadt und Handel in einer öffentlich-privaten Kooperation auf freiwilliger Basis in einer **Immobilien- und Standortgemeinschaft** zusammen. Bei dem anderen Modell können Immobilienbesitzer zur Kooperation gezwungen werden: In Hamburg als erstem Bundesland hat der Gesetzgeber den Weg frei gemacht für einen **Business Improvement District (BID)**. Schließen sich mindestens 15 % der Eigentümer nach Zahl und Fläche einer Straße, eines Quartiers zusammen und erstellen einen Maßnahmenkatalog, so muss dieser realisiert werden, wenn ihn nicht mindestens ein Drittel der Eigentümer ablehnen.

Inzwischen haben weitere Bundesländer mit eigenen Gesetzen den Weg für Bis frei gemacht. Die Bedingungen für die Einrichtung eines Bis
sind Ländersache, deshalb sind sie auch unterschiedlich.

Beide Kooperationsformen haben gleiche Ziele:

- Investitionen in den Standort wie z.B. Werbung, Beleuchtungskonzepte, Sauberkeit, Sicherheit, Fahrbahn- und Bürgersteigumbauten, Bepflanzungen
- Leerständemanagement wie Betreuung durch ein Maklerbüro, Staffelmieten wie in einem Einkaufszentrum und ggf. auch Rückbau von Flächen
- Stadtmarketing wie z.B. Eventplanung, Tourismusangebote

Die Bundesländer können die Kooperationen in den Innenstädten noch unterstützen, indem sie die Ansiedlung auf der grünen Wiese erschweren. Nordrhein-Westfalen will die Zulassung von Geschäften mit mehr als 1200 qm nur noch in Stadtzentren genehmigen, lediglich Möbel-, Garten- und Baumärkte dürfen im Umland eröffnen. Bei der Ansiedlung von Einkaufszentren müssen sich die Kommunen untereinander abstimmen, bevor eine Genehmigung erteilt wird. Ein weiteres „Centro Oberhausen“ wäre dann wohl nicht mehr möglich.

2.7 Zielgruppenmarketing

2.7.1 Marktsegmentierung – eine Basisstrategie für Zielgruppen

Immer stärker tendieren heute Handelsunternehmen zu einem zielgruppenbezogenen Marketing, als daß sie versuchen, auf undifferenzierten Massenmärkten generell alle Kunden des Absatzmarktes zu erreichen. Massenmärkte sind unüberschaubar, Fehlentscheidungen, Zielverfehlungen und Koordinationsfehler in der Marketingstrategie eines Unternehmens sind häufig die Konsequenz. Denn die Kunden, die sich in Bezug auf Alter, Familienstand, Einkommen, Kaufgewohnheiten, Prestigebewusstsein und andere Merkmale unterscheiden, können nicht durch eine einheitliche Marketingstrategie gleichzeitig angesprochen werden. Der Absatzmarkt eines Handelsbetriebes kann nicht als eine homogene Einheit beschrieben werden, er setzt sich vielmehr aus einer Vielzahl unterschiedlicher Personengruppen mit individuellen Merkmalen und Verhaltensweisen zusammen. Um eine zielgruppenspezifische Marketingstrategie mit individueller Ansprache zu entwickeln, ist es daher notwendig, den Gesamtmarkt anhand bestimmter Kriterien und Kennzeichen in klar abgegrenzte Gruppen – Marktsegmente - einzuteilen. Das Marktsegment ist in sich homogen. Je homogener eine Zielgruppe ist, desto höher ist der Grad an Übereinstimmung zwischen dem Marketingkonzept und den Ansprüchen der tatsächlichen sowie potentiellen Kunden. Durch eine genaue Marktsegmentierung ist es dem Handelsbetrieb somit möglich, einen auf individuelle Belange abgestimmtes Marketing- Mix zu entwickeln und in Teilbereichen wie z.B. der Werbung eine noch spezifischere Möglichkeit der Ansprache zu schaffen.

Ziele der Bildung von Marktsegmenten sind:

- Erstellung eines optimalen Marketing- Mix mit Hilfe der gezielt eingesetzten absatzpolitischen Instrumente
- bessere Vergleichsmöglichkeit mit Konkurrenzunternehmen
- klare Abgrenzung von Mitbewerbern
- Schaffung von Wettbewerbsvorteilen
- genaue, differenzierte Beobachtung und Prognose der Marktentwicklung
- Erkennung von spezifischen Kundenbedürfnissen und deren Befriedigung

2.7.2 Marktsegmentierungskriterien

Die Bildung homogener Zielgruppen als Marktsegmente erfolgt anhand bestimmter Kriterien und Kennzeichen. Aus den einzelnen Kennzeichen werden somit Marktsegmente mit gemeinsamen Merkmalen gebildet, die dann einer optimalen Marktbearbeitung zur Verfügung stehen. Im Marketing ist im Allgemeinen eine Segmentierung in **geografischer**, **soziodemografischer** und **psychografischer** Hinsicht üblich.

geografisch	**Soziodemografisch**	**psychografisch**
• Stadt-/ Landbevölkerung • Bundesländer • lokale / regionale Gebiete • nationale / internationale Gebiete etc.	• Staatsangehörigkeit • Alter • Geschlecht • Familienstand • Anzahl der Kinder • Schulbildung • Beruf • Einkommen • Wohnverhältnisse etc.	• Wertvorstellungen • Erwartungen gegenüber Produkten • Einstellungen gegenüber Produkten • Lebensgewohnheiten • Kaufgewohnheiten • Charaktereigenschaften • Interessen etc.

Fallbeispiel
Für die Fachmärkte der Trinkmann GmbH ist unter anderem die Zielgruppe der 16-25 jährigen, ledigen, männlichen und weiblichen Personen definiert. Es handelt sich hierbei um Schüler, Studenten, Auszubildende sowie Berufsanfänger mit geringem Einkommen, da im Elternhaus im lokalen Umfeld lebend, aber mit hoher Kaufkraft. Die Veranstaltung von Partys, Treffen mit Freunden und Vereinsfeste liefern die Kaufmotive.

2.7.3 Möglichkeiten der direkten Zielgruppenansprache

Fallbeispiel
*Für die **Fachmärkte der Trinkmann GmbH** ist zum Sommeranfang eine spezielle Werbeaktion vorgesehen, Anlass sollen die Schulabschlussfeiern sein. Anhand der bekannten Informationen aus dem Zielgruppenprofil wird die Aktion unter dem Motto: „Schule aus? ...mach ne´ Party draus!“ geplant. Es wird ein Sortiment aus Bier-Mix-Getränken, spanischem Sekt, alkoholfreien Getränken, Knabberartikel und Partydekorationsartikeln aus den mittleren Preislagen zusammengestellt. Die Aktion soll zeitgleich in allen Fachmarktfilialen der Trinkmann GmbH stattfinden. Im Rahmen der Werbung werden Handzettel vor den Schulen verteilt und nach Absprache mit der Schulleitung Plakate in den Schulen aufgehängt. Die Handzettel und Plakate sind auffällig gestaltet und mit jugendlicher Ansprache versehen, ferner werden auf den Verleih von Bierzeltgarnituren und den Anlieferungsservice hingewiesen. Zur Absatzunterstützung werden die Aktionsartikel unter Angabe des Mottos und entsprechender Dekoration auf einer Sonderfläche in den Fachmärkten platziert und präsentiert.*

Fallbeispiel
*Aus der Kundendatei der **Sortimentsgroßhandlung der Trinkmann GmbH** werden zielgruppenbezogene Daten über die vom Unternehmen belieferten Kantinen entnommen. Über persönlich abgefasste Werbebriefe bzw. über E- mails werden diese Kantinenkunden dann angesprochen. In Bezug zu den bisher nachgefragten Produkten werden individuelle Angebote unterbreitet, ebenso wird bei allen Kantinenkunden ein Sonderangebot eines neuen Mineralwassers in 0,5-l-Mehrwegflaschen in einem Sondergebinde von je 24 Flaschen unterbreitet. Zur Verkaufsunterstützung werden spezielle Gläser der Brunnengesellschaft kostenlos angeboten.*

2.8 Sortimentspolitik

2.8.1 Ziele und Aufgaben der Sortimentspolitik

Die Sortimentspolitik eines Handelsbetriebes umfasst alle Maßnahmen zur Planung, Realisierung und Kontrolle des Sortiments. Dabei ist das Ziel des Handels, die richtige Ware zum richtigen Zeitpunkt in ausreichender Menge zur Verfügung zu haben. Die Bildung des Sortiments aus der Vielfalt der Möglichkeiten ist eine Kernaufgabe des Handelsunternehmens. Dabei muss das Sortiment auf die Zielgruppe/n des Unternehmens abgestimmt sein, den eigenen Möglichkeiten gerecht werden und Gewinn versprechen.

Sortimentspolitische Maßnahmen können sich auf verschiedene Bereiche beziehen, auf die Warenarten, die Warenbereiche, die Artikelgruppen, Artikel oder Sorten; sie können auf eine Ausweitung des Sortiments (Sortimentsexpansion), seine Variation (Sortimentsvariation) oder seine Einengung (Sortimentskontraktion) zielen, wodurch Sortimentsbreite, -tiefe und -niveau festgelegt werden. Dabei können die Entscheidungen der Sortimentspolitik **langfristige** strategische Entscheidungen sein, die bei der Gründung des Unternehmens getroffen werden und dann nur noch modifiziert werden sollten. Die Breite und die Tiefe eines Sortiments können **mittelfristig** verändert werden und **kurzfristig** bzw. täglich können als Folge der Sortimentskontrolle einzelne Artikel neu aufgenommen bzw. herausgenommen werden.

Mit Hilfe der Sortimentspolitik möchte das Unternehmen durch die richtige Auswahl des Warenangebotes die größtmögliche Anziehungskraft auf die Kunden ausüben. Die **Ziele** der Sortimentspolitik sind natürlich den Zielen des Unternehmens unterstellt. Die Sortimentspolitik eignet sich besonders gut,

- den Umsatz und seinen Ertrag sicherzustellen und zu optimieren.
- bei den Kunden Nachfrage zu wecken oder zu verstärken, zu Impulskäufen anzuregen.
- sich von den Mitbewerbern abzuheben, das eigenständiges Profil zu stärken und damit sein Image auf- und auszubauen, um die Mitbewerber zu verdrängen und den eigenen Marktanteil zu erhöhen.

2.8.2 Einflussfaktoren der Sortimentsbildung

Innerbetriebliche Faktoren

Die **Branche** bzw. die **Betriebsform** bestimmen das Sortiment in der Breite, in der Tiefe und im Niveau.

Fallbeispiel

Die Trinkmann GmbH führt als Sortimentsgroßhandel ein breites und in den umsatzstarken Warengruppen ein tiefes Sortiment: Insgesamt führt das Unternehmen 4000 verschiedene Artikel; allein bei Bier werden 450 verschiedene Sorten in der Flasche bzw. im Fass geführt, bei Mineralwasser 100 diverse Wassersorten.

Die **Kostensituation** des Unternehmens bzw. der mögliche Einfluss des Sortiments auf die Kosten entscheiden über das Sortiment. Hierbei werden die Höhe der zu erzielenden Kalkulation geprüft, in Abhängigkeit von der Kundenstruktur und der Konkurrenzsituation sowie der Einfluss auf andere Kosten wie z.B. die Personalkosten. Je tiefer das Sortiment wird und je beratungsbedürftiger die Ware ist, um so fachkundiger und qualifizierter müssen die Mitarbeiter sein, um so mehr muss das Unternehmen bereitstellen, um den Kunden zu beraten. Auch der Flächenbedarf kann vom Sortiment abhängen und dem Unternehmen Grenzen aufzeigen.

Die **finanzielle Situation** bzw. die **Liquidität** des Unternehmens steuern ebenso das Sortiment. In jedem Fall gilt dies bei den kurzfristigen Entscheidungen, oft zum Bedauern des Vertriebs. Dieser sieht Umsatzchancen, deren Realisierung jedoch nicht möglich ist, weil Kontokorrentkredite ausgeschöpft sind und es keine Möglichkeiten gibt, die Beschaffung zu finanzieren. Manchmal ist dies nur zu Zinsen möglich, die nicht im Verhältnis zu den Umsatz- und Ertragschancen stehen. Viele Handelsunternehmen beschränken die Ausgaben der Beschaffung und somit auch des Sortiments mit Hilfe des Limits, das wertmäßig die Höchstsumme für eine Periode festlegt, die für das Sortiment investiert werden darf.

Außerbetriebliche Faktoren

- Mit Hilfe des Warenwirtschaftssystems versucht der Handel, die **Wünsche** und **Erwartungen** der **Kunden** zu ermitteln. Dabei können Absatzveränderungen im bereits vorhandenen Sortiment erkannt und frühzeitig Trends bemerkt werden. Von Vorteil ist es für das Unternehmen, wenn persönliche Daten über die Kunden vorhanden sind: Alter, Geschlecht, Familienstand, Beruf usw. im Einzelhandel; Unternehmensgröße, Marktaktivitäten, Betriebsform usw. im Großhandel. Im Einzelhandel kann das Unternehmen diese Daten über die Kundenkarte erhalten, die jeden Kauf registriert, sodass Vorlieben der Kunden abzulesen sind. Messen, Fachzeitschriften und Marktforschungsunternehmen ergänzen die Informationsmöglichkeiten, die demografische Entwicklung, den Wertewandel bei den Kunden und die Entwicklung einzelner Bedürfnisbereiche zu erkennen.
- Der erfahrungsgemäße Verlauf einer Saison, das Wetter trotz seiner Unbestimmtheit und besondere Ereignisse müssen in die Sortimentsplanung einfließen.

Fallbeispiel:
Die Trinkmann GmbH hat die Fußballweltmeisterschaft bei der Sortimentsplanung 2010 einbezogen. Die Dispositionsmengen für Bier und Mineralwasser wurden im Groß- und Einzelhandel sehr stark erhöht. Dabei mussten die Lagerkapazitäten berücksichtigt werden. Zum Glück war es möglich, auf dem Nachbargrundstück der Zentrale ein zusätzliches Lager für Mai/Juni anzumieten. Außerdem wurde bereits 2009 mit den Lieferanten die Dispositionsmengen besprochen und über Abruf- und Sukzessivaufträge verhandelt. Leider konnten keine Kommissionsaufträge aus dem Einzelhandel angenommen werden, da die Lagerkapazitäten trotz Zumietung nicht ausreichen würden. Mit einem Logistikpartner wurden Verträge abgeschlossen, um im Mai/Juni zusätzliche Transportmöglichkeiten zu haben.

- **Lieferanten** bieten Anreize für den Einkauf, um wiederum ihre Marketingstrategie zu verdeutlichen und umzusetzen. Dazu gehören eigene Herstellerwerbung und Verkaufsaktionen sowie Werbungszuschüsse, die die Nachfrage bei den Kunden verstärken können.
- Staatliche Maßnahmen und **rechtliche Bestimmungen** können auf das Sortiment Einfluss nehmen.

Fallbeispiel
Seit 01.05.2006 muss jeder Laden für alle Einwegbehälter-Arten, die er selbst im Sortiment hat, Pfand auszahlen.
Mancher träumte von der Rückkehr der Dose. Der Absatz des Blechs war mit Einführung des Dosenpfandes 2003 drastisch eingebrochen: Statt einst 7,5 Milliarden Dosen wurden 2005 nur noch 500 Millionen Dosen im Jahr aufgerissen. Auch bei der Trinkmann GmbH hatte im Großhandel die Dose einen geringen Anteil im Getränkesortiment, in den Fachmärkten wurden keine Dosen geführt. Eine schwierige Sortimentsentscheidung, ob die Dose wieder in das Sortiment als wichtige Sorte bei Bier und Limonaden aufgenommen werden soll. Aber wenn eine einzige Dose im Regal der Fachmärkte steht, müssen alle Dosen

zurückgenommen werden. Daher entschied das Unternehmen, bei der bisherigen Sortimentsgewichtung zu bleiben. Sämtliche Typen von Flaschen und Dosen – auch der Konkurrenz – annehmen, lagern und abrechnen? Ein teures Spiel. Ein einziger Rücknahmeautomat kostet allein 15.000 Euro.

- Abhängig von der Branche und Betriebsform erfordern technische **Neuerungen**, Produktentwicklungen und Erfindungen die Aufnahme der Artikel in das Sortiment.
- Eine sorgfältige **Konkurrenzanalyse** ergibt Stärken und Schwächen des eigenen Betriebes, die ausgebaut bzw. abgestellt werden müssen. Außerdem können sich aus der Konkurrenzuntersuchung Angebotslücken am Standort bzw. auf dem Absatzmarkt ergeben, so dass es sich lohnt zu prüfen, ob das Unternehmen durch Sortimentserweiterung diese Lücken schließen möchte.

2.8.3 Gestaltungsvarianten innerhalb der Sortimentspolitik

Die Gestaltung des grundsätzlichen, gesamten Sortiments gehört zu den langfristigen, strategischen Entscheidungen, die abhängig sind von der Betriebsform und den Kundenzielgruppen. Mögliche Gestaltungsvarianten sind:

Sortimentsdimension

Praktiker streicht 20 Prozent von allem

Die Baumarktkette Praktiker streicht ihr Sortiment um durchschnittlich 20 Prozent zusammen. Dadurch soll das Angebot für den Kunden übersichtlicher gemacht werden. Praktiker-Chef Wolfgang Werner stellte gestern das neue Konzept vor, das am selben Tag in sechs Pilotmärkten gestartet wurde. Das neue Konzept mit dem Namen „Easy-to-Shop“ soll in den nächsten Jahren flächendeckend in Deutschland eingeführt werden. Der Chef der weitgrößten deutschen Baumarktkette hinter Obi erwartet eine höhere Kundenzufriedenheit, die mittelfristig zu einer Umsatzsteigerung von zehn Prozent führen soll.

Die Strategie lautet: Damit dem Kunden die Kaufentscheidung leichter fällt, wird das Angebot spürbar gestrafft. So wurde die Palette von 36 Rasenmähern auf sieben Benzin- und sieben Elektromäher gestutzt. Statt 245 Bad- und Küchenarmaturen werden bei Praktiker nur noch 102 angeboten.

Die Kunden seien bisher durch die riesige Vielfalt des Angebots derart verwirrt, dass sie in vielen Fällen überhaupt nicht kaufen oder den Kauf verschieben, so Werner. Was einfaches Einkaufen heißt, habe sich Praktiker auch bei der Modekette Zara, bei Ikea, bei Aldi und bei Lidl angeschaut.

Quelle: dpa, 1.8.2006

Bei der Sortimentsdimension legt das Unternehmen die Breite und Tiefe des Warenangebots fest: Bei der Entscheidung über die Breite bestimmt das Unternehmen, wie viele Warengruppen und Warenbereiche es führen will, bei der Sortimentstiefe wird festgelegt, wie viele Artikel innerhalb einer Warengruppe geführt werden. Diese Entscheidungen sind eng verzahnt mit der Entscheidung über die Betriebsform.

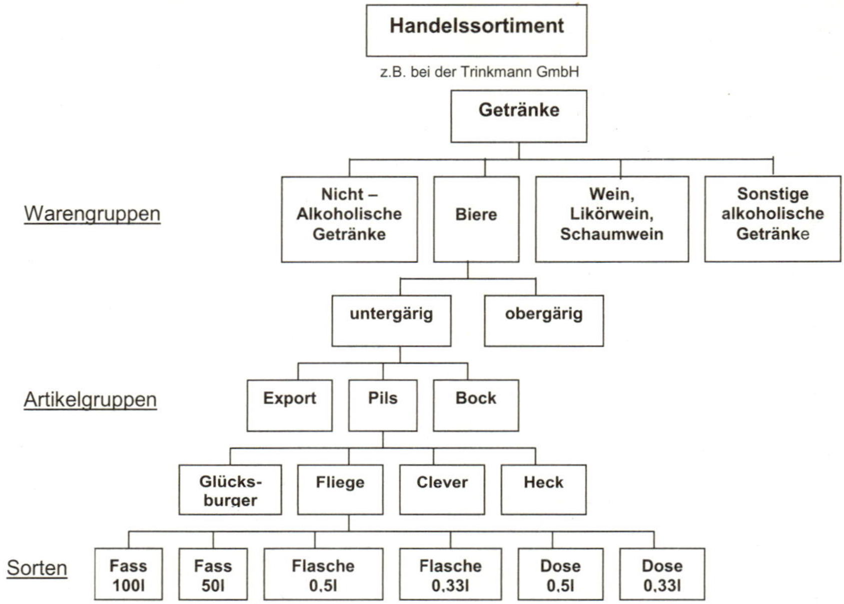

Abb 16: Handelssortiment

In neuerer Zeit ist die „Sortimentspyramide" in Kritik geraten, da sie sich auf warenbezogene Merkmale bezieht, die dem Endverbraucher oft fremd sind. Daher wird aktuell gefordert, dass Artikel zu Sortimentseinheiten nach Vorstellungen der Kunden zusammengefasst werden, den **Categories**. Die Zusammenfassung zu Categories spiegelt sich außer in der Sortimentsplanung auch bei der Werbung, der Verkaufsförderung und beim Visual Merchandising wieder.

Fallbeispiel
Bei der Bildung der Category „Bier" gehören neben den verschiedensten Biersorten z.B. beim Weißbier Salzbrezeln in unterschiedlicher Ausführung, Weißbiergläser und Zubehör wie z.B. Servietten, Papiertischtücher und Fähnchen mit dem bayrischen Rautenmuster dazu. Ergänzt wird das Sortiment noch durch eingepackte Wurstsnacks.

Sortimentsniveau
Das Sortimentsniveau legt die Art der Ware vor allem in ihren Anteilen innerhalb der Preisgruppen fest. Meist werden fünf Preisgruppen definiert: billig, unten, Mitte, oben, exklusiv. Bei der Sortimentsplanung wird bestimmt, wie viele Artikel mengen- und wertmäßig innerhalb der einzelnen Preisgruppen geführt werden. Dabei ist bei Saisonartikeln zu berücksichtigen, dass in die unteren Preisgruppen hinein reduziert wird. Auch das Sortimentsniveau ist von der Betriebsform abhängig, daneben von der Zielgruppe und den Beschaffungsmöglichkeiten des Unternehmens.

Sortimentsausrichtung
Die Sortimentsausrichtung bestimmt die Struktur und Planung des Sortiments:

Orientierung am Material oder an der Herkunft von Produkten	Das Sortiment richtet sich nach Materialgruppen wie es z.B. die Holzgroßhandlung, das Lederfachgeschäft oder die Eisenwarenhandlung praktiziert; manchmal auch an der regionalen Herkunft von Waren („Kolonialwarenhandlung").
Orientierung am Verwendungszweck	Immer mehr Geschäfte gestalten ihr Sortiment heute hinkunfts- und bedarfsorientiert. So wurden aus Möbelgeschäften Einrichtungshäuser, im Badstudio finden sich nicht nur Badewannen sondern auch Badtextilien, Kosmetika und andere zu diesem Erlebnisbereich passende Produkte.
Orientierung am Bedarf einer Zielgruppe	Ähnlich wie oben richtet sich hier das Sortiment am Bedarf einer Zielgruppe aus wie z.B. die Fachmärkte „BABY ONE", die sich an junge Eltern wenden und alle Artikel führen, die für Babies gebraucht werden, von der Bekleidung bis zu Kinderwagen, Möbeln, Pflegeprodukten und Windeln.
Orientierung an einer Preislage	Dies gilt für die preisaggressiven Betriebsformen des Einzelhandels, deren Sortiment bestimmt wird durch niedrige Preisgruppen, ebenso aber auch für Geschäfte mit hochpreisigen Luxussortimenten (z.B. „Edelboutique")

Sortimentsdynamik
Ein Unternehmen sollte grundsätzlich entscheiden, wie aufgeschlossen es gegenüber neuen Produktentwicklungen ist. Dabei ist diese Entscheidung weitgehend von der Zielgruppe abhängig,
Auch das Sortimentsniveau kann die Dynamik bestimmen. Eine **progressive** Ausrichtung erfordert die schnelle Aufnahme von Produktinnovationen in das Sortiment, auch wenn sie mit großem Absatzrisiko verbunden sind. **Adaptive** Sortimente enthalten Produktneuerungen, wenn der Trend bereits zu erkennen ist, dagegen sind **konservative** Sortimente statisch und feststehend. Der schnelle Wechsel von Sortimenten gehört heute auch zur Sortimentsdynamik. Es gibt Betriebstypen, die kein festes Angebot mehr führen; je nach Warenthemen wird die Ware in festen Rhythmen ausgetauscht. Eine Sortimentspyramide kann für diese Betriebstypen nicht aufgestellt werden, denn innerhalb dieses Themas wird dem Kunden eine Vielzahl von Artikeln aus den verschiedensten Waren- und Artikelgruppen angeboten – und dieses nur für einen kurzen Zeitraum. Die Kunden begrüßen diese ständigen Umstellungen und sind neugierig auf die nächste Themenstellung.

2.8.4 Markenpolitik
Eine notwendige sortimentsstrategische Entscheidung muss jedes Handelsunternehmen treffen: Werden Marken geführt und wenn ja, eigene oder von Lieferanten markierte Ware? Möglich ist auch eine Mischung, wobei dann das jeweilige Verhältnis festgelegt wird.

Herstellermarken sind Waren- oder Firmenkennzeichen, mit denen ein Industrieunternehmen seine Ware versieht. Der Endverbraucher meint meist nicht das Kennzeichen an sich, sondern den Artikel. Sie weisen einen hohen Bekanntheitsgrad auf, werden in gleich bleibender Qualität angeboten, die dem Kunden bekannt ist, sind überall erhältlich und werden vom Hersteller beworben.
Legt ein Einzelhandelsunternehmen, eine Verbundgruppe oder ein Franchisesystem fest, Artikel selbst zu markieren, handelt es sich um eine **Handelsmarke**, verwendet werden auch die Begriffe **Eigenmarke**, **Exklusivmarke** oder **Store brand**.

In vielen Betriebsformen sind Herstellermarken ein wichtiger Bestandteil: Der Kunde erwartet sie im Handelsunternehmen, sie fördern das Image und vermitteln Vertrauen. Dabei ist es oft so, dass die Spannen von den Lieferanten empfohlen werden und niedrig sind. Außerdem ist das Handelsunternehmen bei den Preisen mit denen der Mitbewerber vergleichbar, so dass auch hierdurch die Preisgestaltung eingeschränkt wird. Oft ist das mittelständische Unternehmen auch in der Bittstellerposition gegenüber den Markenherstellern, da es von der Betriebsform her unerlässlich ist, die Herstellermarke zu führen. Der Markenhersteller bestimmt Preis und Konditionen, erwartet besondere Aktionen und Verkaufsförderungsmaßnahmen und verstärkt diese Anforderungen mit Andeutungen, die Geschäftsbeziehung eventuell einschränken oder gar aufgeben zu wollen.

Um diese stark Einfluss nehmende Beziehung zu lockern, schufen die großen Handelsunternehmen die Handelsmarken. Mit diesen sind sie frei in der Preisgestaltung und können so den Rohertrag verbessern. Außerdem schafft das exklusive Angebot eine Möglichkeit zur Profilierung gegenüber den Mitbewerbern. Die Kunden werden gebunden, da die Ware nur in diesem Handelsunternehmen erhältlich ist. Außerdem erhofft das Handelsunternehmen, dass gute Erfahrungen mit der Handelsmarke auf das gesamte Angebot des Handelsunternehmens übertragen werden. Obendrein stärkt das Führen von Handelsmarken die Verhandlungsposition gegenüber Lieferanten, die Herstellermarken führen. Der Lieferant weiß, daß es Alternativen zu seinen Produkten gibt, und wird so kompromissbereiter gegenüber Forderungen bezüglich besserer Konditionen, Service oder Retouren.

Bei der Aufnahme von Handelsmarken muss das Unternehmen abwägen, ob alle Funktionen, die normalerweise der Lieferant übernimmt, auch selbst ausgeführt werden können: Marktanalyse, Produktentwicklung und -design, ständige Lieferfähigkeit, Markteinführung, Werbung usw. Große Handelsunternehmen können dieses leisten, die Kosten stehen im angemessenen Verhältnis zu den Absatzmengen. Kleinere und mittelständische Handelsunternehmen können auf die Handelsmarken der Kooperationspartner zurückgreifen, die den damit verbundenen Aufwand übernehmen. Allerdings kann das Unternehmen dann nicht ganz so gut die Chance nutzen, über die Handelsmarke eine eigenständige Profilierung zu entwickeln.

Bitterer Streit um süße Hasen
Lidl gegen Norma
Köln Ein sitzender Schoko-Osterhase in Blau mit einem roten Bändchen hat zu einem juristischen Streit zwischen den Discountern Lidl und Norma geführt. Lidl klagte vor der Wettbewerbskammer des Landgerichts in Köln gegen seinen Mitbewerber.
Der Grund: Der Norma-Hase sehe dem seit Jahren auf dem Markt befindlichen Lidl-Häschen zum Verwechseln ähnlich. Die Richter schlugen einen Vergleich vor. Norma dürfe die Hasen in diesem Jahr noch verkaufen, müsse sie im nächsten Jahr aber verändern, erklärte gestern eine Gerichtssprecherin.
Zuvor mussten die Richter eine ganze Galerie von Steh- und Sitzhasen auf „wettbewerbliche Eigenarten“ inspizieren. Dabei stellte sich heraus, dass der 200 Gramm

schwere sitzende Norma-Hase auf grasgrünem Untergrund, der erst in dieser Saison auf den Markt kam, dem Lidl-Hasen sehr ähnlich sieht (AZ: 310231/06).
Quelle: dpa 8.4.2006

Mit **klassischen Handelsmarken** möchte das Handelsunternehmen den Kunden in Leistung und Qualität überzeugen; dieser soll Herstellermarke und Handelsmarke vergleichen und dann auf Grund des Preis/Leistungsverhältnisses die Handelsmarke kaufen. **Gattungsmarken**, auch **No-name** oder **Generika** genannt, haben eine betont einfache Verpackung und schlichte Gestaltung, sie werden in den niedrigen Preislagen als Einstiegspreislage angeboten. Bei **Premiummarken** handelt es sich um Artikel mit hoher Qualität und in der Regel mit hohem Preis. Sie dienen der Sortimentsprofilierung und der Stärkung des Images.

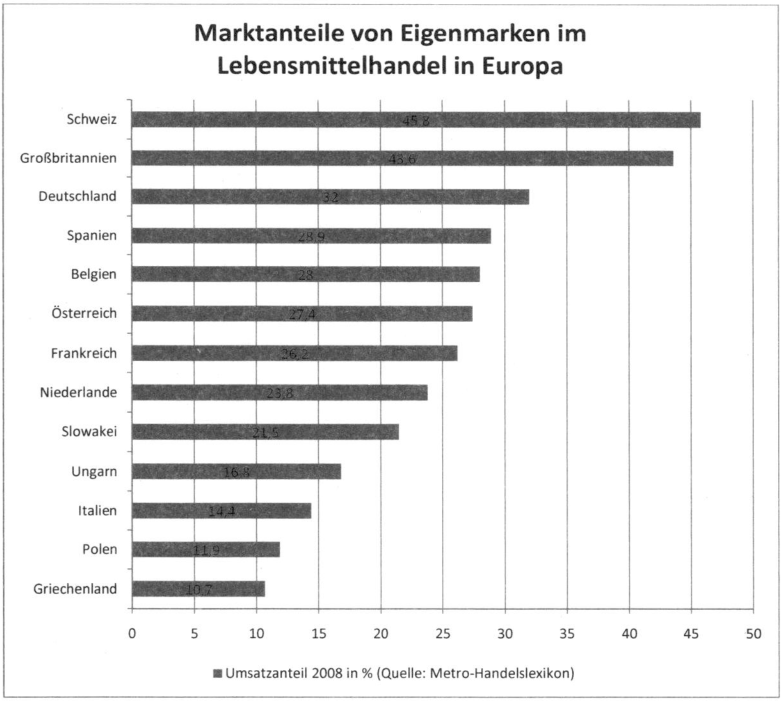

Abb 17: Marktanteile von Eigenmarken im Lebensmittelhandel

2.8.5 Sortimentspolitische Maßnahmen

Da das Sortiment in vielen Betriebsformen ein wichtiges oder sogar das wichtigste Absatzinstrument ist, muss das Handelsunternehmen schnell auf Marktveränderungen, reagieren können. Unter Marktveränderungen kann man z.B. verstehen:

- Der Kunde verändert seinen Bedarf oder seine Einstellung zu Produkten.
- Technische Neuerungen werden angeboten, von den Lieferanten beworben und in den Medien vorgestellt.

- Die Mitbewerber führen Sortimentsveränderungen durch, neue Mitbewerber kommen auf den Markt.

Sortimentspolitische Maßnahmen können auf jeder Ebene der Sortimentsstruktur vorgenommen werden:

Sortimentsexpansion	Das vorhandene Sortiment wird ausgeweitet. Diese Maßnahme kann sich auf die Aufnahme neuer Artikel innerhalb einer Artikelgruppe bzw. neuer Artikelgruppen beziehen– die **Differenzierung** – oder auf die Aufnahme völlig neuer Warenbereiche – die **Diversifikation**. Bei der Differenzierung wird also die Tiefe verstärkt, bei der Diversifikation die Breite des Sortiments.
Sortimentskontraktion	Bei der Schrumpfung bzw. Verringerung des Sortiments können sich die Maßnahmen ebenso auf die Breite oder Tiefe beziehen: Bei der **Bereinigung** wird die Tiefe des Sortiments, bei der **Eliminierung** wird die Breite verringert.
Sortimentsvariation	Das Sortiment wird in seiner Struktur verändert, die Anteile der Artikel, Artikel- oder Warengruppen verschieben sich. Bei der **Innovation** ersetzen Neuerungen veraltete Artikel. Es kann aber auch einzelnen Sortimentsteilen mit Hilfe weiterer Absatzinstrumente eine größere Bedeutung im Sortiment gegeben werden. Oft geht es hier auch um Veränderungen der Anteile von Herstellermarken, Handelsmarken und no-label-Ware (Gattungsware) sowie um Veränderungen im Sortiments- oder Preisniveau.

Die sortimentspolitischen Maßnahmen werden am stärksten beeinflusst von der Betriebsform. Hier sind schon die Grenzen dafür vorgegeben, ob Tiefe oder Breite verändert werden kann oder darf.

2.8.6 Der Produktlebenszyklus

Wissenschaftlicher Fortschritt, technische Weiterentwicklungen, Modeveränderungen, Geschmackswandel und Sättigung des Marktes sind wichtige Kriterien für die Entwicklung von Bedürfnissen und Bedarf. Viele Artikel im Sortiment haben nur eine begrenzte Lebensdauer. Der Erfolg eines Artikels von der Markteinführung bis zu seinem Ausscheiden aus dem Markt wird durch den **Produktlebenszyklus** veranschaulicht:

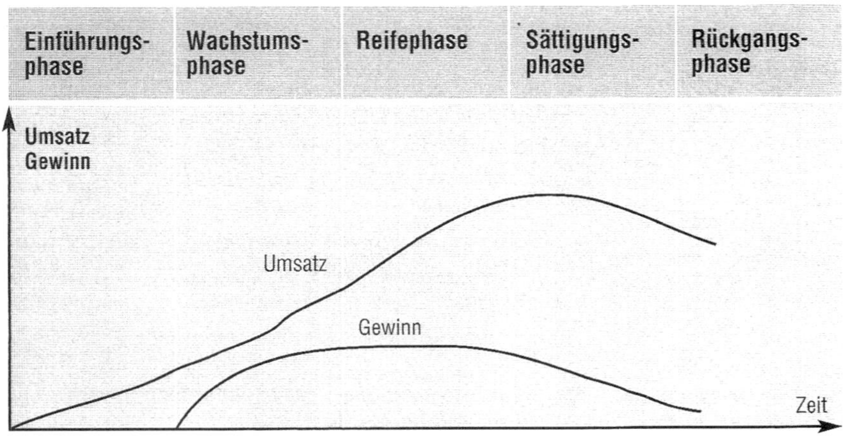

Abb 18: Der Produktlebenszyklus

Der Grundgedanke beim Produktlebenszyklus ist, dass alle Artikel im Laufe des Zeitraums, in dem sie am Markt sind, dieselben Phasen durchlaufen. Daher wird hier beispielhaft am Beispiel eines Artikels aufgezeigt, welche sortiments- und preispolitischen Instrumente eingesetzt werden, um Umsatz- und Gewinnchancen innerhalb der Phasen zu nutzen und den Artikel dann auch rechtzeitig aus dem Sortiment zu nehmen, um Verluste zu vermeiden oder einen Relaunch einzuleiten, um den Artikel neu zu beleben.

Fallbeispiel
Artikel Erotik-Bier des Herstellers „Brau und Trink" in Kooperation mit dem Sex-Artikel-Anbieter „Erotikshop"
Mixgetränk aus Bier und Potenzholz-Extrakt aus dem Amazonasbecken in Brasilien

Einführungsphase:
Die Einführungsphase beginnt mit der Aufnahme des Artikels in das Sortiment und endet mit der Erreichung der Gewinnschwelle. Die Umsätze des Artikels steigen langsam.
Sortimentspolitik: Der Artikel wird als Markenartikel und als Neuheit in das Sortiment aufgenommen, er wird zunächst nur in 0,33 l Flasche geführt.
Preispolitik: Der Artikel wird in der oberen Preislage angeboten und trotzdem ist die Handelsspanne niedrig, da der Artikel zunächst noch einen hohen Beschaffungspreis hat, beworben wird und innerhalb der Warenpräsentation besonders herausgestellt wird.

Wachstumsphase:
In der Wachstumsphase nimmt der Bekanntheitsgrad des Artikels zu, er kann sich langsam am Markt durchsetzen. Der Umsatz wächst jetzt schneller, der Artikel erwirtschaftet Gewinn. Doch die Mitbewerber führen jetzt auch den Artikel, erste „me-too-artikel" (Nachahmungen auf ähnlichem oder niedrigerem Niveau) werden angeboten.
Sortimentspolitik: Der Bekanntheitsgrad des Artikels wächst, die Kunden fragen den Artikel nach. Er wird jetzt in der Sortierung 0,33 l- und 0,5 l- Flasche für Gastronomie und Handel geführt. Außer der Brauerei „Brau undTrink" wird die Ware jetzt auch von zwei anderen Brauereien hergestellt, die dem mittleren Preisbereich zuzurechnen sind.

Preispolitik: Mit der Brauerei „Brau und Trink" wird über den Einstandspreis nachverhandelt. Dadurch wird es möglich, den Artikel preiswerter anzubieten und trotzdem eine befriedigende Handelsspanne zu erzielen.

Reifephase

In der Reifephase kommt es zwar noch zu einer Umsatzerhöhung, die Wachstumsraten des Umsatzes und des Gewinns gehen aber zurück. Die Preispolitik wird zum wichtigsten Instrument. Alle Mitwerber bieten den Artikel an, der Wettbewerb wird verschärft, die Preise sinken.

Sortimentspolitik: Der Artikel wird in der unteren Preislage als No-name-Produkt in das Sortiment aufgenommen.

Preispolitik: Sie wird das wichtigste Instrument: Der Artikel wird zu Sonderpreisen angeboten, die Kunden erhalten verschiedene Rabatte. Die Umsätze mit diesem Artikel wachsen noch, aber nicht mehr mit den Steigerungsraten wie in der Vergangenheit, die Lagerumschlagshäufigkeit steigt.

Sättigungsphase

Die Nachfrage nach dem Artikel stagniert, der Umsatz hat seinen Höhepunkt überschritten und beginnt zu sinken. Preiskämpfe drücken auf den Gewinn. Der Gewinn nimmt ständig ab bis zur Gewinnschwelle.

Sortimentspolitik: Der Artikel wird nur noch in der unteren Preislage geführt.

Preispolitik: Der Artikel wird weiterhin stark nachgefragt, jedoch ist er nur noch zu Sonder- oder Niedrigstpreisen zu verkaufen.

Rückgangs- oder Degenerationsphase

Diese Phase beschließt den Lebenszyklus eines Produktes. Die Kunden fragen diesen Artikel nicht mehr nach.

Sortimentspolitik: Die Sortimentskontrolle wird regelmäßig durchgeführt und anhand der Lagerkennziffern, der Handelsspanne und des Deckungsbeitrags geprüft, ob der Artikel noch geführt werden soll. Hier könnte der Produzent prüfen, ob z.B. mit einer Produktvariation ein ***Relaunch*** *möglich ist, der den Absatz des Produktes nach oben bringt.*

2.9 Preispolitik

Im Einzelhandel positioniert sich ein Teil der Betriebsformen ausschließlich über den Preis wie z.B. die Discounter. Andere Betriebsformen sind auf diesen Preiskampf eingegangen und verwässerten dadurch ihr Profil. Für ein Fachgeschäft kann dies existenzbedrohend sein. Die große Zahl der Fachgeschäfte, Waren- und Kaufhäuser konzentrieren sich heute auf die ihnen eigentümlichen absatzpolitischen Instrumente wie Sortiment, Verkaufsförderung und Service.

2.9.1 Formen und Einflußfaktoren der Preispolitik

Da im Gegensatz zur Industrie im Handel für eine Vielzahl von Artikeln der Preis bestimmt werden muss, ist der Handel gezwungen, grundsätzliche Richtlinien für die Preisfestsetzung zu entwickeln. Neben der **Verkaufspreis**- bzw. Angebotspreisfestsetzung entscheidet der Handel über die **Rabattgewährung**, über **Absatzfinanzierung** und im Großhandel über **Liefer**- und **Zahlungsbedingungen**. Diese Instrumente werden zusammengefasst zur **Kontrahierungspolitik**.

Mit Hilfe der Kontrahierungspolitik soll der Gewinn gesichert bzw. gesteigert und das Image geschärft werden – bei den Discountern das wichtigste Instrument zur Profilierung. Da durch die Marktforschung bekannt ist, dass der Kunde sehr intensiv auf Preise reagiert, ist die Preispolitik ein bedeutendes Instrument, um sich von der Konkurrenz abzuheben. Außerdem kann eine gute Preispolitik Liquidität gewährleisten und vor Veralterung und Verderb der Ware schützen.

Die wichtigsten **Einflussfaktoren** auf die Kontrahierungspolitik sind die Kosten des Unternehmens in Abhängigkeit von der Betriebsform und dem Sortiment, der Kunde mit seinen möglichen Preisvorstellungen und die Konkurrenz mit ihrer Preisgestaltung.

Wird die Preispolitik an der Konkurrenz ausgerichtet, so werden verschiedene Möglichkeiten unterschieden:

- **Orientierung am Branchenpreis oder einem Preisführer (passive Preispolitik)**: Das Handelsunternehmen passt sich den Mitbewerbern an.
- **Offensive oder aktive Preispolitik**: Das Handelsunternehmen bestimmt seine Preispolitik nach eigenen strategischen Erwägungen. Die Preispolitik ist hier nicht das wichtigste Instrument innerhalb des Marketing-Mixes, anderen Instrumenten wird eine größere Bedeutung zuerkannt. Vielleicht wird innerhalb der Sortimentsplanung eine Nischenstrategie verfolgt, dass Ware geführt wird, die von der Konkurrenz vernachlässigt wird und so direkte Preisvergleiche für den Kunden nicht möglich sind.
- **Preisführerschaft bzw. aggressive Preispolitik**: Das Handelsunternehmen möchte seine Marktposition verbessern oder die Führung ausbauen, die Mitbewerber sollen durch die Preispolitik verdrängt werden. Hier ist die Preispolitik das wichtigste Absatzinstrument. Diese Preisführerschaft wird unter den Discountern ausgekämpft, oft auch zum Nachteil anderer Betriebsformen wie z.B. dem Supermarkt. Preisführerschaft aber setzt auch Kostenführerschaft voraus.

2.9.2 Preisverfahren

Grundsätzlich ist das Handelsunternehmen frei bei der Preisgestaltung seines Sortiments. Nur bei Verlagserzeugnissen lässt der Gesetzgeber eine Preisbindung zu. Hier legt der Hersteller den Preis fest, zu dem der Handel die Bücher, Zeitungen und Zeitschriften abgibt. Eine Preisbindung findet sich aber auch bei Tabakwaren und Arzneimitteln.

Kostenorientierte Preisbildung oder Vorwärtskalkulation, progressive Preisbildung

Mit Hilfe des Kalkulationsaufschlags oder mit Hilfe des **Kalkulationsfaktors** wird der Bruttoverkaufspreis schnell und direkt ermittelt.

Fallbeispiel Trinkmann GmbH
Artikel Mirabellenwasser Edel 0,7 l

Großhandel		*Fachmarkt*	
Einstandspreis	***8,74***	***Einstandspreis***	***15,14***
+ 66,9 % Handlungskosten		*+ 66,9 % Handlungskosten*	
Selbstkosten	*14,59*	*Selbstkosten*	*25,27*
+ 3,8 % Gewinn		*+ 3,8 % Gewinn*	
Barverkaufspreis	*15,14*	*Nettoverkaufspreis*	*26,23*
+ 2 % Skonto		*+ 19 % Mehrwertsteuer*	
Zielverkaufspreis	*15,44*	*Bruttoverkaufspreis*	*31,21*
+ 3 % Kundenrabatt			
Listenverkaufspreis	***15,93***	*Der Artikel wird innerhalb des Preisgefüges mit **34,90** ausgezeichnet, daraus ergibt sich ein neuer **Nettoverkaufspreis** von **29,33***	

$\frac{(15,93 - 8,74) \cdot 100}{8,74}$	$\frac{(34,90 - 15,14) \cdot 100}{15,14}$
= 82,27%	*=130,52%*
Der Kalkulationsaufschlag beträgt 82,27%	*Der Kalkulationsaufschlag beträgt 130,52%*

15,93:8,74 = 1,8227	*34,90:15,14 = 2,3052*
Der Kalkulationsfaktor beträgt 1,8227	*Der Kalkulationsfaktor beträgt 2,3052*

Dieses Kalkulationsverfahren ist eher der adaptiven Preispolitik zuzuordnen. Daher ist es geeignet für Spezialprodukte und Exklusivartikel, vielleicht noch verbunden mit Serviceleistungen. Ihr Nachteil ist, dass nur die Kosten, nicht der Markt und die Mitbewerber berücksichtigt werden.

Marktorientierte Preisbildung oder Rückwärtskalkulation, retrograde Preisbildung

In vielen Branchen ist der Markt ein Käufermarkt. Das Angebot übersteigt die Nachfrage, Kunden sind in der stärkeren Position. Sie prüfen Angebote sehr kritisch und vergleichen die Preise. Durch die neuen Kommunikationstechniken erhöht sich die Transparenz des Marktes, so dass die Konkurrenz unter den Anbietern noch verschärft wird. Sobald die angebotenen Artikel vergleichbar sind mit denen der Konkurrenz, muss sich das

Handelsunternehmen an den Preisen des Marktführers bzw. der wichtigsten Mitbewerber orientieren.

Die marktorientierte Preisbildung geht daher vom Netto- oder Bruttoverkaufspreis aus und ermittelt den Bezugspreis, zu dem die Ware am Markt beschafft werden muss. Ist die Ware nicht zu dem errechneten Bezugspreis zu beschaffen, muss geprüft werden, ob auf die Ware verzichtet wird oder ob die Handlungskosten noch reduziert werden können.

$\frac{(15{,}93 - 8{,}74)\cdot 100}{15{,}93}$ = 45,13% *Die Handelsspanne beträgt 45,13 %*	$\frac{(29{,}33 - 15{,}14)\cdot 100}{29{,}33}$ *= 48,38%* *Die Handelsspanne beträgt 48,38 %*

Der Vertrieb hat Zweifel, ob der Artikel zu dem Preis von 34,90 an den Endverbraucher verkauft werden kann, denn 30,00 Euro sind nach seiner Erfahrung eine Preisschwelle, auch für hochwertige Obstwasser. Das bedeutet für die Beschaffung bei gleich bleibender Kostensituation und Gewinnerwartung:

	Einstandspreis	*14,50*
	+ 66,9% Handlungskosten	
	Selbstkosten	*24,21*
	+ 3,8% Gewinn	
	Nettoverkaufspreis	*25,13*
	+ 19% Mehrwertsteuer	
	Bruttoverkaufspreis	*29,90*

Der Einkauf muss nun versuchen, mit dem Lieferanten nach zu verhandeln oder eine neue Bezugsquelle zu suchen, die diesen Premiumartikel zum Einstandspreis von höchstens 14,50 Euro in der gewünschten Qualität anbietet.

Mischkalkulation
Alle Handelsunternehmen, die ein Sortiment anbieten, das vergleichbar ist, kalkulieren innerhalb einer Warengruppe oder Artikelgruppe mit unterschiedlichen Spannen. Sie planen lediglich die durchschnittliche Kalkulation der Waren- oder Artikelgruppen.

Bei **Ausgleichsnehmern** wird mit niedrigen Spannen gearbeitet – z.B. bei Sonderangeboten, Niedrigstpreisen oder Artikeln, die im Preisbewusstsein des Kunden besonders verankert sind. Diese Artikel werden teilweise unter den Selbstkosten angeboten. Grundsätzlich erlaubt die Rechtsprechung sogar, Ware unter dem Einstandspreis anzubieten. Unzulässig ist es dagegen, wenn ein marktstarkes Unternehmen systematisch Waren unter Einstandspreis anbietet, um damit Mitbewerber vom Markt zu verdrängen.

Andere Artikel, deren Preise für den Kunden nicht so leicht zu vergleichen sind, werden höher kalkuliert und dienen als **Ausgleichsgeber**.

Bei der Kalkulation von Konsum-Markenartikeln - vor allem im Food-Bereich - sind die Marktforschungsunternehmen behilflich. Sie veröffentlichen fortlaufend Höchst- und

Niedrigstpreise, Durchschnittspreise und die jeweilige Nachfrage nach vielen Artikeln. Sie untersuchen auch die **Preiselastizität** der Artikel. Dabei wird geprüft, wie sich die Nachfrage der Konsumenten bei Preisänderungen entwickelt. Reagiert die Nachfrage unelastisch auf Preisänderungen, so dienen diese Artikel als Ausgleichsgeber, denn Preiserhöhungen bewirken hier keine massiven Absatzrückgänge. Bei Artikeln des täglichen Bedarfs reagiert die Nachfrage des Konsumenten eher elastisch, bei Preiserhöhungen muss mit Absatzrückgang gerechnet werden.

Preispolitische Entscheidungsalternativen
In den Betriebsformen des Einzelhandels, bei denen die Preispolitik ein wichtiges Absatzinstrument ist, und im Absatzgroßhandel legt das Unternehmen wichtige Eckpunkte der **Preisoptik** fest: Es werden **Preislinien** gebildet, denen alle Artikel im Sortiment zugeordnet werden. Dadurch wird das Sortiment in der Preisaussage transparenter für den Kunden. Dabei nimmt der Handel in Kauf, dass die Kalkulationsgestaltung eingeschränkt wird, die Anpassung seiner Preise an die der Konkurrenz schwieriger wird. Auch kann es problematisch sein, Markenartikel, deren Preis der Kunde präzise kennt, innerhalb dieser Preislinien zuzuordnen.

Fallbeispiel
Preislinie der Fachmärkte der Trinkmann-GmbH bei der Warengruppe Bier Artikelgruppe Pils für den Kasten 20x0,5:
3,99 4,99 5,99 6,99 7,99 8,88 9,99 10,49 11,49 12,49

Bei der Bildung der Preislinien müssen die Preisschwellen beachtet werden, bei denen ein Preis erreicht wird, bei dem der Kunde auf den Kauf verzichtet. Außerdem wird innerhalb der Preisoptik festgelegt, wie und in welchem Maß der Preis in der Werbung und der Verkaufsförderung kommuniziert wird.

Im Einzelhandel könnten Sonderangebote mit **Mondpreisen** ausgezeichnet werden: Das Unternehmen versieht die Auszeichnung mit einem ursprünglichen und einem reduzierten Preis, hat jedoch die Ware zu dem ursprünglichen Preis nie angeboten, sondern schon als Angebot vom Lieferanten bezogen. Der Kunde hat den Eindruck eines besonders günstigen Angebots. ist Diese Art von Auszeichnung ist wettbewerbsrechtlich nicht zulässig. Es handelt sich dabei um einen Fall der irreführenden Werbung, der § 5 des Gesetzes gegen den unlauteren Wettbewerb widerspricht. Bei Markenartikeln ist es dem Einzelhändler jedoch erlaubt, seinen Preis dem empfohlenen Preis des Lieferanten gegenüberzustellen.

Der Kunde konzentriert sein Preisbewusstsein oft auf nur wenige Artikel. Meist sind es Artikel, die er laufend benötigt. Die Marktforschungsunternehmen helfen den Handelsunternehmen, die **Schlüssel- bzw. Leitartikel** zu erkennen. Sie werden niedrig kalkuliert, sind Ausgleichsnehmer und prägen so günstig die Preisoptik des Unternehmens. Diese Artikel eignen sich auch als **Dauerniedrigpreisangebote** (everyday-low-price EDLP).

In vielen Betriebsformen werden ständig Artikel als **Sonderangebote** (high-low-price) offeriert. Ihre Preise gelten nur kurzfristig, sie sind in dieser Zeit immer Ausgleichsnehmer, es sei denn, der Lieferant unterstützt das Angebot durch Rabatte oder andere Zuschüsse. Mit Sonderangeboten möchte das Handelsunternehmen neue Kunden gewinnen und die Kunden zu mehr Umsatz anregen.

Dabei muss das Unternehmen bedenken, ob durch Dauerniedrigpreis oder Sonderangebote das Preisimage im gewünschten Maß gefördert wird. Bei Herstellermarken muss berücksichtigt werden, dass das Ansehen bei den Lieferanten leiden und Konsequenzen für den Einkauf nach sich ziehen könnte. Außerdem muss immer geprüft werden, wie sich

Sonderangebote und Dauerniedrigpreise auf den Absatz anderer Artikel auswirken. Stets ist also die Gesamtsituation der Warengruppe zu beachten.

Lockvogelangebote haben die gleiche Funktion wie Sonderangebote, dabei hat der Einzelhändler diese nur in geringer Anzahl da. Er erhofft sich, den Kunden, sobald dieser in seinem Laden mit ihm in Kontakt getreten ist, zum Kauf anderer Artikel bewegen zu können. Um eine Irreführung des Kunden zu verhindern, gibt das UWG heute vor, daß der Kaufmann einen Vorrat für mindestens zwei Tagen bereithalten muß, wenn er ein Sonderangebot herausstellt.

Oft bietet der Handel einen Artikel zu unterschiedlichen Preisen an. Hier wird das Instrument der **Preisdifferenzierung** eingesetzt, Dabei kann abgrenzt werden nach:

***Regionen**: An den Standorten R und H erzielen die Fachmärkte eine niedrigere Durchschnittkalkulation als in G; mit Hilfe von Preisaktionen soll die Marktposition verbessert werden.*
***Zeit**: Ende Januar wird im Groß- und Einzelhandel der Artikel „Glühwein" zur reduzierten Preisen abgegeben.*
***Menge**: Der Pächter von 10 Großkantinen in der Region erhält bessere Konditionen und Rabatte als die Trinkhalle in B.*
***Personen**: Die Fachmärkte der Trinkmann GmbH gewähren den Kunden, die eine Bonuskarte besitzen, einen Rabatt von 3%.*
***Vertriebskanal**: Angebotspreis im Großhandel und Nettoverkaufspreis im Einzelhandel sind unterschiedlich, werden im jeweiligen Bereich kalkuliert.*
***Produkten**: Von der Brauerei „Brau und Trink" führt die Trinkmann GmbH das gleiche Pils in drei verschiedenen Abfüllungen mit jeweils unterschiedlichen Marken, zu verschiedenen Kundenpreisen.*

Eine besondere Form der Preisdifferenzierung stellen im Großhandel die Preisstellungssysteme dar: Beim **Nettopreissystem** steht der Abgabepreis fest; dieser ist grundsätzlich ohne Abzug zu zahlen, beim **Bruttopreissystem** gewährt der Großhändler noch Rabatte, die sich meist nach der abgenommenen Menge richten.

Dem Einzelhandel ist gesetzlich vorgeschrieben, die Verkaufspreise als **Bruttopreise** anzugeben. Dabei ist hier gemeint, dass der Verkaufspreis alle Preisbestandteile einschließlich der Mehrwertsteuer enthalten muss. Wird die Ware im Internet dem Endverbraucher angeboten, so muss ausdrücklich angegeben werden, dass die Umsatzsteuer enthalten ist und ob zusätzliche Liefer-/Versandkosten anfallen.

Beim Kauf von Handys ist es heute selbstverständlich, dass Paketpreise angeboten werden – **Preis-Bundling**, **Packaging** oder **Preisbündelung**. Der Kunde erhält in jedem Fall den Eindruck von Kostenersparnis und bei notwendigen Zusatzartikeln spart er die Zeit der zusätzlichen Beschaffung. Dies macht sich auch Trinkmann zu Eigen:

...keiner bietet mehr! Beim Kauf jeder Kiste Bier
erhalten Sie gratis!
Einen Gubor Osterhasen (33 g)
+ 1 Packg. Iglo Rahmspinat (475g)
+ 1 Packg. Iglo Fischstäbchen (300g)!

2.10 Verkaufskonzepte und Servicepolitik

Der Handel muss entscheiden, über welche Absatzwege seine Ware an die Kunden vermarktet wird: Dem Einzelhandel stehen nur direkte, dem Großhandel direkte und indirekte Absatzwege zur Verfügung. In der Literatur wird dies auch als **Distributionspolitik** behandelt.

2.10.1 Verkaufskonzepte im Einzelhandel

Den größten Umsatzanteil hat der **stationäre Handel**, die Ware wird im Ladengeschäft zum Kauf angeboten. Dabei werden folgende Verkaufsformen unterschieden:

Bedienung	Der Kunde hat keinen direkten Zugang zur Ware, Ware ist in Theken, Schränken, meist hinter Glas präsentiert; Ware wird vom Verkäufer vorgelegt, zusammengestellt; Kunde und Verkäufer führen ein Verkaufsgespräch; die Qualifizierung des Verkäufers kann über den Verkaufserfolg entscheiden. Das Unternehmen hat hohe Personalkosten. *Geeignet bei erklärungsbedürftigen und beratungsbedürftigen Waren; bei wertintensiven und dadurch diebstahlsgefährdeten Waren; bei Waren, die individuell portioniert werden müssen; bei Waren, die aus Sicherheitsgründen nicht frei zugänglich sein dürfen.*
Vorwahl	Der Kunde hat zu der Ware freien Zugang, kann sich informieren, die Ware in die Hand nehmen und prüfen; der Kunde kann bei Bedarf die Hilfe des Verkäufers in Anspruch nehmen oder wird vom Verkäufer angesprochen, sobald er sich intensiv mit der Ware beschäftigt. *Geeignet bei allen Waren, die nicht vor dem direkten Zugriff des Kunden geschützt werden müssen.*
Selbstbedienung	Der Kunde hat freien Zugang zur Ware, die selbstbedienungsgerecht verpackt ist; der Kunde entnimmt dem Warenträger die Ware, prüft diese und bringt sie selbst zur Kasse; Beratung nur auf Wunsch des Kunden bzw. nicht vorgesehen. *Geeignet bei Ware des täglichen Bedarfs, bei Waren, die nicht erklärungsbedürftig sind und nicht vor dem direkten Zugriff des Kunden geschützt werden müssen.*

Die Wahl der Verkaufsform beeinflusst sehr stark die Personalkosten: Bei Textilfachgeschäften kann der Anteil der Personalkosten am Bruttoumsatz bis zu 20% betragen, bei den erfolgreichen Discountern wird angenommen, dass dieser Anteil bei ca. 2,5 % - 4% liegt. Daraus ist zu entnehmen, dass die Wahl der Verkaufsform von der Betriebsform und vom Sortiment abhängt.

Fallbeispiel

In den Fachmärkten der Trinkmann GmbH werden nichtalkoholische Getränke und Biere in Selbstbedienung angeboten, Weine und Spirituosen in Vorwahl und belgische Pralinen in Bedienung. Durch die Warenpräsentation soll die Bedienungsform verdeutlicht werden: Nichtalkoholische Getränke und Biere in Kästen, die gestapelt sind; Weine und Spirituosen in Regalen und Gondolen mit Herkunfts- und Artikelkennzeichnung sowie Informationen zu den

Artikel wie z.B. bei Weinen Rebsorte, Herkunft und Lage, Geschmack, Präsentiervorschläge; Pralinen in einer gekühlten Glasvitrine an der Kasse.

Die Deutschen sind „Weltmeister“ bei den Versandhandelsumsätzen, der Marktanteil des Versandhandels im Einzelhandel beträgt über 6%. Dabei wird besonders gern über das Internet geordert, mehr als die Hälfte der Versandkunden ordern inzwischen online. Insgesamt wird der Online-Handel deutlich zunehmen und vieles spricht dafür, dass es auch in den nächsten Jahren so weiter gehen wird. Inzwischen informieren sich fast zwei Drittel der Verbraucher vor ihrem Kauf im Netz über die gewünschten Artikel. Ebenfalls zwei Drittel aber kaufen danach im stationären Handel.
Fast ein Viertel der Käufer springt dabei zwischen den verschiedenen Absatzmöglichkeiten hin und her („**Channel-Hopping**“).

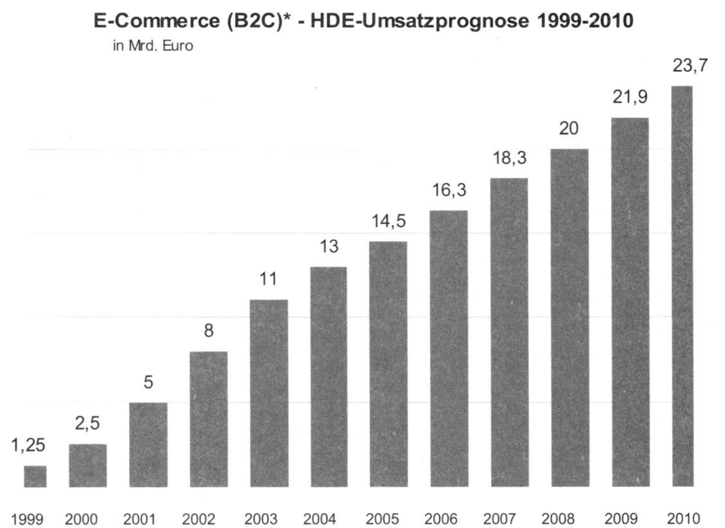

* enthalten sind Transaktionen über materielle Güter, Dienstleistungen (z.B. Lieferservice) Nutzungsrechte(z.B. Reisen, Eintrittskarten) und Informationen (z.B. Downloads)
Quelle: HDE Zahlenspiegel 2010

Abb 19: E-Commerce Umsatzprognose

Es ist wichtig, dass von dieser Umsatzentwicklung auch der stationäre Handel profitiert. Denn die Gewinner werden vor allem **Multi-Channel-Händler** sein, die in der Kombination von Ladengeschäft und Online-Handel ihr Sortiment anbieten. Viele Handelsunternehmen haben dies noch nicht erkannt: Sie haben noch keinen Online-Shop oder nutzen ihn ausschließlich zum Verramschen alter Ware oder quälen die Kunden mit langen Ladezeiten, mangelnder Bedienungsfreundlichkeit oder fehlender Funktionen. Die großen Handelsunternehmen nutzen zudem noch die neuen Kommunikationsplattformen wie z.B. Facebook und Twitter, um Kunden zu gewinnen und einzubinden.

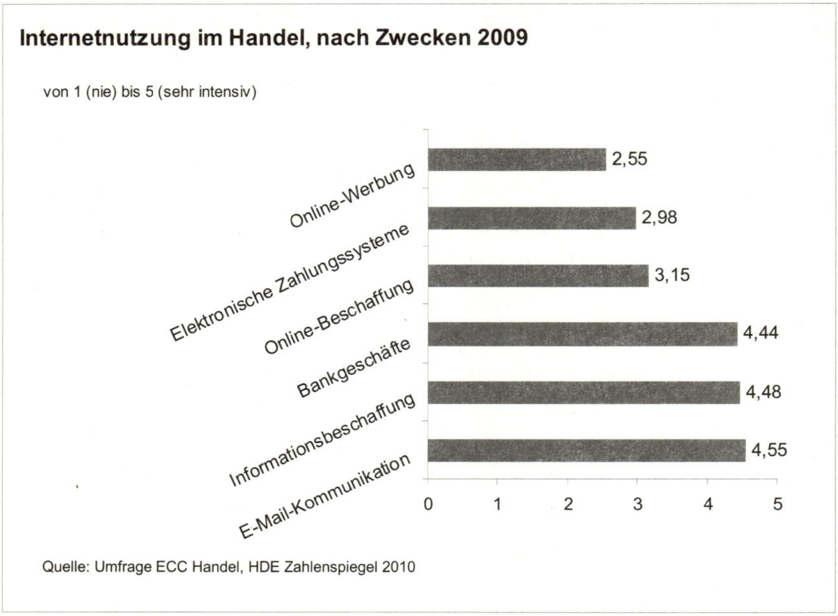

Abb 20: Internetnutzung im Handel, nach Zwecken

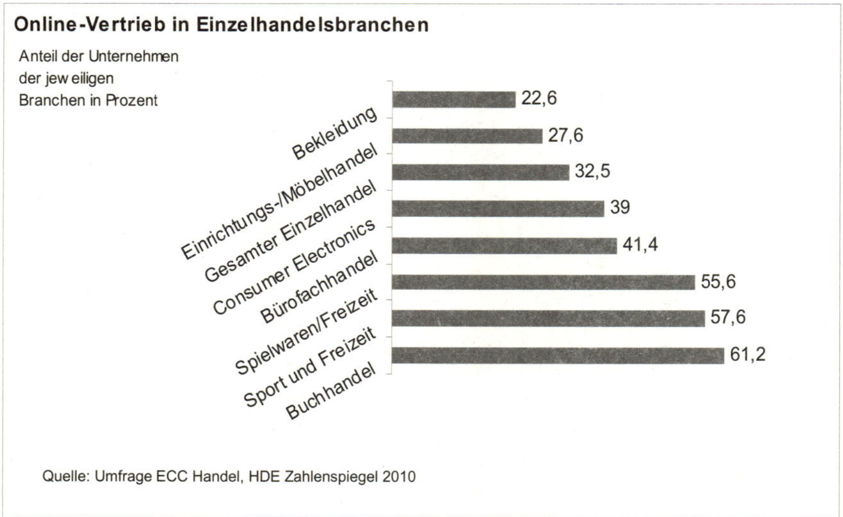

Abb 21: Online-Vertrieb in Einzelhandelsbranchen

Hinzu kommt noch **M-Commerce**, der Verkauf über mobile Endgeräte. Die große Verbreitung von Smartphones in Verbindung mit attraktiven Tarifen und einer Vielzahl von iPhone-Applikationen bietet neue Chancen
Auch die Geschäfte mit **Teleshopping** entwickeln sich positiv, via Fernsehen werden ca. 1,3 Milliarden Euro umgesetzt. Neben vielen Verkaufsspots bei verschiedenen Privatsendern präsentieren drei Shoppingsender ihre Waren über Kabel oder Satellit direkt ins Wohnzimmer der potenziellen Käufer, und das täglich nahezu rund um die Uhr. Marktführer ist QVC – Quality, Value und Convenience – mit deutlichem Abstand vor HSE24 und RTL Shop.

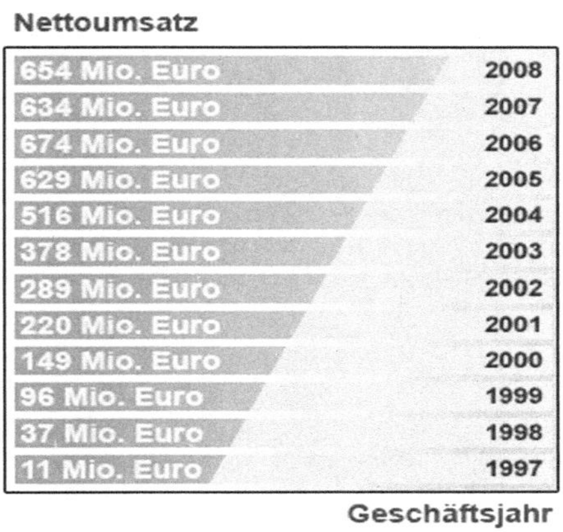

Quelle: Teleshopping QVC

Abb 22: Teleshopping Nettoumsatz

Die Shoppingsender haben eine treue Gemeinde von Stammkunden. Um auch bei neuen Zuschauern Vertrauen zu schaffen, werden regelmäßig zufriedene Kunden übers Telefon in die Verkaufssendungen eingeblendet, die begeistert erzählen, wie zufrieden sie sind. Auch die Shoppingsender sind alle Multi-Channel-Händler, alle Waren werden im Online-Shop gezeigt und können dort auch bestellt werden.

Neben den Shoppingsendern gibt es noch weitere Angebote im Fernsehen:

DTRV, DRTV-Commercials – Direct Response Television -	Während die Shoppingsender ihre Waren nahezu rund um die Uhr live anbieten, entsprechen die Angebote hier den Werbespots. Sie unterscheiden sich von der klassischen Werbung durch die eingeblendete Telefonnummer, über die die Zuschauer bestellen können.
TV-Auktionen	Was sich im Internet nicht richtig durchsetzen konnte, scheint hier zu funktionieren. 1-2-3.tv veranstaltet bis zu 300 Preissturz-Auktionen täglich via Fernsehen und Internet. Zu Beginn wird der Artikel, meist Restposten, Lagerüberbestände oder Überproduktionen, vorgestellt, die verfügbare Anzahl und der Startpreis genannt. Dann fällt der Preis in

gleichmäßigen Zeitintervallen. Die Auktion ist beendet, wenn alle verfügbaren Produkte verkauft sind. Der letzte Preis gilt für alle Käufer. Geboten wird per Telefon. Mittlerweile gibt es auch die klassische „1-Euro-Auktion“, bei der der Höchstbietende gewinnt.

Der Auktionssender liegt mit seinem Umsatz an vierter Stelle. Dabei hält der Sender die Kosten niedrig: Es werden wenige Mitarbeiter beschäftigt (nur 20% gemessen an QVC), es gibt kein Callcenter und kaum Lagerhaltung.

Grundsätzlich gelten für Tele-Selling und Internethandel die gleichen rechtlichen Bestimmungen wie beim stationären Handel. Zum Zweck des Verbraucherschutzes gilt zusätzlich § 312 des BGB. Hier werden dem Endverbraucher erweiterte Rechte wie Rückgabe- und Widerspruchsrecht zugesichert und der Händler muss Informations- und Aufklärungspflichten erfüllen. (siehe auch Kap. 4.1.3)

2.10.2 Verkaufskonzepte im Großhandel

Zunächst wird im Großhandel entschieden, ob der Vertrieb als **Lager**-, **Zustell**- oder **Streckengeschäft** betrieben wird, oft entscheidet man sich für eine Kombination der Verkaufskonzepte. Beim Streckengeschäft wird die georderte Ware direkt vom Lieferanten zum Kunden des Großhändlers befördert. Dies ist in jedem Fall sinnvoll, wenn der Kunde in der Nähe des Lieferanten seinen Gewerbesitz hat. Weitere Kostenaspekte können sein, dass Ware mit hoher Lagerumschlagshäufigkeit als Lagerware angeboten wird, hingegen Artikel, die selten nachgefragt werden und so mit einem Lagerrisiko verbunden sind, als Streckengeschäft abgewickelt werden. Einige Großhandelsunternehmen entscheiden sich jedoch gerade bei umschlagstarken Artikel zum Streckenhandel, um die Kosten der Logistik wie z.B. Warenannahme, Einlagerung, Lagerpflege, Kommissionierung und Transport zu sparen. Dabei muss das Risiko berücksichtigt werden, dass die Bindung des Kunden zum Großhändler abnimmt und der Kunde sich entscheiden könnte, direkt beim Vorlieferanten die Ware zu beziehen.

Bei den Verkaufskonzepten wird zwischen **Zustell**- und **Abholgroßhandel** entschieden. Viele Kriterien der Absatzinstrumente des Einzelhandels treffen auch für den Abholgroßhandel zu, zumal sich manchmal der Abholgroßhandel auch dem Endverbraucher zuwendet.

Im Einzelhandel gibt es nur den **direkten** Verkauf an den Kunden, im Großhandel muss entschieden werden, ob auch **indirekte Absatzwege** genutzt werden. Dabei erfolgt beim direkten Absatz der Verkauf unmittelbar an die Letztverbraucher. Beim indirekten Absatz wird der Einzelhandel oder auch Handwerksbetriebe (Bäcker, Metzger) eingeschaltet.

Reisender oder Handelsvertreter

Der Kaufmann hat zwei Möglichkeiten, seine Außendienst zu Organisieren. Er kann eigene Reisende(Angestellte) einsetzen. Das hat durchaus seine Vorteile, z.B.

- enge Bindung an da Unternehmen.
- es können klare Vorgaben, z.B. hinsichtlich Arbeitszeit und Tourenplanung gemacht werden.
- es können Berichte verlangt werden.

Nachteil ist vor allem, dass für den Reisenden fixe Kosten anfallen. Denn sein Gehalt muss auch dann bezahlt werden, wenn er keine oder nur gering Umsätze macht.

Im Gegensatz zum eigenen Außendienst ist der **Handelsvertreter** ein selbständiger Kaufmann, der im Namen und auf Rechnung des Großhändlers Geschäfte abwickelt. Hierfür erhält er eine Umsatzprovision. Der Handelsvertreter kann ein einzelnes Unternehmen vertreten, er kann jedoch auch mehrere Auftraggeber haben. Für das Unternehmen liegt der wesentliche Vorteil darin, dass die Provision nur anfällt, wenn der Handelsvertreter Umsatze erbringt. Die Kosten haben also variablen Charakter

Fallbeispiel

Immer wieder neu überlegt die Trinkmann GmbH, ob sie weiterhin Handelsvertreter im Großhandelsgeschäft einsetzen oder eigene Außendienstmitarbeiter einstellen soll. Der Handelsvertreter Herr Holtermann erzielt einen Jahresumsatz von 1.4 Mio. Euro und erhält eine Provision von 9%. Würde das Unternehmen einen festen Außendienstmitarbeiter einstellen, so müsste mit Jahrespersonalkosten von ca. 60.000 Euro gerechnet werden zuzüglich einer Provision von 2%.

Rechnerisch ergibt sich daraus folgende Vergleichsrechnung:

$$60.000 + 0{,}2x = 0{,}09x$$

$$60.000 = 0{,}09x - 0{,}02x$$

$$60.000 = 0{,}07x$$

$$\frac{60.000}{0{,}07} = x$$

Bei einem Umsatz von ca. 857.143 Euro sind die Kosten des Einsatzes eines Handelsvertreters sowie eines Reisenden/Außendienstmitarbeiters gleich. Bei dem jetzigen erzielten Umsatz von Herrn Holtermann wäre der Einsatz eines eigenen Mitarbeiters günstiger. Und trotzdem ist bisher entschieden worden, weiterhin Herrn Holtermann einzusetzen. Er hat hervorragende Kenntnisse und Beziehungen in der Branche, ist bekannt und beliebt und gibt viele Informationen der Kunden an die Trinkmann GmbH weiter. Es ist fraglich, ob ein neuer Mitarbeiter diese Umsätze erzielen könnte. Hinzu kommt, dass es bei den Kunden Unsicherheit und Vertrauensverlust gäbe, wenn die Trinkmann GmbH nicht mehr mit Herrn Holtermann zusammenarbeiten würde.

Der **Agent** vermittelt Kaufabschlüsse oder schließt die Geschäfte wie ein Handelsvertreter ab. Seine Vergütung erfolgt auch in Form einer Provision auf die von ihm vermittelten oder getätigten Umsätze. Der Großhändler nutzt die Branchen- und Marktkenntnisse des Agenten sowie sein Engagement, seine Eigeninitiative bei der Kundenakquisition. Agenturen arbeiten oft ausschließlich für den Großhändler, sie haben keine weiteren Auftraggeber. Besonders im Außenhandel schätzt der Großhandel die Zusammenarbeit mit Agenten, die über genaue Kenntnisse der Märkte der jeweiligen Länder verfügen.

Bei **Auktionen** lässt der Großhandel durch ein Auktionshaus die Ware versteigern. Dabei nutzt der Großhandel die Akquirierung der Kunden durch das Aktionshaus.

Der **Kommissionär** wickelt im Gegensatz zum Handelsvertreter die Geschäfte im eigenen Namen auf Rechnung des Großhändlers ab. Dabei bleibt das Absatzrisiko beim Großhändler, da der Kommissionär das Recht hat, die nicht verkaufte Ware nach Ablauf einer vereinbarten Frist wieder zurückzugeben. Für die Tätigkeit erhält der Kommissionär eine Provision. Der Kommissionär kann dem Großhandel Absatzmöglichkeiten erschließen, die dem Großhandel nicht zugänglich sind oder mit hohen Vertriebskosten verbunden wären, da eine große Anzahl von Kunden betreut werden müsste.

Der Großhändler kann **Franchisegeber** werden und sein Marketing-Konzept – z.B. Sortiment, Service, Preisgestaltung, Werbung, Verkaufsförderung, Corporate Identity - dem

Franchisenehmer, einem selbständigen Kaufmann, der ein oder mehrere Einzelhandelsunternehmen führt, zur Verfügung stellen. Der Franchise-Nehmer zahlt für die Nutzung in der Regel ein Entgelt und sichert meist zu, ausschließlich die Ware des Franchise-Gebers zu führen. Dabei nutzt der Großhandel das Engagement des selbständigen Kaufmanns und sichert eine schnelle Marktdurchdringung.

Fallbeispiel
Die Marco Trinkmann GmbH plant mittelfristig, als Franchise-Geber für Getränkefachmärkte aufzutreten. Dies sichert den Absatz im Großhandel. Außerdem wird das erfolgreiche Marketingkonzept der Fachmärkte gegen Entgelt zur Verfügung gestellt.

Franchisesysteme im Handel sind z.B.

- Quick-Schuh, (Schuhhandel)
- Obi, Hammer, (Heimwerker-Fachmärkte)
- BACKFACTORY GmbH, Backwerk, Mr. Baker
- PC-Spezialist Franchise AG, (IT-Handel)
- Portas Deutschland GmbH & Co KG, (Renovierung im Wohn- und Außenbereich)
- Gerlicher GmbH, (Lebensmittelgroßhandel)
- Im-Press Promotions GmbH & Co.KG, (Personalisierung und Vertrieb von Werbeartikeln)
- Fressnapf, (Europas größte Fachhandelskette rund ums Tier)
- BABY1ONE
- GS Getränke-Schnellkauf, Hol´ab, Dursty, (Getränkemärkte)

Als **Rack Jobber** betreut der Großhandel die Sortimente im Einzelhandel. Dabei wird vom Großhandel die Ware eingekauft, angeliefert, auf die Warenträger einsortiert, mit Preisen versehen soweit notwendig, ferner werden Sortimentsveränderungen durchgeführt. Das Absatzrisiko trägt der Großhandel. Er nutzt die guten Absatzmöglichkeiten des Einzelhandels, der Einzelhändler erhält für das Inkasso und die Bereitstellung der Flächen eine umsatzabhängige Provision.

Messen bieten ein umfassendes Angebot einer oder mehrerer Branchen an. Sie finden regelmäßig zum gleichen Zeitpunkt am gleichen Messestandort statt. Der Zugang zu den Messen ist oft nur Fachbesuchern gestattet. Der Großhändler hat hier die Möglichkeit, sein Sortiment persönlich bisherigen und neuen Kunden zu zeigen, vorzuführen, prüfen zu lassen. Doch die Kosten für einen Messeauftritt sind hoch, so dass sich dies für den Großhändler nur lohnt, wenn er auf der Messe oder unmittelbar danach entsprechend Aufträge erhält.

Fallbeispiel
Die Trinkmann GmbH prüft regelmäßig, ob das Unternehmen bei der „Anuga", der wichtigsten Lebensmittel Messe Europas in Köln, vertreten sein soll. Die Anuga verzeichnet fast 7.000 Anbieter und über 160.000 Besucher. Hier die Kostenaufstellung für einen kleinen Stand von ca. 50 qm:

Standfläche ohne Standbau	*ca. 10.000 Euro*
anteilige Energiekosten	*300 Euro*
Katalogeintrag	*200 Euro*

Erfahrungsgemäß machen diese ca. 10.500 Euro nur 20 % der Gesamtkosten, 40 % kommen für den Standbau dazu und 40 % werden für Standbetriebskosten ausgegeben wie z.B. Telefon, Bewirtungskosten, Reinigungskosten sowie Reise- und Personalkosten für die Standmitarbeiter.

Auf dem **Großmarkt** vertreibt der Spezialgroßhandel vor allem leicht verderbliche Ware wie z.B. Obst und Gemüse, Blumen, Fisch an Einzelhändler und gewerbliche Großabnehmer wie z.B. Gastronomie, Krankenhäuser.

2.10.3 Servicepolitik

Die Gestaltung der Servicepolitik gehört zu den langfristigen Entscheidungen eines Unternehmens. Sie kann im Laufe der Zeit modifiziert werden, doch radikale Veränderungen ziehen meist Umsatz- und Kundenverluste nach sich. Leider können sich einmal gemachte (schlechte) Erfahrungen auch beim Kunden hartnäckig halten, so dass das Handelsunternehmen beachten muss, dass die Qualität aller Serviceangebote gleich bleibend und im Zusammenhang mit dem Sortimentsniveau zu gestalten ist. Gleichzeitig muss das Anspruchsniveau des Kunden berücksichtigt werden; im Einzelhandel steht dies in direkter Abhängigkeit von der Betriebsform: Im Fachgeschäft erwartet der Kunde Service, beim Discounter wäre er verunsichert, denn hier will er nur die Ware kaufen und diese zum günstigsten Preis.
Serviceleistungen dienen der Profilierung gegenüber den Mitbewerbern, ihr Ausmaß wird daher durch deren Serviceangebot beeinflusst. Außerdem kann mit Serviceleistungen ein langfristiger Imagegewinn erzielt werden, dessen Wirkung aber erst zeitverzögert eintritt, so dass der Erfolg nur schwer zu messen ist.

Mit Serviceleistungen gelingt dem Handel, die Kundenbeziehung zu intensivieren, im Großhandel noch stärker als im Einzelhandel. Durch persönlichen Dienstleistungen für den Kunden dokumentiert das Unternehmen Kundenorientierung, die auf andere Absatzinstrumente wie z.B. Sortiment und Preise ausstrahlt. Der Kunde schätzt die Kontakte, wird an das Handelsunternehmen gebunden. Durch Referenzlisten kann dies im Großhandel noch zusätzlich bei der Akquirierung von neuen Kunden genutzt werden. Hier sind die bisherigen Kunden aufgeführt und dienen als Beleg für Kundenzufriedenheit und gute Kommunikation. Selbstverständlich müssen die Kunden ihre Genehmigung geben, auf der Referenzliste genannt zu werden.

Serviceleistungen können als eigenständiges Absatzinstrument eingesetzt und vermarktet werden; oft werden sie als Ergänzung und Verstärkung der Ware angeboten. Für das Dienstleistungsangebot werden die gleichen Absatzinstrumente eingesetzt wie beim Sortiment, die wichtigsten sind das persönliche Verkaufsgespräch, die Verkaufsförderung und Werbung.
Eigenständige Serviceangebote sind z.B.

- **Finanzierungsmöglichkeiten** im Handel mit langfristigen Gütern (z.B. Auto-, Möbel-, Elektronik- aber auch im Versandhandel). Oft werden sie mit externen Partnern angeboten, um das Ausfallrisiko zu minimieren.
- **Kundenkarten.** Hierbei werden die Kunden an das Unternehmen gebunden durch besondere Einkaufsempfehlungen, Zusendung von Katalogen, Gewährung von Boni und Rabatten.
- **Reparaturdienste** und **Dienstleistungen**, die nicht selbstverständlich sind wie z.B. Leihgeräte. Erfüllt das Handelsunternehmen die Reparaturdienste noch mit Schnelligkeit, Zuverlässigkeit und Freundlichkeit, so ist dies heute ein großer Vorteil gegenüber Mitbewerbern.
- **gastronomische Angebote.**

Frühstücken bei Ikea ist beliebt

Eine treue Runde trifft sich morgens um neun Uhr im Hanauer Ikea-Möbelhaus – nicht um einzukaufen, sondern um preiswert zu frühstücken und in lockerer Umgebung ein Schwätzchen zu halten. Von Montag bis Samstag, sommers wie winters. Seit der schwedische Möbelkonzern 1997 eine Filiale im Hanauer Industriegebiet eröffnet hat, kommt Rentner Herbert L. zum Frühstück hierher. Und er ist mehr als pünktlich. Lange bevor das Ikea-Restaurant um neun Uhr öffnet, steht Herbert schon draußen parat, um „unseren Tisch" zu ergattern.

Die Frühstückenden sind meist zu acht. Acht Rentnerinnen und Rentner. Manche sind wie Herbert jeden Tag dabei, andere kommen „nur" an zwei, drei Morgen der Woche. Stets sitzen sie strategisch günstig in der Nähe der Kaffeebar, um sich die Becher aufzufüllen. Auf einigen steht: „Kaffee umsonst bis …". Diesen Rabatt gewährt Ikea Inhabern der „Family-Card". Der Becher wird zu Hause gespült und am nächsten Morgen blitzeblank wieder mitgebracht.

Ein paar Tische weiter, direkt an dem Eckfenster, von dem aus man einen guten Rundblick hat, sitzt eine weitere Gruppe. Sie sind meistens zu siebt, ebenfalls Rentnerinnen und Rentner, die sich das „schwedische Frühstück" für 1,50 Euro schmecken lassen: zwei Brötchen, Butter, Wurst, Käse, Marmelade und sogar Räucherlachs. Dazu Kaffee, so viel man will. „Das ist nicht nur billig, sondern auch lecker", sagt Rentnerin Ingrid K.

Dass die Preise so günstig sind, ist für die Frühstücker nur „ein angenehmer Nebeneffekt". Sie treffen sich hier, weil sie die Atmosphäre mögen, die „weniger langweilig" sei als in einem normalen Café in der Innenstadt, wo allein das Parken mindestens einen Euro pro Stunde kostet. Manch einer ist schon „ein klein wenig süchtig" – nicht nur nach dem Frühstück, sondern nach dem Zusammensein, nach Ungezwungenheit inmitten von Gästen unterschiedlichen Alters, inmitten von Familien mit Kindern, nach dem „Gewusel" und sogar nach der Selbstbedienung, die „alles weniger steif" macht.

Sie alle könnten es sich leisten, mehr zu bezahlen. „Für uns ist Ikea keine Sozialstation" sagt Rentnerin Anne R. „Aber es ist einfach schön, sich hier zu treffen. Andere haben einen Stammtisch im Restaurant und spielen Karten, wir gehen eben bei Ikea frühstücken." Wenn einer fehlt, greift im positiven Sinne „die soziale Kontrolle" – wie in einer guten Nachbarschaft, die sofort reagiert, „wenn einer morgens die Rollläden nicht zu gewohnten Zeit hochzieht".

Quelle: Tanja Kokoska, Frankfurter Rundschau online

Im Gegensatz zu den Serviceprodukten, die als Ergänzung oder Verstärkung des Sortiments angeboten werden, können Serviceleistungen als eigenständiges Angebot durchaus gewinnbringend sein. Momentan entstehen in ländlichen Gebieten Nachbarschaftsmärkte, deren Erträge aus dem Einzelhandel allein nicht ausreichen würden. So bieten die Geschäfte noch

- Postagentur/Paketdienst
- Bankautomat/-schalter
- Versicherungsagentur
- Lotto/Toto -Annahmestelle
- Handykarten
- Annahmedienste für Fotoarbeiten, Schuhreparaturen, Reinigung und Apotheken
- Copy-Shop
- Gastronomie/Catering

an.

Fallbeispiel
Die Trinkmann GmbH bietet ihren Kunden im Großhandel z.Z. an:
Lagerung der Kundenware durch Abrufaufträge
Transport der Ware, Berechnung abhängig von den Lieferbedingungen
Kreditierung: Zahlungsziel 3 Monate, 4% Skonto bei Zahlung innerhalb 14 Tagen, 2 % Skonto innerhalb 4 Wochen
Regelmäßiger Besuch durch den Außendienst
Regelmäßige Schulung der Kundenmitarbeiter
Infobriefe über neue Produkte
Betriebswirtschaftliche Beratung der Gastronomie

Nach der Preisangabenverordnung besteht im Einzelhandel für alle wesentlichen, also für häufig nachgefragte Leistungen die Preisangabepflicht. Anzugeben sind Preise oder Verrechnungssätze wie z.B. Stunden- oder Kilometersätze einschließlich der Umsatzsteuer. Preisverzeichnisse sind in den Geschäftsräumen und Schaufenstern anzubringen. Sie müssen nur ausgelegt und nicht angebracht werden, falls ein Anbringen wegen des Umfangs unzumutbar ist.

2.11 Warenpräsentation und Visual Merchandising

2.11.1 Visual Merchandising und CI

Visual Merchandising umfasst das Gestalten von Verkaufsflächen und die Warenpräsentation. Es leitet sich– genau so wie die weiteren Kommunikationsinstrumente Werbung, Verkaufsförderung und Public Relations - aus der Corporate Identity Strategie ab. Dabei hat Corporate Identity zwei Bedeutungen: Ein Unternehmen hat unverwechselbare Merkmale, an denen der Kunde das Geschäft intuitiv erkennen kann: Das können äußere Merkmale sein wie Farbe, Logoform, Ladeneinrichtung, das kann jedoch auch die Art der Kommunikation der Mitarbeiter, die Gestaltung der Beziehung zwischen Handelsunternehmen und Kunden sein. Gleichzeitig bietet Corporate Identity die Möglichkeit für Kunden und selbstverständlich auch Mitarbeiter, sich mit dem Handelsunternehmen zu identifizieren. Grundlage der Corporate Identity ist das **Unternehmensleitbild**. Zunächst werden im Leitbild die Ziele des Unternehmens dargestellt und Visionen entwickelt. Daraus leiten sich Wertvorstellungen ab, die das Verhalten der Mitarbeiter gegenüber Kunden, Geschäftspartnern, Aktionären und nicht zuletzt untereinander bestimmen. Die Vorstellungen sind so allgemein gehalten, dass sie über einen langen Zeitraum und für alle Unternehmensbereiche gelten. Sie dürfen jedoch nicht zu oberflächlich und so offen formuliert werden, dass sie zu Phrasen werden.

Fallbeispiel
Unternehmensleitbild der Trinkmann GmbH
Die Trinkmann GmbH ist ein in Nordrhein-Westfalen im Groß- und Einzelhandel tätiges Handelsunternehmen. Wir wollen breite Schichten der Bevölkerung mit Getränken versorgen. Durch die Erschließung neuer Standorte und die Einrichtung neuer Vertriebstypen wollen wir weiter wachsen.

Unsere Mitarbeiter sind unser wertvollstes Kapital. Wir bekennen uns zur Wertschätzung jedes einzelnen Mitarbeiters. Deshalb wollen wir
persönliche Leistung anerkennen und fördern,
eine leistungsgerechte Vergütung gewähren,
Mitarbeiter unterstützen, ihre Talente zu nutzen und weiterzuentwickeln,
sich gegenseitig zu informieren, unsere Meinungen auszutauschen,
sachliche und faire Kritik zulassen.

Wir wollen dem Kunden den Getränkeeinkauf so bequem wie möglich machen. Gleichzeitig wollen wir uns geändertem Kundenverhalten frühzeitig anpassen. Attraktive und konkurrenzfähige Preise sowie die kompetente und freundliche Beratung unserer Mitarbeiter sind unsere stärkste Waffe gegenüber unseren Mitbewerbern.

Wir legen Wert auf eine vertrauensvolle Zusammenarbeit mit unseren Lieferanten. Ehrlichkeit und Loyalität liegen unseren Verhandlungen zugrunde. Dabei streben wir durch leistungsfähige Kooperationen zusätzliche Einkaufsvorteile an.

Wir akzeptieren die Verantwortung, die wir als Unternehmen gegenüber dem Staat und der Gesellschaft haben und beziehen diese in unser Handeln ein. Dabei verstehen wir den Umweltschutz als wichtige und nachhaltige Aufgabe.

Angemessene Gewinne sind die Voraussetzung für die Sicherung des Unternehmens und der Arbeitsplätze. Daher streben wir ein kontinuierliches Wachstum von Umsatz und Gewinn an.

Aus der **Corporate Identity** entwickelt sich dann das **Corporate Design**, das die einheitliche Gestaltung des Unternehmensauftritts festlegt: Firmenlogo, Hausfarben, Schriftzug, Fassaden- und Gebäudegestaltung, Mitarbeiterkleidung usw. Das Corporate Design bestimmt das **Visual Merchandising**, aus dem nun viele Details für die Laden- und Verkaufsflächengestaltung entwickelt werden. Außerdem steuert Visual Merchandising das Zusammenspiel zwischen Ladenbau, Werbung und Verkaufsförderung. In einem Gesamtkonzept werden die Flächenaufteilung, die Platzierung des einzelnen Artikels bzw. der Artikelgruppen, die Auswahl und Bestückung der Warenträger, die Gestaltung der Schaufenster und Dekozonen bzw. Aktionsflächen festgelegt. Dabei ist es unerlässlich, dass Einkauf, Warenwirtschaft und Visual Merchandiser eng zusammenarbeiten. Visual Merchandising soll nicht nur verschönern, sondern die betriebswirtschaftlichen Ziele des Handelsunternehmen unterstützen.

Vor allem in den erlebnisorientierten Betriebsformen ist Visual Merchandising von großer Bedeutung. Mit einem modernen Ladenbild will der Handel sich von der **Konkurrenz abheben** und eine authentischen Darstellung seines Unternehmens als „Marke“ präsentieren. Der Kunde soll zu **Mehreinkäufen** animiert werden durch viele Kaufanregungen und eine zielgruppengerechte Atmosphäre.

In preisorientierten Betriebsformen wird dem Kunden eine **schnelle Orientierung** angeboten, die gesuchte Ware soll zügig auffindbar sein, um ihn an das Geschäft zu binden und zukünftige Käufe zu sichern. Außerdem wird die Ware so präsentiert und möglicherweise noch zusätzliche Informationen am Warenträger gegeben, dass die Ware sich von selbst verkauft, eine Beratung durch den Mitarbeiter überflüssig wird.

Visual Merchandising wird in erster Linie auf die Kundenzielgruppe des Handelsunternehmens und das Sortiment ausgerichtet. Doch gleichzeitig will das Unternehmen sich von den Mitbewerbern abheben, der Kunde soll unbewusst sofort bei Eintritt wissen, in welchem Unternehmen er ist. Ist das Sortiment auf Herstellermarken ausgerichtet, so nehmen auch die Lieferanten mit ihren Anforderungen an die Präsentation Einfluss auf die visuellen Leitlinien.

2.11.2 Handlungsfelder des Visual Merchandising

Das Schaufenster

In den Betriebsformen Fachgeschäft, Kaufhaus und Warenhaus bekommt der Kunde bereits auf der Fußgängerzone im Vorbeigehen einen ersten Eindruck über den Laden. Im Schaufenster wird ein Thema dargestellt wie z.B. eine Marke, Innovationen und Neuigkeiten im Sortiment oder ein Anlass wie z.B. Schulanfang, Abiturfeier, Ferien und Reisen. Wird der Kunde von diesem Thema inspiriert und betritt den Laden, so muss dieses Thema wie ein roter Faden in der Verkaufsförderung, im Warenaufbau wieder aufgenommen werden. Dabei ist auch hier die Abstimmung mit Einkauf und Warenwirtschaft wichtig, damit auch ausreichende Mengen der gezeigten Ware vorrätig sind.

Der Eingangsbereich

Der Eingangsbereich sollte offen und einladend gestaltet sein, sodass der Kunde einen ersten Blick ins Innere werfen kann; keine Warenständer oder überladende Dekoration versperren ihm den Zugang. Figuren am Rand oder sparsam aufgebaute Aktionsware nehmen das Thema des Schaufensters wieder auf.

Gestaltung der Einkaufsatmosphäre

Mit Hilfe der Einkaufsatmosphäre soll der Kunde Freude haben, im Geschäft zu sein, und verweilen. Er soll zu Zusatz- und Impulskäufen angeregt werden. Dabei sollen möglichst alle

Sinne angesprochen werden. Wesentliche Elemente zur Gestaltung der Einkaufsatmosphäre sind:

- die Auswahl und Anordnung von Warenträgern sowie Dekorationsmitteln im Einklang mit dem Sortiment und Sortimentsniveau.
- der Einsatz von Farben in Abstimmung mit der Ware und Trend folgend. Dabei sollte die Hausfarbe immer mit einfließen.
- die Beleuchtung, die Farben natürlich wiedergeben soll und gleichzeitig Akzente setzt und Spannung erzeugt.
- Hintergrundmusik, im Einklang mit der Zielgruppe
- evtl. Düfte – künstlich oder durch Blumen
- Verweilzonen wie Kaffeebar, Sitzecken.

Kontraste setzen
Wer von der Flut an dunklen Farben früherer Jahre genug hat, dem sei gesagt: Neben Braun und Schwarz fallen die hellen Töne wieder stärker ins Gewicht. Vor allem weiße Flächen und Crème, teilweise auch helle Hölzer. „Es ist ein deutlicher Trend zu Weiß zu erkennen – gerne kombiniert mit Aluminium und transparenten Materialien“ erklärt Reinhard Peneder, Marketingleiter von Umdasch Shop-Concept. Allerdings nicht ausschließlich. Auch Gegensätze sind gefragt wie z.B. helle Hölzer wie Eiche oder Lärche in Verbindung mit kontrastreicher Farbigkeit.
Anke Geilen, TextilWirtschaft

Kundenleitsystem
Kein Mitarbeiter steht heute am Eingang und empfängt den Kunden, um ihn seinen Wünschen entsprechend zu der Ware zu führen, auch nicht mehr in beratungsintensiven Betriebsformen. Viele Kunden würden dies außerdem als aufdringlich empfinden, sie möchten erst einmal alleine sich umschauen. Daher gibt es heute Kundenleitsysteme, die durch den Verkaufsraum führen. Mit Kundenleitsystemen soll erreicht werden, dass der Kunde sich weitgehend selbständig im Geschäft zurechtfindet, seine gewünschte Ware findet und gleichzeitig viele zusätzliche Kaufimpulse erhält.

Die wichtigsten Erkenntnisse beim Kundenlauf sind z.B.:

- Kunden bevorzugen die Außengänge eines Ladens, halten sich rechts und laufen überwiegend entgegen dem Uhrzeigersinn; deshalb muss der Kunde mit Hilfe des Kundenleitsystems auch in die Mitte geführt werden.
- Kunden folgen dem Geschwindigkeitsrhythmus schnell – langsam – schnell. So wird versucht, in diesem Rhythmus die Platzierung, die Flächenaufteilung von Ware und Dekorations- und Aktionsfläche zu gestalten.
- Kunden vermeiden Kehrtwendungen und sparen die Ladenecken aus. Kundenleitsysteme führen den Kunden klug und behutsam durch den Laden einschließlich der Ecken und Rückwände. Dabei wird der Kundenlauf im Fußboden farblich als Loop markiert. Zusätzlich wird der Loop durch die Beleuchtung hervorgehoben. Dabei wird häufig ein Richtungswechsel vorgesehen, um den Gang zu aktivieren.

In großen Häusern ist es wichtig, dass der Kunde Wegweiser unmittelbar am Eingang sowie innerhalb der einzelnen Stockwerke an den Rolltreppen, Fahrstühlen und Aufgängen vorfindet. Mit auffälligen Displays, die den Sortimentsteil oder eine Bedarfssituation der Ware zeigen, werden die Hinweise visualisiert.

Bildung und Anordnung von Platzierungseinheiten
Innerhalb des Visual Merchandising werden Kriterien bestimmt, welche Ware gemeinsam präsentiert oder angeboten wird. Es gibt die unterschiedlichsten Prioritäten:

- nach Categories, die sich am Endverbraucher ausrichten,
- nach Farben bzw. durch Kombination von Farben wie z.B. bei textilen Sortimenten,

- materialorientiert wie bei Artikeln des täglichen Bedarfs, die für den Kunden schell auffindbar sein sollen,
- nach Preislagen wie z.B. in „1 Euro-Läden",
- nach Herstellern oder Marken wie z.B. die shop-in-the-shops in den Kauf- und Warenhäusern.

Fallbeispiel
Bei Trinkmann wird immer neu diskutiert, wie die Weine präsentiert werden sollen. Z. Z. hat das Herkunftsland die erste Priorität, innerhalb des Herkunftslandes wird zwischen Rot-, Rosé- und Weißweinen unterschieden und dann nach Rebsorten. Dabei werden Rebsorten vertikal zusammengefasst. Auf Preislagen wird in der Regalwand keine Rücksicht genommen, bei jedem Herkunftsland gibt es jedoch einen kleinen Sondertisch als Preisangebot. Die Flaschen im Regal werden liegend angeboten, um die Fachkompetenz zu unterstreichen, eine Flasche vor dem Regal in einem Ständer steht aufrecht zur Orientierung, versehen mit wichtigen Informationen wie der Rebsorte, die Geschmacksrichtung, Vorschläge für passende Gerichte und der Preis. Sonderangebote werden immer stehend präsentiert.

Wichtig bei der Platzierung ist es, dass der Kunde sie intuitiv erfassen kann und eine Orientierung möglich ist. Dabei muss immer abgewogen werden zwischen kurzen Wegen für den Kunden, die bequem und zeitsparend sind, und Verlängerung der Verweildauer, die zu zusätzlichen Käufen anregt.

Entscheidungen über Zuteilung von Flächen- und Regalkapazitäten
Den einzelnen Sortimentsteilen, Waren- bzw. Artikelgruppen oder Categories wird ein Anteil der Gesamtverkaufsfläche zugeordnet und entschieden, ob sie in verkaufsstarken oder -schwachen Zonen angeboten werden. Diese Entscheidungen werden aus den Schwerpunkten der Sortimentspolitik und Kennziffern der Warenwirtschaft abgeleitet.

Rückwände
Die hinteren Zonen eines Geschäftes sind oft verkaufsschwache Zonen. Die Gestaltung der Rückwände sollten die Kunden anziehen und Warenthemen schon von weitem gut erkennbar machen. Mittelraum und Rückwände harmonieren in den gezeigten Warenthemen und in den Höhen der Warenträger, so dass der Durchblick zu den Rückwänden gewahrt wird. Waren werden mit Imagefotos kombiniert, um die Ware im Gebrauch zu zeigen.

2.11.3 Zusammenarbeit im Bereich des Visual Merchandising
Ein Handelsunternehmen kann ein eigenes Konzept entwickeln. In den großen Handelsunternehmen legen eigene Abteilungen in Zusammenarbeit mit dem Einkauf zentral fest, wie und auf welchen Warenträgern die Ware präsentiert wird. In Showrooms wird die Präsentation fotografiert, so dass die Filialen die Präsentation im Verkauf nachvollziehen können. Unterstützt werden sie noch zusätzlich von Visual Merchandiser, die die Filialen regelmäßig besuchen und weitere Tipps zur Umsetzung geben. Kleine Handelsunternehmen können Hilfe bei Agenturen und Ladenbauern erhalten, die heute ein umfangreiches Servicepaket von der Architektur über den Ladenbau, Warenträger und Präsentation anbieten. Gehört das Unternehmen einer Verbundgruppe an, so erhält es durch die Kooperation Unterstützung, vor allem bei der Präsentation von Handelsmarken.

Im Einzelhandel können auch hersteller-, franchise- oder großhandelspezifische Programme übernommen werden. Übernimmt das Handelsunternehmen z.B. durch Bereitstellung von Flächen für shops-in-the-shop lieferantenspezifische Richtlinien, so besteht eine große Gefahr, dass das Handelsunternehmen sein eigenes Profil verliert und zu eine Anhäufung von unterschiedlichen Ladenkonzepten wird.

2.12 Verkaufsförderung

Die Verkaufsförderung, auch als **Sales Promotion** bezeichnet, wird in Verbindung mit anderen Marketinginstrumenten eingesetzt, um diese zu unterstützen. Besonders geeignet ist die Verkaufsförderung zur Verstärkung der Sortimentspolitik, der Preispolitik und der Werbung. Im Gegensatz zur Werbung sind die Kaufanreize eher kurzfristig und finden unmittelbar am Verkaufsort statt, in der Fachsprache auch als **Point of Sale** (**PoS**) oder Point of Purchase (PoP) bezeichnet.

Die Maßnahmen der Verkaufsförderung werden gestaltet, finanziert und teilweise auch durchgeführt

- vom Hersteller in den Verkaufsräumen des Groß- und Einzelhandels,
- vom Großhandel in den eigenen Verkaufsräumen sowie denen des Einzelhandels, auf Messen oder durch Außendienstmitarbeiter,
- vom Einzelhandel in dessen Verkaufsräumen.

2.12.1 Ziele und Zielgruppen der Verkaufsförderung

Ziele der Verkaufsförderung

Der Handel will den Umsatz oder den Absatz bestimmter Artikel bzw. Artikelgruppen innerhalb des Sortimentes steigern. Die Finanzierung, teilweise auch die Umsetzung dieser Maßnahmen kann von der Industrie erfolgen.

- Der Kunde soll mit Hilfe der Warenpräsentation zu Impulskäufen und durch Verbundplatzierung zum Kauf von Ergänzungsartikeln angeregt werden.
- Durch die Warenplatzierung, die Warenpräsentation sowie im Fachhandel noch mit Hilfe der Schaufenstergestaltung, Aktionen und Events sollen neue Kunden gewonnen werden.
- Durch eine ansprechende und übersichtliche Präsentation des Sortimentes, individuelle Beratung und Serviceleistungen soll eine Kundenbindung an das Handelsunternehmen erzielt werden.
- Da Handelsmarken immer stärker an Beutung gewinnen, kann mit den Maßnahmen der Verkaufsförderung nicht nur ihr Absatz sondern auch der Bekanntheitsgrad gesteigert werden. Gleichzeitig kann sich das Unternehmen von seinen Mitbewerbern unterscheiden und profilieren.
- Durch die generell angestrebte Umsatzsteigerung wird auch die Lagerumschlagshäufigkeit erhöht und die Ertragssituation verbessert.
- Gerade für die Einführung neuer Produkte eignet sich die Verkaufsförderung besonders.

Ein Teil der Ziele entspricht den Absichten des Visual Merchandising, daher gibt es die Meinung, dass Visual Merchandising ein Teil von Verkaufsförderung ist. Und auch Verkaufsförderung ist oft schwierig von der Werbung zu unterscheiden: Die Wirkungen der Verkaufsförderung sind stets von kurzfristiger Dauer, bei der Werbung können sie auch längerfristig ausgerichtet sein.

Die **Zielgruppen von Maßnahmen der Verkaufsförderung** sind, ausgehend

- von der Industrie: die Vertriebsmitarbeiter der Industrie, die Groß- und Einzelhandelsbetriebe, weiterverarbeitende Betriebe und Großverbraucher,
- vom Großhandel: die Mitarbeiter des Großhandels, Einzelhandelsbetriebe, weiterverarbeitende Betriebe und Großverbraucher,
- vom Einzelhandel: die Mitarbeiter des Einzelhandels und die Endverbraucher.

2.12.2 Verkaufsförderungsaktionen in den verschiedenen Stufen des Distributionsprozesses

Die Maßnahmen und Aktionen der Verkaufsförderung können an unterschiedliche Adressaten gerichtet sein, die sich auf den verschiedenen Stufen des Distributionsprozesses befinden. Es wird nach **Außendienst-**, **Händler-** und **Verbraucherpromotion** unterschieden.

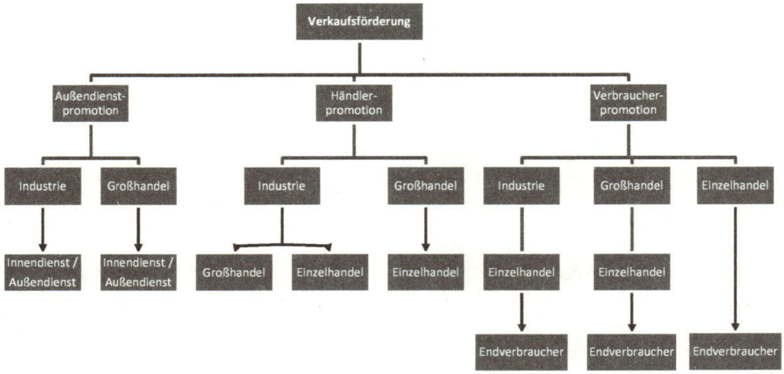

Abb 23: Verkaufsförderung

Außendienstpromotion/Staff Promotion wird beim Hersteller und Großhandel eingesetzt, um den Verkauf durch den Innendienst sowie Außendienst zu forcieren: Der Groß- und Einzelhandel soll die Produkte des Lieferanten in sein Sortiment aufnehmen, beständig führen bzw. in höheren Stückzahlen kaufen.

Maßnahmen sind z.B.:

- Die eigenen Mitarbeiter werden geschult, um ihre Kenntnisse über z.B. die Produkte, das Sortiment, den Absatzmarkt zu verbessern. Ebenso werden Trainings durchgeführt, um ihr Verhalten gegenüber den Kunden zu optimieren und ihr Verhandlungsgeschick zu steigern.

Fallbeispiel
Die Trinkmann GmbH veranstaltet für die Sachbearbeiter Innendienst sowie den Außendienst zweimal pro Jahr ein dreitägiges Verkaufstrainingsseminar mit einer Personalentwicklerin und führt in den Filialen regelmäßige Warenkundeschulungen durch.

- Die Verkaufsmitarbeiter verfügen zur Unterstützung ihrer Verkaufsgespräche über Kataloge, Prospekte, Muster, Proben, Kollektionen etc.
- Die Vergütung der Verkaufsmitarbeiter wird leistungsbezogen, vom jeweils erzielten Umsatz abhängig, gestaltet.

Händlerpromotion/Trade Promotion richtet sich vom Hersteller an den Groß- und Einzelhandel bzw. vom Großhandel an den Einzelhandel, die Gastronomie oder andere Großabnehmer.
Maßnahmen sind z.B.:

- Hersteller bzw. Großhändler zahlen Regalmieten, Prämien bei Aufnahme in das Sortiment oder gewähren Einführungsrabatte.

Fallbeispiel
Für die Neuaufnahme der Produktpalette der Brauerei „Hopfengilde" erhält die Trinkmann GmbH eine einmalige Prämie.

- Hersteller bzw. Großhandel beteiligen sich an den Kosten des Einzelhandels für Werbung und Verkaufsförderungsmaßnahmen.
- Die Kunden der Hersteller bzw. Großhändler werden regelmäßig von einem Merchandiser besucht, der bei der Warenpräsentation und Platzierung berät. Sie stellen Dekorationsmaterial und Displays zur Verfügung, um ihr Sortiment besonders herauszustellen und im Handel einheitlich darzubieten. Einerseits ist diese Unterstützung für den Handel förderlich und steigert den Umsatz, andererseits profiliert sich der Handel mit dem Namen des Herstellers. Daher muss der Handel abwägen, ob die Abhängigkeit gegenüber dem Lieferanten nicht zu groß ist und dadurch das eigene Erscheinungsbild zu sehr manipuliert wird.

Fallbeispiel
Die Merchandiser der „Kastell Winzergenossenschaft" besuchen regelmäßig die Fachmarktfilialen der Trinkmann GmbH, dabei führen sie für ihre Produkte die Regalpflege durch, dekorieren gemäß der Jahreszeiten das zur Verfügung gestellte Weinregal, legen neues Prospektmaterial aus und geben den Filialmitarbeitern Informationen über Neuerungen bezüglich ihres Weinsortimentes.

- Der Lieferant schult die Mitarbeiter des Handels, gibt die Möglichkeit der Betriebsbesichtigung oder der Verkostung, sodass sich die Beratung im Handel verbessert.
- Der Lieferant schreibt Wettbewerbe aus und belohnt die umsatzstärksten Mitarbeiter des Handels mit Incentives.

Fallbeispiel
In den Fachmärkten der Trinkmann GmbH werden Saisonaktionen durchgeführt. Die Mitarbeiter der Filiale mit dem jeweils höchsten Umsatz erhalten eine Aktionsprämie.

Verbraucherpromotion/Consumer Promotion ist der auf den Endverbraucher ausgerichtete Bereich der Verkaufsförderungsmaßnahmen.

Verbraucherpromotion kann vom **Lieferanten** durchgeführt werden:

- An Kunden werden kostenlose Warenproben oder Werbegeschenke verteilt.
- Die Kunden können die Ware kosten, ausprobieren oder in Gebrauch nehmen und werden von Mitarbeitern des Lieferanten – Propagandisten - beraten.

In den meisten Betriebsformen ist die Verbraucherpromotion ein wichtiges Instrument des Marketings, das auch vom **Einzelhändler** selbst durchgeführt wird, um seine eigene Zielsetzung zu verfolgen, das gesamte Sortiment und nicht nur bestimmte Artikel oder Artikelgruppen zu fördern und sein Unternehmen mit seinem Namen zu profilieren.

Maßnahmen sind z.B.:

- Das Sortiment wird durch Maßnahmen des Visual Merchandisings wie z.B. Dekorationsflächen, Ladengestaltung, Ladeneinrichtung, Musikuntermalung etc. erlebnisorientiert präsentiert.

Fallbeispiel
Das Wein- und Schaumweinsortiment wird in den Fachmarktfilialen der Trinkmann GmbH in speziellen Holzregalen angeboten, diese sind mit Weinlaubgirlanden dekoriert. Das Angebot des Monats wird auf einem alten, aufgesägten Weinfass präsentiert, die Kunden können den Wein probieren.

- Das Handelsunternehmen führt regelmäßig Aktionen und Events durch, wie z.B. Festtagsaktionen, Motto- Wochen.
- Der Warenplatzierung innerhalb des Visual Merchandisings wird ein besonderer Stellenwert gegeben; Ertragsstarke Artikel werden in verkaufsstarken Zonen angeboten. Außerdem wird der Absatz durch Zweit- und Sonderplatzierungen forciert. Dabei wird der Kunde gezielt mit Hilfe der Laufwegführung durch den Verkaufraum geleitet.

Fallbeispiel
Die niedrig kalkulierte Artikelgruppe „Tafelwasser“ wird im hinteren Bereich der Filialen platziert. Da aus der betriebsinternen Kundenstatistik hervorgeht, dass jeder zweite Kunde bei seinem Einkauf eine Kiste Tafelwasser kauft, wird durch diese Platzierung und die Anordnung der anderen Regale der Kundenlauf beeinflusst.

- Die Kunden werden kompetent beraten. Und zu Zusatz- und Ergänzungskäufen angeregt.
- Sonderangebote werden besonders herausgestellt; der Kunde wird durch Displays, Plakate oder Durchsagen darauf aufmerksam gemacht.
- Instore- Medien wie z.B. Ladenfunk, Shop-TV, Videos und Infoboards am Einkaufswagen schaffen eine absatzfördernde Atmosphäre.

Alle verkaufsfördernde Maßnahmen, die der Großhandel und die Industrie gegenüber den Handelskunden einsetzen, sind **Push-Maßnahmen**: Die Industrie und der Großhandel versuchen unmittelbar den Einzelhandel zu gewinnen, die Listung ihrer Sortimente beizubehalten, zu erhöhen oder neu in das Sortiment aufgenommen zu werden.

Außerdem können die Industrie und der Großhandel sich auch unmittelbar an den Verbraucher wenden – z.B. mit Verkostungen durch eigene Mitarbeiter, den Propagandisten -, um die Nachfrage beim Endkunde zu forcieren und hiermit Druck auszuüben, dass der Handel das Produkt in sein Sortiment aufnimmt bzw. die Auftragsmengen erhöht. Dies sind **Pull-Maßnahmen**.

2.13 Werbung

Werbung - im Sinne der Absatzwerbung – strebt an, bei potentiellen Kunden einen Einfluß auf die Kaufentscheidungen auszuüben. Sie bedient sich dabei verschiedener Kommunikationsinstrumente.
Es soll der Absatz beschleunigt und der Umsatz erhöht werden, außerdem sollen beim Kunden Bedürfnisse geweckt und auf seine Kaufgewohnheiten Einfluss genommen werden.

2.13.1 Die Werbeplanung

In kleinen und mittelständischen Handelsunternehmen wird die Werbung in der Regel von Werbeagenturen gestaltet, in großen Handelsunternehmen kann dies in der eigenen Werbeabteilung durchgeführt werden. Teile der Werbeaktivitäten können auch fremd vergeben werden, wie z.B. die Erstellung von Zeitungsbeilagen. Vor der Durchführung der Werbung ist jedoch in jedem Fall ein Werbeplan zu erstellen. Durch die optimale Werbeplanung unter Beachtung der Informationen aus der Werbeforschung soll ein entsprechender Werbeerfolg sichergestellt werden.
Die grundlegenden **Inhalte eines Werbeplanes** sind:

- Festlegung der Werbeziele
- Bestimmung des Werbeetats
- Zielgruppenbestimmung
- Festlegung des Streugebietes
- Mediaplanung / Auswahl von Werbemittel und Werbeträger
- Bestimmung der Streuzeit

Die **Werbeziele** sind sehr vielfältig und können nach bestimmten Gesichtspunkten unterschieden werden.

Die **AIDA- Formel** faßt die Ziele in plastischer Weise zusammen.

ATTENTION	Aufmerksamkeit erregen
INTEREST	Interesse wecken.
DESIRE	Besitzwünsche wecken.
ACTION	Handeln: die beworbenen Artikel kaufen.

Im Grunde sind dies die Schritte, in denen eine Werbung ihr Ziel erreicht. Wer nicht die Aufmerksamkeit des Umworbenen (des „Werbesubjekts") erreicht – der hat schon verloren. Aber ebenso verpufft eine Werbung sinnlos, wenn sie den Umworbenen nicht zum Handeln bringt!

Zielfestlegung nach dem **Lebenszyklus von Produkten, von Unternehmen**:

Einführungswerbung	Das Unternehmen eröffnet eine neue Filiale, nimmt eine Warengruppe in das Sortiment auf oder stellt neue Artikel vor. Bei den Kunden sollen Bedürfnisse geweckt werden, neue Kunden sollen gewonnen werden
Expansionswerbung	Der Marktanteil des Unternehmens, der Filiale oder einzelner Warengruppen soll erhöht werden. Das Handelsunternehmen möchte Kunden der Konkurrenz gewinnen.
Stabilisierungswerbung	Die Werbung soll die Werbung der Konkurrenz abwehren und die eigene Marktposition festigen / erhalten.
Erinnerungswerbung	Das Unternehmen will sich und sein Sortiment bei den Kunden in Erinnerung bringen, die Kunden binden oder gegebenenfalls wieder zurückgewinnen.

Die Werbung kann **ökonomische oder vorökonomische Ziele** anstreben, wie die folgende Tabelle beispielhaft zeigt:

ökonomische Ziele	Das Unternehmen will den Umsatz bzw. den Absatz des gesamten Sortimentes, einer Artikelgruppe oder eines Artikels steigern. Unter Berücksichtigung der Werbekosten soll die Ertragslage des Unternehmens direkt verbessert werden.
vorökonomische Ziele	Die vorrangige Zielsetzung liegt in der Steigerung des Bekanntheitsgrades einer Unternehmung, der Schaffung und Verbesserung des Unternehmensimages.

Bei der **Zielfestlegung** ist eine genaue Formulierung des Werbeziels notwendig, wobei der Inhalt eine messbare Größe (das Ausmaß) sowie ein Zeitbezug zur Zielerreichung genau bestimmt werden sollten. Eine präzise Zielformulierung erleichtert eine spätere Werbeerfolgskontrolle erheblich. („Wer nicht weiß, wo er hin will, darf sich nicht wundern, dass er nie ankommt")
Im **Werbeetat** werden die generelle Höhe und die zeitliche Verteilung der finanziellen Mittel bestimmt. Hier gibt es verschiedene Methoden, vor allem wird sich der Etat nach dem Ziel ausrichten. In der Praxis wird auch in gewisser Prozentsatz vom Umsatz aus der Vergangenheit, vom Planumsatz oder aus Betriebsvergleichen zugrunde gelegt. Die wirtschaftliche Situation des Unternehmens wird eine Grenze darstellen.

Die **Zielgruppenbestimmung** ergibt sich aus der Markt- und Zielgruppensegmentierung die vom werbenden Unternehmen vorgenommen wurde.

Das **Streugebiet** für die Werbung ergibt sich in der Regel aus der räumlichen Reichweite des Absatzgebietes eines Handelsunternehmens. Diese wird häufig nicht mit der Reichweite der wichtigsten Werbeträger übereinstimmen.

Die **Mediaplanung / Mediaselektion** beinhaltet die Auswahl, die Kombination und die Abstimmung von Werbemittel und Werbeträger unter Berücksichtigung des Etats, der Zielgruppe und des Streugebietes. Es wird der Weg bestimmt, auf welchem die Werbebotschaft kommuniziert werden soll.

Mit der **Streuzeit** wird bestimmt, wann (Zeitpunkt) und in welcher Häufigkeit (Intervalle) die Werbung verbreitet werden soll.

2.13.2 Mediaselektion – die richtigen Werbeträger auswählen
Der Werbeträger (Medium) überbringt die Werbebotschaft an den Empfänger. Die Auswahl des geeigneten Werbeträgers erfolgt in zwei Schritten:

Intermediaselektion: Dies betrifft die Bestimmung der Mediengattung (Printmedium, TV, Radio, Kino, Außenwerbung etc.).
Intramediaselektion: Hier wird eine bestimmte Variante des Werbeträgers nach Titel, Format, Institution und der genaue Werbeträger innerhalb der Mediengattung (regionale Tageszeitung, bestimmter Fernseh-, Radiosender, die Plakatwand an bestimmten Stellen, die bestimmte Buslinie etc.) bestimmt.

Das **Werbemittel** ist die konkrete, sinnlich wahrnehmbare Erscheinungsform der Werbung. Beispiele ausgewählter Werbemittel in Kombination zum **Werbeträger** sind:

Handzettel
können über Postwurfsendung, Verteilerkolonnen oder durch das Unternehmen selbst verteilt werden. Sie verursachen geringe Kosten, sind kurzfristig und flexibel einsetzbar und das Streugebiet ist exakt zu bestimmen. Besonders geeignet für Sonderangebote, Aktionen oder zur Eröffnung von Filialen.

Plakate
können an Litfasssäulen werben, auf großflächigen Plakatwänden an frequentierten Stellen oder als City- Light- Poster in Wartehäuschen an Bushaltestellen oder Telefonzellen. Sie haben eine überdurchschnittliche Reichweite und ihr Streugebiet kann genau bestimmt werden. Die Produktionskosten können hoch sein, die Belegungskosten sind eher niedrig. Da diese Form der Werbung immer stärker eingesetzt wird, muss das Handelsunternehmen lange vorher die Schaltflächen disponieren.

Spots im Fernsehen
waren früher für kleine und mittelständische Unternehmen eher ungebräuchlich, da diese sie zumeist nur ein kleines Absatzgebiet haben und damit der Streuverlust zu hoch wäre. Inzwischen hat sich dies durch das große Netz der Privatsender durchaus geändert. Es bleiben allerdings die relativ hohen Produktionskosten für einen guten Spot.

Spots im Hörfunk
Seit die Lokalsender an Bedeutung gewonnen haben, wird der Hörfunk auch für den regionalen Einzelhandel immer wichtiger. Voraussetzung ist, dass das Sendegebiet mit dem Einzugsgebiet des Handelsunternehmens identisch ist. Der Hörfunk ist ein präsentes Medium; die Kunden hören zuhause, im Auto und am Arbeitsplatz Radio. Die Produktionskosten eines Spots sind nicht hoch und die Schaltkosten können im Vergleich zu einer Anzeige wesentlich geringer sein. Hierbei muss jedoch beachtet werden, dass die Anzeige oft die ganze Konzentration des Lesers hat, das Radio wird meist im Hintergrund neben andere Tätigkeiten gehört, sodass es notwendig ist, den Spot ganz oder teilweise immer wieder zu senden. Dabei können Zielgruppen eingegrenzt werden, abhängig davon, zu welcher Tageszeit und vor bzw. während welcher Sendung der Spot geschaltet wird. Zunehmend kann auch durch die Auswahl des Senders die Zielgruppe besonders angesprochen werden.

Spots im Kino
sind besonders gut geeignet für junge Leute und Jugendliche, da diese häufig ins Kino gehen. Der Zuschauer kann sich dieser Werbung kaum entziehen. Bei Spots sind die Produktionskosten hoch, das Handelsunternehmen steht in Konkurrenz zu den großen Markenherstellern, für die Kino- und Fernsehspots zu den wichtigsten Werbemaßnahmen gehören. Setzt das Handelsunternehmen digitale Bilder ein, sind die Produktionskosten gering. Die Schaltkosten sind nicht hoch.

Anzeigen in Fachzeitschriften, Zeitungen und Zeitschriften
Der Großhandel kann in Fachzeitschriften werben, der Einzelhandel entscheidet sich stärker für die Tageszeitung. Bei beiden Trägern ist die Anzahl an Abonnenten sehr hoch, die Auflagenhöhe ist bekannt und oft werden die Zeitungen/ Zeitschriften von mehreren Personen gelesen. Die Leser haben ein Vertrauensverhältnis zu ihrer Zeitung oder Zeitschrift, das dem werbenden Unternehmen auch zugute kommt. Das Unternehmen kann sich relativ kurzfristig für diese Werbung entscheiden.
Allerdings haben die Zeitungen gerade bei jüngeren Zielgruppen mit Auflagenverlusten zu kämpfen, so daß sie für die Ansprache junger Zielgruppen an Gewicht verlieren.
Für den Einzelhandel sind die Anzeigenblätter noch von Bedeutung, die regelmäßig unaufgefordert und unentgeltlich an möglichst alle Haushalte eines Gebietes verteilt werden.

Publikumszeitschriften, wie z.B. der Spiegel oder Stern können als Werbeträger nur von großen Handelsbetrieben eingesetzt werden, die im gesamten Bundesgebiet vertreten sind, ansonsten wären die Streuverluste zu hoch.

Auswahlkriterien für die Bestimmung der Werbeträger sind:

- Kosten
- Reichweite (quantitative und qualitative –hierzu unten mehr)
- Darstellungsmöglichkeit der Werbebotschaft (wenn ich optische Reize aussenden will, muß der Werbeträger diese transportieren können)
- Belegbarkeit, zeitlich und regional
- Zielgruppenaffinität (erreicht der Werbeträger meine Zielgruppe?)
- Image (ist die Ware hochwertig, dann sollte es auch der Werbeträger sein)

Ein entscheidendes Kriterium bei der Werbeträgerauswahl sind die **Kosten,** Kosten der Produktion des Werbemittels als auch die jeweiligen Kosten der Werbeschaltung. Die Berechnung der Kosten von Anzeigen erfolgt aufgrund der Anzeigenformate oder mit Hilfe des Millimeterpreises.

Eine weitere Mess- und Entscheidungsgröße stellt der **Tausenderpreis** dar. Hierbei wird zum Ausdruck gebracht, was es kostet zu 1000 Personen einen Werbekontakt herzustellen. Somit ist die Möglichkeit gegeben, verschiedene Werbemittel und/ oder Werbeträger mit ebenso unterschiedlichen Preisen und / oder Auflagen miteinander zu vergleichen. Werden z.B. alle Leser einer Zeitschrift berücksichtigt, liegt eine ungewichtete Berechnung vor. Soll der Tausenderpreis nur auf eine bestimmte Zielgruppe innerhalb der Leserschaft bezogen werden, wird dies als gewichtet bezeichnet. Für einen Laufshop beispielsweise ist es wichtig, wie viele Läufer aus seinem Einzugsgebiet er mit einer Werbung erreich – oder wieviel ihn 1.000 Kontakte mit Läufern kosten.

$$\text{Tausenderpreis} = \frac{\text{Preis je Schaltung} \times 1.000}{\text{Auflage}}$$

Beispiel für die Berechnung eines Tausender- Auflagen- Preises:
Eine Zeitschrift A, die eine Auflage von 100.000 Exemplaren im Monat erreicht, hat einen Seitenpreis von 1.540,00 EUR. Die Alternative ist die Zeitschrift B mit einer Auflage von 1.500.000 Exemplaren und einem Seitenpreis von 20.450,00 EUR. Die Werbeabteilung errechnet den Tausenderpreis, um das Kosten-Leistungs-Verhältnis zu ermitteln.

$$\text{Zeitschrift A} = \frac{1.540{,}00\ \text{EUR} \times 1.000}{100.000}$$

$$= 15{,}40\ \text{EUR je } 1.000\ \text{Exemplare}$$

$$\text{Zeitschrift B} = \frac{20.450{,}00\ \text{EUR} \times 1.000}{1.500.000}$$

$$= 13{,}62\ \text{EUR je } 1.000\ \text{Exemplare}$$

Um Tausend Personen durch die Schaltung einer Anzeige zu erreichen ist die Zeitschrift B der Zeitschrift A vorzuziehen, obwohl diese auf den ersten Blick einen günstigeren Seitenpreis aufweist.

Besonders bei der Intramediaselektion ist die **Reichweite** ein wichtiges und oft entscheidendes Kriterium für einen bestimmten Werbeträger. Ziel der Auswahl ist es, denjenigen Werbeträger herauszufiltern, der für einen Handelsbetrieb geeignet ist die festgelegte Zielgruppe am besten zu erreichen. Bei der Reichweite handelst es sich um eine Kontaktmesszahl von Werbeträgern mit definierten Zielpersonen.

Die Reichweite kann beschrieben und dargestellt werden als die:

- **Räumliche Reichweite:** Sie beschreibt das Streugebiet, welches vom Werbeträger abgedeckt wird.
- **Quantitative Reichweite:** Sie gibt Aufschluss darüber, wie viele Personen innerhalb einer gewissen Streuzeit durch den Werbeträger erreicht werden.
- **Qualitative Reichweite**: Sie zeigt, in wieweit ein Werbeträger eine bestimmte Zielgruppe, die durch die Werbung angesprochen werden soll, tatsächlich auch erreicht.

Bei der Streuung z.B. einer Anzeige in einem oder mehreren Werbeträgern, hier am Beispiel Zeitung, ergeben sich folgende Unterscheidungen:

- **Die Nettoreichweite** gibt die Anzahl der Personen an, die bei einmaliger Schaltung in einer Zeitung mit einer Anzeige Kontakt haben.
- **Die Bruttoreichweite** gibt die Zahl der Kontakte an, die ich schaffe. Wenn ein Leser z.B. eine Wochenzeitung mehrmals zur Hand nimmt, beträgt die Bruttoreichweite ein Mehrfaches der Nettoreichweite.
- **Die kumulierte Reichweite** gibt Auskunft über die Gesamtzahl der Kontakte, wenn eine Anzeige mehrmals in einer Zeitung geschaltet wird.

Hilfe für die Mediaselektion bieten unter anderem die Markt- bzw. Mediastudien verschiedenster Institute wie z.B. die Informationsgemeinschaft zur Feststellung der Verbreitung von Werbeträgern e.V. (IVW), die Media-Analyse AG.Ma, Media-Micro-Census oder das Institut für Demoskopie Allensbach. Aus den Studien können die Reichweiten, Kontakthäufigkeit und -verteilung auf der Basis Werbeträger- und auch Werbemittelkontakt verschiedenster Medien wie z.B. regionale und überregionale Tageszeitungen, Publikumszeitschriften, Fernsehsender, Kino, Nahverkehrsmittel entnommen werden. Ebenso können direkt von Verlagen, Verkehrsbetrieben, Fernseh- und Hörfunksendern Informationen bezogen werden.

2.13.3 Product-Placement

Hier placiert das Handelsunternehmen Produkte oder den Firmennamen in Filmen oder Fernsehsendungen, z.B. kaufen die Darsteller Autos bei einem Autohändler einer Marke oder fahren diese Autos, sie kaufen in Unternehmen ein oder tragen Kleidung einer Marke, deren Logo deutlich zu erkennen ist. Früher galt in den öffentlich-rechtlichen Fernsehsendern solch eine Herausstellung als unzulässige Schleichwerbung.

Nach einer Richtlinie der EU ist Produkt-Placement in Fernsehsendungen grundsätzlich zulässig. Ausgenommen davon sind Nachrichtensendungen und Sendungen für Kinder. Solche Sendungen sind zu Beginn und zum Schluss zu kennzeichnen; außerdem ist festgelegt, dass bei den betreffenden Bildern der Buchstabe P einzublenden ist.

Vorteil von Product-Placement ist, dass das Produkt in einer „realen Umgebung" gezeigt wird. Der Zuschauer sieht in entspannter Atmosphäre zu, erkennt nicht die Werbeabsicht und in Folge der Identifikation mit den Darstellern werden Wünsche und Kauflust geweckt. Wenn also im Film James Bond eine bestimmte Automarke fährt, überträgt sich das Image des Hauptdarstellers auch auf dieses Auto und macht es begehrenswert.

2.13.4 Die Direktwerbung

Bei der Direktwerbung findet eine direkte Ansprache des Werbesubjekts statt. Sie steht im Gegensatz zur Massenumwerbung, die als anonym bezeichnet werden kann. In den letzten Jahren ist ein enormer Zuwachs der Direktwerbung zu erkennen, dies liegt unter anderem auch in den immer weiter verbreiteten Kommunikationsmedien Internet und Mobiltelefon. Es handelt sich um eine sehr effiziente Art der Werbung, da mit Hilfe der Zielgruppendaten eine präzise Ansprache ermöglicht wird und somit Streuverluste minimiert werden können, dies wirkt sich dann auch positiv auf den Werbeetat des werbenden Unternehmens aus. Es kann eine optimale Werbeerfolgskontrolle und eventuell auch eine verbesserte Nachfasswerbung durchgeführt werden.
Electronic Mails über das Internet, so genannte UCE (Unsolicited Commercial E-Mail), sowie gedruckte Werbemittel wie z.B. Prospekte und individuell verfasste Werbebriefe werden dem Kunden unaufgefordert zugeschickt. Im Groß- und Versandhandel sind die Daten der Kunden bekannt und in der Kundendatei festgehalten. Im Einzelhandel hingegen wird meist anonym an den Kunden verkauft, sodass die Daten zunächst erst einmal gesammelt werden müssen, um den Kunden gezielt anschreiben zu können. Diese Daten können persönlich durch den Verkäufer aufgrund des Verkaufsgesprächs gesammelt werden, ebenso gelangt das Unternehmen durch schriftliche Befragungen mit angeschlossenem Preisausschreiben oder Ausgabe von Kundenkarten an zielgruppenbezogene Daten. Kundenkarten stellen dabei eine sehr gute Möglichkeit dar, persönliche Daten wie z.B. die Art der Einkäufe, bevorzugte Preislagen, besonders gefragte Hersteller, Größen usw. zu erfahren.

Fallbeispiel
Der Teamleiter Außendienst der Trinkmann GmbH schreibt die Kunden sowie mögliche neue Kunden regelmäßig an und informieren über Neuigkeiten im Sortiment und individuelle Serviceleistungen, einige Kunden werden telefonisch oder auch per E-Mail über aktuelle Angebote informiert.

2.13.5 Werbekooperationen

Bei der Werbekooperation arbeiten rechtlich und wirtschaftlich selbständige Unternehmen zusammen, häufig wird der Begriff Kollektivwerbung dafür verwendet. Die Kooperation kann in horizontaler und in vertikaler Form erfolgen.

Horizontale Werbekooperation

Fallbeispiel
Die Fachmarktfiliale der Trinkmann GmbH in Herne befindet sich in einem Einkaufszentrum, alle dort ansässigen Einzelhandelsbetriebe sind Mitglied einer Werbegemeinschaft. Diese schaltet jeweils am Monatsanfang eine Zeitungsanzeige, um auf das Einkaufszentrum hinzuweisen.

Vertikale Werbekooperation

Fallbeispiel
Als Großhändler unterstützt die Trinkmann GmbH regelmäßig mit Werbekostenzuschüssen und vorgefertigtem Anzeigenlayout sowie Plakatentwürfen ihre Kunden, in erster Linie die Wiederverkäufer.

In direktem Bezug zur Werbung wird die Kooperation der werbenden Unternehmen auch anhand der jeweiligen Firmennennung bei den Werbeaktivitäten in **Sammelwerbung** und **Gemeinschaftswerbung** unterschieden.

Sammelwerbung

Fallbeispiel
Bei der Anzeigenwerbung für das Einkaufszentrum in H. werden alle beteiligten Unternehmen namentlich genannt und es erscheint ihr jeweiliges Firmenlogo.

Gemeinschaftswerbung

Fallbeispiel
Die Vereinigung der deutschen Bierbrauer führt eine Werbeaktion durch, wobei in Fernsehspots und Zeitungsanzeigen auf das deutsche Reinheitsgebot und die damit verbundene Qualität der deutschen Biersorten hingewiesen wird. Die einzelnen Brauerein werden nicht genannt.

Durch die Kooperation der Unternehmen kann eine effizientere Werbung erfolgen. So kann sich eher die Beauftragung einer Werbeagentur lohnen, die professionell eine Werbeaktion plant und die Durchführung begleitet. Auch der Einsatz von kostenaufwendigeren Werbemedien kann durch die Kooperation ermöglicht werden. Das Hauptargument für die Kooperation ist in jedem Fall eine günstigere Kostensituation für die entsprechenden Partner bei den gemeinsamen Werbeaktivitäten. Die Werbepartner profitieren aber auch gegenseitig von ihrer jeweiligen Stellung am Markt und dem damit verbundenen Image, welches sich auf alle Beteiligten auswirkt. Ebenso kann sich durch die Zusammenarbeit die Position am Markt stärken und festigen.

2.13.6 Werbeerfolgskontrolle

Im Anschluss an eine Werbeaktion ist es erforderlich eine Erfolgskontrolle durchzuführen. Es soll festgestellt werden, ob sich die beabsichtigte Wirkung, der Werbeerfolg, eingestellt hat und sich somit auch der Einsatz der Werbung generell, sowie insbesondere der Werbemedien und der finanziellen Mittel, gelohnt hat. Die Wirkung der Werbeaktion ist dabei

nicht immer leicht zu messen und zeitlich abzugrenzen, da verschiedene Faktoren aus dem Umfeld Einfluss nehmen können, so z.B. die Mitbewerber und deren Aktionen, die saisonalen Gegebenheiten, die Wetterlage, die allgemeine Wirtschaftslage etc.
Schon in der Planungsphase der Werbung sollte festgelegt werden wie und mit welchen Methoden im Anschluss an die Werbemaßnahme die Werbeerfolgskontrolle durchzuführen ist.

Die Art und Weise der Kontrolle orientiert sich in erster Linie an der grundlegenden Zielsetzung der Werbung, es kann somit in **ökonomische und vorökonomische Werbeerfolgskontrolle** unterschieden werden.

Ökonomische Werbeerfolgskontrolle
Der Erfolg der Werbung wird gemäß der Zielsetzung, die wirtschaftliche Situation des Unternehmens direkt zu verbessern, anhand von Kennzahlen gemessen und dargestellt wie z.B. Umsatzsteigerung, erzielter Deckungsbeitrag, Vergrößerung des Marktanteils usw.

Vorökonomische Werbeerfolgskontrolle
Hierbei ist die Vorgehensweise an rein kommunikativen Zielen orientiert wie z.B. der Steigerung des Bekanntheitsgrades oder der Verbesserung des Unternehmensimages. Eine Messung sowie Darstellung des Erfolges in Geldeinheiten ist also vorerst nicht möglich. Der Erfolg der Aktivitäten lässt sich in der Regel recht einfach ermitteln, so z.B. durch Befragungen, Beobachtungen oder Kundenfrequenzmessungen.

Methoden der Werbeerfolgskontrolle
- Feststellung der Umsatzentwicklung des Handelsunternehmens oder speziell der beworbenen Artikel bzw. Warengruppen anhand der Werte aus dem WWS durch vorher-nachher Vergleiche
- Berechnung des Durchschnittsumsatzes pro Kunde (Durchschnittsbon) anhand der Werte aus dem Kassensystem
- Auswertung der kurzfristigen Erfolgsrechnung, artikel- oder warengruppenbezogen. Hierbei erfolgt eine Analyse anhand genau erfasster Artikel- oder Warengruppenumsätze bzw. einzelner Deckungsbeiträge aus dem WWS
- Messung der Kundenfrequenz mit Hilfe von Zählmechanismen wie Lichtschranken oder Handzählgeräten, die eine Erfassung der potentiellen Kundenzahlen beim Betreten des Ladenlokals ermöglichen, oder anhand der nummerierten Kassenbons.
- Ermittlung und Vergleich der Marktanteile in einer Branche, in einem Warenbereich vor und nach der Werbung
- Durchführung von Befragungen am POS. Hier kann z.B. durch direkte Befragungen der Kunden nach dem Einkauf festgestellt werden, ob sie aufgrund der Werbung die Einkäufe getätigt haben.
- Ermittlung der Wirtschaftlichkeit anhand der Kosten einer Werbeaktion und des Umsatzzuwachses.
- Nutzung der **„Bu- Ba- W- Methode “** (Bestellung unter Bezugnahme auf Werbemittel). Hierbei wird z.B. ein Werbemittel mit einem Coupon oder Bestellformular versehen, eventuell zusätzlich mit einer Kennung der entsprechenden Aktion. Somit kann direkt festgestellt werden, ob der Kauf durch die Werbeaktion angestoßen wurde. Eine andere Variante dieses Verfahrens sieht lediglich die Erfassung der Kundenanfragen bezogen auf beworbene Artikel oder Warengruppen einer Werbekampagne vor, wenn im Geschäft nach den umworbenen Waren gesucht wird. Diese Vorgehensweise ermöglicht, den Erfolg der Werbung in Bezug zu den Werbekosten und den erzielten zusätzlichen Deckungsbeiträgen zu messen. Es handelt sich um eine relativ genaue Methode mit geringem Kostenaufwand, die sich leicht umsetzen lässt.

Fallbeispiel
Trinkmann schaltet eine Anzeige für einen neuen Sportdrink zu einem Sonderpreis von 9,80Euro pro 6-er Pack. Die Kosten für Gestaltung und Schaltung betragen 10.000 Euro
Es gehen 5.000 Bestellungen ein, der Gesamtumsatz hieraus beträgt 49.000 Euro.
Der Deckungsbeitrag beträgt 3 Euro pro Pack, insgesamt also 15.000 Euro.
Der Werbeerfolg beträgt also 5.000 Euro

Im Anschluss an eine Werbeerfolgskontrolle sollten die Ergebnisse genau analysiert und hinterfragt werden, um dadurch die Möglichkeit zu erschließen eine den Einsatz der Werbemedien und finanziellen Mittel zu optimieren. So wird bei Verfehlung des angestrebten Werbeziels die Frage beantwortet werden müssen: Was kann bei der nächsten Werbeaktion verbessert oder verändert werden? Somit stellt die Kontrolle auch immer die Grundlage für Entscheidungen über die künftigen Werbeaktionen dar.

2.14 Öffentlichkeitsarbeit (Public Relations)

2.14.1 Ziele und Zielgruppen der Public Relations

Öffentlichkeitsarbeit oder Public Relations hat das Ziel, für das Handelsunternehmen um Vertrauen zu werben, Verständnis, Akzeptanz und Glaubwürdigkeit in der Öffentlichkeit zu schaffen und den Bekanntheitsgrad des Unternehmens zu steigern.

Voraussetzungen für erfolgreiche Public Relations sind Offenheit und Ehrlichkeit. Wer mit der Öffentlichkeitsarbeit kurzfristig den Absatz ankurbeln oder einen Unternehmensfehler wie z.B. einen Umweltverstoß kaschieren will, der wird mittelfristig keinen Erfolg haben. Nur wer eine faire und offene Informationspolitik betreibt, kann auch in Krisenfällen mit einer fairen Berichterstattung rechnen.

Zielgruppen sind zunächst Kunden, die unmittelbar mit dem Unternehmen Kontakt haben und von denen eine starke Abhängigkeit besteht. Weitere Zielgruppen sind Partner, die ebenfalls für das Unternehmen eine besondere Bedeutung haben. Lieferanten, Vermieter, Mitbewerber, Banken, Investoren, Aktionäre, Stadt bzw. Gemeinde, Nachbarn usw. Außerdem wendet sich Public Relations an Multiplikatoren, die das Meinungsbild in der Öffentlichkeit gestalten wie z.B. die Medien, Interessengruppen wie z.B. die Gewerkschaft, Verbraucherorganisationen und Politiker. Schließlich aber sind es auch die eigenen Mitarbeiter, an die sich die Öffentlichkeitsarbeit richten muss. Denn sie sind auch als „Botschafter“ des Unternehmens gegenüber Dritten. So stellt eine verantwortungsbewusste Mitarbeiterführung auch eine gute Maßnahme der Werbung um öffentliches Vertrauen dar – und umgekehrt. Darüber hinaus wird das Sponsoring im Allgemeinen dem Bereich der Public Relations zugeordnet.

Vertrauen in Branchen unterschiedlich
Discounter vor Banken
Die Bundesbürger haben in Lebensmitteldiscounter ein höheres Vertrauen als in Banken. Dies ergab eine Umfrage des Marktforschungsinstituts GfK. Demnach konnten die Befragten acht Branchen auf einer Skala zwischen null („vertraue überhaupt nicht“) und fünf („vertraue voll und ganz“) benoten. Die Discounter erzielten dabei trotz Lebensmittelskandalen und Negativschlagzeilen um schlechte Entlohnung eine 3,3. Banken und Versicherungen kamen jeweils nur auf einen Wert von 2,1. Der Luftverkehr wurde mit 3,1 und Autohersteller mit 3,0 bewertet. Jeweils rund ein Sechstel der Befragten vertraut Firmen aus der Finanzbranche „überhaupt nicht“, während nur vier Prozent (Banken) beziehungsweise zwei Prozent (Versicherungen) sagen, sie vertrauten den Unternehmen „voll und ganz“.
Quelle: AFP

2.14.2 Externe Kommunikationsinstrumente der PR

Pressearbeit

Gerade mittelständische Unternehmen mit regionalem Kundenkreis müssen die Chance nutzen, trotz eines eingeschränkten Werbebudgets den Bekanntheitsgrad zu steigern. Dabei ist bei den Kunden meist die redaktionelle Erwähnung in den Medien glaubwürdiger als jede Anzeige.

Hierfür ist es notwendig, den Kontakt zu den Lokalredakteuren zu suchen und ihnen Pressemitteilungen zukommen zu lassen, die keine verblümten Werbeanzeigen sind, sondern informative Texte für den Zeitungsleser enthalten. Anlässe für Pressemitteilungen können sein: Firmenjubiläum, Ladenumbau, Eröffnungen neuer Filialen oder Abteilungen, Spenden, Kunstausstellungen in den Geschäftsräumen, sehr gute Prüfungsergebnisse der Auszubildenden, Begrüßung der neuen Auszubildenden oder auch außergewöhnliche

Verkaufsaktionen. Zusätzlich können bei bedeutenden Ereignissen Pressegespräche stattfinden.
Pressemitteilungen in überregionalen Zeitungen oder Fachzeitschriften wenden sich außer an die Kunden noch an Lieferanten und bei Großunternehmen an Aktionäre. Große Handelsunternehmen bieten auf ihrer Website einen Link für Journalisten an, unter dem weitere Informationen bereitstehen.

Lobbying
Durch persönliches Engagement der Unternehmer, des Vorstands bzw. der Geschäftsleitung in Verbänden, auf Fachtagungen als Redner, in der Politik und in Werbegemeinschaften lässt sich Vertrauen und Glaubwürdigkeit gewinnen und der Kontakt zu Multiplikatoren verbessern.

Öffentlichkeitsarbeit für den Handel wird auch in den Verbänden geleistet wie z.B. im Handelsverband Deutschland e.V. (HDE) oder dem Bundesverband des Deutschen Groß- und Außenhandels BGA e.V.. Hier werden die Interessen des Handels gegenüber der breiten Öffentlichkeit vertreten z.B. mit Pressearbeit, Veröffentlichung von Zahlen und Statistiken oder Politikberatung bei Gesetzesvorhaben. Ihre Presseportale werden von den Journalisten zur Recherche genutzt.

Sponsoring
Das Handelsunternehmen unterstützt mit Geld- und/oder Sachmitteln Personen und Organisationen. Dafür erwartet es die Nennung seines Namens auf Plakaten, Programmen, auf der Kleidung oder Ausrüstung. Wichtig ist dabei, dass die gesponserte Organisation bzw. Person ein positives Ansehen in der Öffentlichkeit besitzt, von dem profitiert werden kann. Doch hier liegt auch das Risiko des Sponsorings: Verliert der Gesponserte an Ansehen durch Verhaltensfehler oder außergewöhnliche Ereignisse, so wird der Vertrauensverlust auf den Sponsor übertragen.

Meist möchte das Handelsunternehmen den Namen des Unternehmens als Marke bekannt machen, den Bekanntheitsgrad steigern oder seinen Namen als Marke durch den Gesponserten erlebbar machen. Besonders wichtig ist daher Sponsoring für jene Betriebsformen, die ihre Ware innerhalb von Erlebniswelten präsentieren.

Sponsoring wird von den Handelsunternehmen in den Bereichen Sport, Kunst, Wissenschaft, Umwelt und Medien eingesetzt.

Das **Sportsponsoring** ist die älteste und meist verbreitete Form des Sponsorings. Gesponsert werden Sportler, Teams oder Veranstaltungen. Die Wahl der Sportart muss auf die Kundenzielgruppe/n abgestimmt werden. Große Handelsunternehmen können bedeutende Sportveranstaltungen wie z.B. Olympische Spiele oder Weltmeisterschaften unterstützen. Dabei profitieren sie von der flächendeckenden Medien-Berichterstattung und dem positiven Image der Sportveranstaltung. Olympische Spiele und Fußballwelt- und Europameisterschaften haben sich in der Vergangenheit immer wieder zu Festen entwickelt, bei denen nicht nur die sportlichen Leistungen im Vordergrund standen, sondern ebenso sympathische Sportler, kleine menschliche Ereignisse, die die Zuschauer gern haben, von denen in den Medien ausführlich berichtet wird. Werte wie Fairness, Leistungswille und Dynamik können auf den Sponsor übertragen werden. Auch Massensportveranstaltungen wie die großen Marathonläufe (z.B. der real - Berlin – Marathon) sind ohne Sponsoren heute undenkbar.

Auch kleine Unternehmen können sich im Sportsponsoring engagieren: z.B. durch die Organisation eines Turniers oder eine Unterstützung der Jugendmannschaft des örtlichen Sportvereins.

Beim **Sponsoring von Kultur, Wissenschaft, Ökologie und Sozialem** steht die Verstärkung des Images im Vordergrund: Gesellschaftspolitisches Engagement sollen das Ansehen des Unternehmens verstärken. Gerade hier aber ist es entscheidend, dass das Unternehmen auch in seinem täglichen Geschäft dem Anspruch an Glaubwürdigkeit entspricht.

Beim **Kultursponsoring** fördern Unternehmen einzelne Künstler, Theater, Filme oder Musikveranstaltungen. Auch hier ist wieder wichtig, dass die Art des Kultursponsorings mit der Kundenzielgruppe harmoniert und das Unternehmen auch die künstlerische Auseinandersetzung mit dem Gesponserten sucht.

Sozialsponsoring nimmt zu: Das Unternehmen möchte sich sozialverantwortlich darstellen, und zeigen dass es das seine gesellschaftliche Rolle bewusst wahrnimmt. Mittlerweile gibt es Agenturen, die die Unternehmen mit Stiftungen, Vereinen und Projekten zusammenführt.

Beim **Mediensponsoring** fördert das Handelsunternehmen Medienangebote wie z.B. Fernsehübertragungen, Serien, Radiobeiträge oder Internetangebote. Als Gegenleistung wird vor und nach der Sendung das Logo des Unternehmens eingeblendet, der Name des Unternehmens genannt. Hier ist die Erwartung auf Steigerung des Bekanntheitsgrades am stärksten. Diese Art des Sponsoring hat auch zugleich die größte Nähe zur Werbung.

Kundenzeitschrift

Die Anzahl der Kundenzeitschriften wird auf 3.600 geschätzt, von der „Apotheken Umschau“ als auflagenstarker Zeitung bis zum Weihnachtskatalog. Dabei können sich Kundenzeitschriften an den Endverbraucher richten, wie im Einzelhandel, und an den Geschäftskunden, wie im Großhandel. Die Kundenzeitschrift kann vom Unternehmen allein herausgegeben werden oder in Kooperation mit anderen Unternehmen einer Branche, eines Einkaufszentrums, der Einkaufskooperation oder dem Franchisegeber. Kundenzeitungen sind Service oder Zugabe zum Kauf. Mit erfolgreichen Kundenzeitschriften, die regelmäßig und in kurzen Abständen erscheinen, kann der Kunde an das Unternehmen gebunden werden. Inhalte der Kundenzeitschriften sind:

- Warenkunde, Vorstellung neuer Artikel, Vorschläge für deren Verwendung wie z.B. Kochrezepte, Heimwerkertipps, Kombinationsvorschläge bei Oberbekleidung, Testberichte
- Neuigkeiten aus dem Unternehmen
- Eventkalender

- Journalistische Berichte entsprechend den Neigungen der Zielgruppe
- Preisrätsel
- Leserbriefe
- Fernsehprogramm
- Anzeigen der Lieferanten

alverde Kundenmagazin

Mit dem kostenlosen Kundenmagazin alverde möchte dm-drogerie markt seine Kunden jeden Monat kompetent informieren und ihnen Informationen aus den Bereichen Gesundheit, Schönheit, Wellness, Baby und Foto bieten. Interviews mit interessanten Zeitgenossen sowie Neuigkeiten über das Unternehmen dm runden das Leseangebot ab.

2.14.3 Interne Kommunikationsinstrumente der PR

Die eigenen Mitarbeiter sind eine besonders wichtige Zielgruppe für Public Relations. Ihre Aussagen gegenüber Dritten über das eigene Unternehmen gelten als glaubwürdig –denn „die müssen es ja wissen". Identifikation mit dem Unternehmen, Zufriedenheit und Motivation sind deshalb auch ein Ziel der PR. Zufriedene Mitarbeiter treten entspannt und aufgeschlossen gegenüber den Kunden auf. Diese wiederum spüren ein positives Betriebsklima. Instrumente sind z.B.

- Betriebliches Vorschlagswesen, Quality Circles, Betriebssport, Auszeichnungen und Incentives für Mitarbeiter wie z.B. für prüfungsbeste Auszubildende, für umsatzstärkste Mitarbeiter
- Hauseigene Medien wie Mitarbeiterzeitschriften, Mitarbeiterbriefe, schwarzes Brett, Hausmessen, Intranet, Firmendokumentationen für neue Mitarbeiter
- Jede Art von Information wie Betriebsversammlungen, regelmäßige Mitarbeiterbesprechungen, Betriebsfeste und -ausflüge, Weiterbildungsprogramme
- Persönliche Aufmerksamkeit und Wertschätzung durch Geschenke zum Geburtstag, Hochzeit, Jubiläumsfeiern, Verabschiedungen bei Pensionierung, Pensionärstreffen

2.14.4 PR im Krisenfall

Immer wieder berichteten die Medien - oft in spektakulärer Aufmachung – über Ereignisse im Handel: z.B. Manipulation am Verfalldatum, Rückrufaktion von Produkten, schlechte Arbeitsbedingungen und Datenmissbrauch bei einzelnen Unternehmen. Diese Berichterstattung kann dem Ruf und Image eines Unternehmens über einen langen Zeitraum erheblichen Schaden zufügen. Unter großem Aufwand muss nun in der Zukunft mühsam das Vertrauen der Kunden wieder zurück gewonnen werden. Dabei ist es oft unerheblich, ob die Berichterstattung der Wahrheit entspricht. Richtigstellungen werden nicht in dem Maß wahrgenommen wie die Erstveröffentlichung. Außerdem denkt der Kunde oft: „Etwas ist bestimmt daran ...". Deshalb ist es wichtig, dass ein Handelsunternehmen ein Konzept entwickelt, wie es in Krisensituationen reagiert. Solche imageschädigenden Berichte können auch kleine und mittlere Unternehmen treffen wie z.B. Nachrichten über Kündigungen, über Baumaßnahmen, die nicht die Akzeptanz der Bürger finden.

Deshalb ist es grundsätzlich von Vorteil, wenn Unternehmen mit Pressevertretern, je nach Größe des Unternehmens, einen regelmäßigen offenen Kontakt pflegen, ihre Redakteure kennen und mit ihnen in Verbindung stehen. Telefonate, Gespräche, Treffen auf Tagungen, Verbandssitzungen, Messen, ein aktuelles Presseportal auf der Homepage und Pressegespräche bzw. Pressemitteilungen sind Instrumente hierzu. Diese Beziehungen müssen auf Vertrauen basieren, die Pressevertreter dürfen nicht den Eindruck gewinnen, dass sie zu Werbezwecken missbraucht werden.

Innerhalb eines Workshops oder einer Projektgruppe sollten in einem Unternehmen potenzielle Krisensituationen aus allen Bereichen des Handelsunternehmens durchdacht werden. Hier eine kleine Auswahl von möglichen Überlegungen:

- Wie sind die Einkaufsaufträge mit ausländischen Lieferanten gestaltet? Verpflichten wir unsere Lieferanten zur Einhaltung von sozialen und ökologischen Standards? Sind Kontrollen in ausreichendem Maß möglich?
- Gibt es Artikel im Sortiment, die möglicherweise gesundheitliche Risiken nach sich ziehen können?
- Sind Maßnahmen geplant, die in der Öffentlichkeit der Stadt, der Gemeinde den Widerstand herausfordern wie z.B. Erweiterungen, Veränderungen der Fassade, Grundstückskäufe oder -verkäufe?
- Gibt das persönliche Umfeld und Verhalten der Geschäftsleitung Anlass für Gerüchte wie z.B. Ehekrisen, Schulden, Unfälle mit Personenschaden, Steuervergehen?
- Ist das Unternehmen in einer momentanen „Schieflage“ und kann kein Skonto in Anspruch nehmen, kann es Zahlungsziele eventuell nicht einhalten?
- Sind innerhalb der Personalplanung Maßnahmen geplant, die zu arbeitsrechtlichen Auseinandersetzungen führen können?

Dabei ist schon zu erkennen, dass im Unternehmen eine offene Kommunikation zwischen Führungskräften und Mitarbeitern vorhanden sein muss, um diese möglichen Krisensituation bereits im Vorfeld zu spüren. Für alle möglichen kritischen Situationen werden Maßnahmen festgelegt, die ergriffen werden müssen z.B. gegenüber der Presse, Vertretern der Politik und Verwaltung, den Kunden und Lieferanten. Die Maßnahmen werden in einem Krisenhandbuch festgehalten, Internetseiten und Pressemitteilungen werden bereits vorbereitet.

Im Krisenfall muss das vorhandene Material der aktuellen Situation schnell angepasst werden. Die Geschäftsleitung kann sich darauf konzentrieren, gegenüber der Öffentlichkeit und den Mitarbeitern Stellung zu beziehen. Dabei ist eine rückhaltlose offene Informationspolitik immer von Vorteil. Sie fällt aber umso weniger schwer, je sorgfältiger zuvor der dauerhafte Kontakt gepflegt wurde.

Nach der Krise muss das Unternehmen diese Problemsituation als Chance nutzen. Die in der Vergangenheit geplanten Maßnahmen des Krisenmanagements, die ja nur eingeschätzt werden konnten, werden jetzt aus den Erfahrungen heraus korrigiert. Vielleicht gibt es Erkenntnisse, wie sich in Zukunft ähnliche Probleme vermeiden lassen. Sollte ein Vertrauensverlust stattgefunden haben, so müssen schnell Maßnahmen zur Wiedergewinnung eingeleitet werden.

2.15 Zusammenwirken der Marketinginstrumente

2.15.1 Einsatzmöglichkeiten des Marketing-Mix

Ein Handelsunternehmen wird meist mehrere Marketinginstrumente gleichzeitig einsetzen. Oft steht ein Marketinginstrument im Vordergrund, abhängig z.B. von der Branche, der Betriebsform, der Konkurrenz und den Kundenzielgruppen. Dieses Instrument bestimmt dann den Gebrauch von weiteren Instrumenten, die unterstützend und verstärkend wirken sollen. Dieser gleichzeitige und koordinierte Einsatz von Marketinginstrumenten wird als Marketing-Mix bezeichnet. Mehrere absatzpolitische Instrumente werden ausgewählt und ihre Kombination koordiniert, die finanziellen Ressourcen im Marketingbudget aufgeteilt.
Die konkrete Kombination der absatzpolitischen Instrumente ist im Folgenden am Beispiel der Betriebsformen im Einzelhandel und der Trinkmann GmbH dargestellt:

Marketing-Mix am Beispiel der Betriebsformen im Einzelhandel

Betriebsform	**Standortmarketing**	**Sortimentssteuerung**	**Servicepolitik**	**Verkaufskonzepte**	**Preispolitik**	**Werbung und Verkaufsförderung**
Fachgeschäft	City-Lage, Geschäftszentren Wohngebiete	**bestimmendes Instrument**: in jedem Fall tiefes Sortiment; Kern-, Rand- und Spitzensortiment; Schwerpunkt in den Preislagen Mitte bis oben; hoher Anteil an **Markenartikeln**	**wichtiges Instrument**, auf das Sortiment abgestimmt	Bedienung oder Vorwahl; E-Commerce	passive oder offensive Preispolitik	Verkaufsförderung bestimmend: hochwertige Geschäftsausstattung, Warenpräsentation, Schaufenster und Deko-Flächen, Events und Aktionen PR: persönliche Repräsentanz durch den Unternehmer, die Geschäftsleitung
Kaufhaus	City-Lage außer bei Möbeln	**bestimmendes Instrument**: in einer oder mehreren Branchen breites und tiefes Sortiment; Kern-, Rand-, Spitzen- und Neuheitensortiment; Preislagen unten bis exklusiv; hoher Anteil an **Markenartikeln, Handelsmarken**	auf das Sortiment abgestimmt, Kundenkarte, Gastronomie	Bedienung und Vorwahl; E-Commerce	passive oder offensive Preispolitik, Sonderangebote	wichtige Werbemittel: Anzeige und Beilage; **Verkaufsförderung** bestimmendes Instrument, das Erlebnisorientierung unterstützt, Events und Aktionen; PR durch Geschäftsleitung und Mitgliedschaften in Vereinen; regionales Sponsoring; Corporate Identity
Fachmarkt	„Grüne Wiese" oder Gewerbezentren, Parkplätze ebenerdig	in einer oder mehreren Branchen breites und tiefes Sortiment; ständige Präsenz des Kernsortiments wichtig; oft bedarfs-, bedürfnis- oder zielgruppenorientiert; Schwerpunkt der Preislagen Mitte; hoher Anteil von **Marken-** und **Handelsmarken**	Serviceleistungen können angeboten werden, auf das Sortiment abgestimmt	Selbstbedienung und Vorwahl; Electronic Commerce;	**wichtige Instrumente**: offensive oder aggressive Preispolitik; Rückwärtskalkulation; Preislinien; Schlüssel- und Leitartikel; **Sonderangebote** und **Dauerniedrigpreise** Preisdifferenzierung, Rabattpolitik	wichtige Instrumente, auf die Preispolitik abgestimmt: wichtige Werbemittel sind **Anzeige** und **Beilage**; Verkaufsförderung **Platzierung** und Aktionen; Sponsoring von Sportlern und Sportveranstaltungen Corporate

						Identity
Warenhaus	1a-City-Lage	**bestimmendes Instrument**: innerhalb vieler Branchen breites und oft tiefes Sortiment; Kern-, Rand-, Saison-, Neuheiten-, oft auch Spitzen- und Ramschsortiment; Preislagenschwerpunkt Mitte, hoher Anteil an **Markenartikeln** und **Handelsmarken**	auf das Sortiment abgestimmt, Gastronomie, Reisebüro, Geldautomaten	Bedienung, Vorwahl und Selbstbedienung; hohe Investitionen in E-Commerce, Tele-selling	offensive Preispolitik; Preislinien, Schlüssel- und Leitartikel, Sonderangebote, Preisdifferenzierung; **Rabattpolitik mit der Kunden-karte**	alle Instrumente der Kommunikationspolitik sind **wichtig** und werden eingesetzt
SB-Warenhaus	„Grüne Wiese" und Gewerbezentren, Parkplätze	ca. 60% Food-Anteil; breites und im Food-Bereich tiefes Sortiment; Kernsortiment bestimmend; Preislagen billig bis Mitte; im Food-Bereich hoher Anteil von **Markenartikeln**, **Handelsmarken**, No-Name-Artikel	nicht von Bedeutung	Bedienung, Vorwahl, vorwiegend Selbstbedienung	**bedeutendes Instrument**: offensive oder aggressive Preispolitik; nur Rückwärts- und Mischkalkulation; wichtig sind **Preisschwellen**, die Auswahl von **Schlüsselartikeln**, **Sonderangebote** und **Dauerniedrigstpreise**, auch unter Einstandspreisen	Werbung und Verkaufsförderung auf die Preispolitik abgestimmt
Verbrauchermarkt	wie SB-Warenhaus, auch in Geschäfts-zentren Wohngebieten	höherer Food-Anteil als im SB-Warenhaus, ansonsten wie SB-Warenhaus		wie SB-Warenhaus	wie SB-Warenhaus	wie SB-Warenhaus
Supermarkt	Wohngebiete	hoher Food-Anteil, hier breites und tiefes Sortiment; Kern-, Randsortiment; großes Angebot von **Frische-Artikeln**	auf Kunden abgestimmt	Vorwiegend Selbstbedienung	passive oder offensive Preispolitik; **Sonderangebote**	wichtige Werbemittel sind Anzeigen, Handzettel
Discounter	Geschäfts-zentren Wohngebiete	**Lagerumschlagshäufigkeit** entscheidender Faktor, Markenartikel als **Sonderangebote**, Handelsmarken zu **Dauerniedrigpreisen**, No-name-Artikel und Me-too-Artikel	Instrument wird nicht eingesetzt außer großzügiger Umtausch, ggf. Bezahlung mit EC-Karte	Selbstbedienung	**bestimmendes Instrument**: aggressive Preispolitik; Rückwärtskalkulation; besonders wichtig **Preisschwellen**, **Dauerniedrigpreise** und **Sonderangebote**; auch unter Einstandspreisen E-Commerce	wichtigstes Werbemittel: **Anzeigen** immer am gleichen Wochentag, Beilage in der Verbraucherzeitung, Vorankündigung der nächsten Werbung
Convenience Store	Tankstellenshops, Kioske und Bahnhofsmärkte	breites Sortiment, Artikel des täglichen Bedarfs	Gastronomischer Service, keine Ladenschlusszeiten	Selbstbedienung	passive Preispolitik, hohes Preisniveau	kein wichtiges Instrument

Marketing-Mix der Trinkmann GmbH

	Sortimentsgroßhandel	Fachmärkte
Allgemeine Zielsetzung	• Marktführerschaft ausbauen • Franchise-Geber werden, um Kundenbindung zu verstärken und Umsätze zu sichern	• Marktführerschaft an allen Standorten erreichen • mittelfristig 20 Fachmärkte • Bekanntheitsgrad in der Region steigern
Standortpolitik		in einem Radius von 50 km um die Zentrale in Versorgungszentren, mindestens 850 qm und 20 Parkplätze
Sortimentspolitik **wichtigstes Instrument**, das andere Instrumente bestimmt	innerhalb aller Warengruppen tiefes Sortiment in allen Preislagen; **Markenartikel**, **Neuheitensortiment** von Bedeutung, langfristig Aufbau einer Handelsmarke	innerhalb der Warengruppen alkoholfreie Getränke, Bier tiefes Sortiment in allen Preislagen; in den Warengruppen Wein, Schaumwein, Whisky, Liköre eher flaches Sortiment, je nach Trend auch tief, Schnäpse und Branntweine stets tief **Kernsortiment: Getränke** **Randsortiment**: Salzgebäck, Süßigkeiten, Gläser **Saisonsortiment**: z.B. zu Weihnachten Glühwein **Neuheitensortiment** von Bedeutung, material- und herkunftsorientiert, zu Aktionen bedarfsorientiert, **Markenartikel** hoher Anteil
Servicepolitik Im Großhandel neben der Sortimentspolitik ein **wichtiges Instrument,** auch im Einzelhandel von Bedeutung	Produktinformationen, Schulung für die Mitarbeiter der Kunden, Verkostungen, Kommissionierung, Transport, 24-Stunden-Lieferservice; Kundenbesuche, Incentives für die Gastronomen, Maklerdienste, Verpachtungen, Beratung der Gastronomie und Kantinenpächter, Organisation von Events	Verkostungen, Lieferservice entgeltlich; Verleihen von Zapfanlagen, Gläsern, Festzeltgarnituren entgeltlich; Kommissionsware unentgeltlich; Akzeptanz von EC
Preispolitik im Einzelhandel neben der Sortimentspolitik das **wichtigste Instrument**	offensive Preispolitik, Preisdifferenzierung nach Kunden, Konditionenpolitik Chefsache	**offensive Preispolitik** in der Warengruppe Wein, Sekt, Spirituosen; bei nicht alkoholischen Getränken und Bier **aggressive Preispolitik** **Preislinien**, **Schlüssel**- und **Leitartikel**; im Eingangsbereich und vor dem Markt **Sonderangebote;** regionale Preisdifferenzierung nach Mitbewerbersituation
Kommunikationspolitik zur Unterstützung der wichtigen Instrumente	Werbemittel enthalten immer eine Aussage zum Sortiment oder/und Service, Etat ist aufgeteilt in Werbung, Sponsoring und Verkaufsförderung; branchenüblicher Etat: Außendienstpromotion, Unterstützung der Kunden durch Händlerpromotion, bei PR Mittelpunkt Geschäftsführer Marco Trinkmann selbst durch sein Engagement in Verbänden, Vereinen und Politik, durch Kontakte zu den wichtigsten Partnern der Gastronomie und des Handels, zur Presse und Vertretern der Stadt	Preis und Sortiment werden mit Handzetteln, in Anzeigen in Verbraucherzeitungen beworben, in der Verkaufsförderung hervorgehoben; höherer Etat als branchenüblich, um die Marktposition zu verbessern; Verbraucherpromotion: Einsatz von Propagandisten, Laufweggestaltung, Platzierung wichtig; Aktionen und Events; am Kassenbereich und vor dem Fachmarkt Sonderangebotszone
Verkaufskonzepte	Betreuung der Kunden durch Innen- und Außendienst; nur direkte Absatzwege; Franchise-Angebote geplant; B2B im Aufbau, um schnellste Auftragsabwicklung zu gewährleisten	grundsätzlich Selbstbedienung, bei Weinen, Spirituosen Vorwahl; Online-Shop im Aufbau

2.15.2 Customer Relationship Management (CRM)

Customer Relationship Management oder **Kundenbeziehungsmanagement** umfasst alle Maßnahmen des Handelsunternehmens, die dazu dienen, den Kunden besser kennen zu lernen, Daten über ihn zu sammeln, diese zu bewerten und mit Hilfe eines gezielten Einsatzes der geeigneten Absatzinstrumente den Kunden an das Unternehmen zu binden. Dabei werden alle kundenbezogenen Vorgänge aus allen Unternehmensbereichen wie z.B. dem Marketing, dem Vertrieb, dem Kundenservice zusammengefasst und optimiert. Dadurch soll der Umsatz und Ertrag mit dem Kunden gesteigert werden. Außerdem kann sich durch eine gute Kundenorientierung das Handelsunternehmen von den Mitbewerbern abheben.

CRM ist ein ganzheitlicher Ansatz zur Unternehmensführung, der nicht das Produkt sondern den Kunden in den Mittelpunkt stellt. Es strebt eine permanente Verbesserung der Kundenprozesse mit Hilfe einer Database. Mit der Umsatzstagnation Anfang der 90er Jahre gewann CRM erheblich an Bedeutung.

Wichtig bei CRM ist es, den Kunden kennen zu lernen. Der Verkäufer muss wissen, wie der Kunde „tickt", um auf ihn eingehen zu können. Daher muss das Unternehmen zunächst Daten über die Kunden sammeln. Stammdaten sind Name, Anschrift, Telefon und E-Mail, Geburtsdatum, Familienstand usw.. Bewegungsdaten können sich auf die Art der Kontakte beziehen wie z.B. Vertriebs- bzw. Verkaufsmitarbeiter, persönlicher Verkauf oder telefonisch, per Mail, B-2-C und auf die eigentlichen Kaufdaten wie Artikel, Umsatzsumme, Kaufdatum, Marken, Bonität, Zahlungsweise, Reklamationen usw. Im Einzelhandel werden diese Daten oft über die Kundenkarte gesammelt. Unabhängig von der Datenerhebung ist es wichtig, dass das Unternehmen datenschutzrechtliche Bestimmungen beachtet, vor allem gegenüber dem Endverbraucher. Dies verlangt der Gesetzgeber, darüber hinaus könnte durch Nichtbefolgung das Verhältnis zwischen Kunden und Unternehmen nachteilig belastet werden.

Die Kundendaten werden dann analysiert, Kundenprofile entstehen. Diese dienen der Marktsegmentierung: So können Zielgruppen festgelegt werden, für die ein spezieller Marketing-Mix entwickelt wird. Kommunikationsmöglichkeiten mit den Kunden werden verstärkt, reduziert oder neu aufgenommen wie z.B. Nachfassaktionen, Beschwerdemanagement, Direct-Mail-Aktionen, Kundenclubs. Dem Kunden wird jetzt ein auf ihn abgestimmtes Leistungspaket angeboten, das seinen Wünschen und Erwartungen entspricht.

Fallbeispiel:

Marketing-Mix für die Kunden der Fachmärkte: 16 – 25 Jahre, ledig, männlich und weiblich, Schüler, Studenten, Auszubildende, Berufsanfänger, geringes Einkommen, doch Geld zur Verfügung, da noch im Elternhaus gewohnt wird; Einkäufe beziehen sich auf Party-Einladungen, Treffen mit Freunden, Vereinsfeste

Sortiment	*Bier-Mix-Getränke, spanischer Sekt, Kunststoff- bzw. Pappgeschirr, Salzgebäck und Süßigkeiten, Putzmittel, Partydekoration, Holzkohle*
Preis	*mittleres Preisniveau*
Werbemittel	*der Jahreszeit entsprechend: z.B. zu den Abiturfeiern werden **Handzettel** verteilt in möglichen Feier-Lokalitäten, vor Schulen, am „Schwarzen Brett"* *Direct-Mail vor Vereinsfesten, besondere Geburtstage wie z.B. 18., Gewährung eines Sonderrabatts von 3%*
Verkaufsförderung	*Platzierung zu diesen Zeiten auf Sonderfläche bedarfsorientiert*

Service	*Bier-Mix-Getränke und spanischer Sekt immer gekühlt vorrätig* *Bierzeltgarnituren, Bistrotische zum Leihen* *Anlieferung zu Selbstkosten* *Partyhotline von Freitag 20.00 bis Samstag 24.00: Lieferung von Getränken, in Kooperation mit einem Metzger Grillfleisch, Salzgebäck, Kostenberechnung nach Entfernungskilometer, ertragsorientiert kalkuliert*

2.16 E-Commerce und E-Business

2.16.1 Geschäftsprozesse und Geschäftsmodelle im Online-Vertrieb

Innerhalb des Marketings ist E-Commerce dem Bereich der Distributionspolitik zuzuordnen. Grundidee ist, dass Käufer und Verkäufer von Waren und Dienstleistungen über das Internet kommunizieren. Je nach den Teilnehmern des Geschäftsprozesses lassen sich folgende Modelle unterscheiden:

- C2C = Consumer-to-Consumer
  Hier verkaufen Konsumenten untereinander, z.B. über Auktionsplätze wie Ebay.
- B2C = Business-to-Consumer
  Hier verkaufen Unternehmen ihre Waren bzw. Dienstleistungen an die Konsumenten, z.B. über Online-Shops.
- B2B = Business-to-Business
  Hier gehen Unternehmen mit anderen Unternehmen eine elektronische Geschäftsbeziehung ein.

Über 30 Millionen Deutsche zwischen 14 und 69 kaufen zwischenzeitlich Waren und Dienstleistungen im Internet und in jedem Jahr kommen ca. 5% dazu. Über die Hälfte der Onlinekäufer bezieht Bücher, Bekleidung folgt auf dem 2. Platz, danach folgen Veranstaltungs-Tickets, Tonträger und Hotelbuchungen.

Die beliebtesten Online-Shops

Ebay.de	20,3 Millionen Käufer
Amazon.de	19,4
Otto.de	7,7
Weltbild.de	5,9
Tchibo.de	5,6

Online-Kunden schätzen die große Auswahl an Ware, die guten Möglichkeiten des schnellen Preisvergleichs und die sofortige Information über die Warenverfügbarkeit. Nachteilig empfinden die Kunden, dass sie die Qualität der Ware nicht überprüfen können und sie unsicher sind über Garantieleistungen und Kulanz sowie über den Zahlungsvorgang. Daher haben schon viele Kunden entschieden, dass sie „sowohl als auch" **stationär und online** einkaufen. Bei jedem fünften Kauf nutzen die Kunden vorher die Informationsquelle Internet. Dabei haben die Seiten des Handels die größte Bedeutung bei der Vorab-Information, gefolgt von den Seiten der Hersteller und dem Marktplatz E-Bay. Durch die immer größere Fülle von Angeboten werden in Zukunft Preisvergleichs- und Verbraucherplattformen noch zunehmen. So wird es für den traditionellen Handel (Groß- und Einzelhandel) immer wichtiger einen **Online-Shop** als zusätzlichen Vertriebs- und Kommunikationskanal zu führen. Es ist davon auszugehen, dass die Kunden Multi-Channel-Anbieter bevorzugen:

- Sie informieren sich vorab über den Online-Shop und kaufen dann im Ladengeschäft oder bestellen telefonisch oder per Email im Handel.
- Sie informieren sich zunächst im Ladengeschäft, schauen die Ware an, lassen sich beraten, prüfen die Angebote der Mitbewerber und bestellen dann zuhause online.
- Im Großhandel kann es sein, dass der Kunde – vor allem im Handwerk oder Gastronomie – abends im Online-Shop bestellt und morgens die Ware persönlich abholt. Beim Endverbraucher ist dies noch kein üblicher Vorgang.

Traut sich ein Handelsunternehmen nicht zu, allein ein Online-Angebot anzubieten oder sucht es weitere Absatzwege im Internet, kann es sich einer virtuellen Plattform anschließen, auf der Käufer und Verkäufer Waren und Dienstleistungen austauschen können. **Elektronische Marktplätze** lassen sich unterscheiden:

Vertikale Marktplätze sind branchenspezifisch, vergleichbar mit einem Sortimentsgroßhandel bzw. mit einem Fachgeschäft oder Kaufhaus.
Beispiel: ieQ.de ist der bundesweit größte Online-Shop für Haushalts- und Elektrowaren, der Elektrofachbetriebe als Servicepartner auf seiner Plattform integriert.

Horizontale Marktplätze hingegen sind branchenübergreifend, vergleichbar mit einem Shopping Center, z.B. amazon.de.
Neben den genannten elektronischen Marktplätzen gibt es noch Plattformen für Auktionen und Versteigerungen wie z.B. eBay oder solche mit variablen Werten wie eine Börse.

Es scheint, dass es für viele Handelsunternehmen unerlässlich wird, ihr Angebot online zu offerieren; trotzdem muss sich das Unternehmen auch über die Risiken klar werden. Die Internetpräsenz führt zu einer sehr hohen Preistransparenz, die den ohnehin schon starken Druck vor allem auf die beratungsintensiven Betriebsformen verstärkt.

Ein ganz neues Feld ist das **Web 2.0.** Mit dem Begriff Web 2.0 werden verschiedenste Formen zusammengefasst, bei denen der Internetnutzer aktiv mitgestalten kann. Zusätzlich können die
Nutzer noch untereinander vernetzt werden und direkt miteinander kommunizieren. So wird Web 2.0 auch „Mitmach-Web" genannt. Zum Web 2.0 werden z.B. zugeordnet:

- Wikipedia: Webseiten werden von Benutzer frei erstellt und überarbeitet, vergleichbar mit einem Lexikon.
- Weblog: Nutzer führen Tagebuch im Internet, andere Nutzer können dies kommentieren.
- Podcast: Hier können Audio- und Videodateien veröffentlich werden wie z.B. bei YouTube.
- Soziale Netzwerke: Sie ermöglichen den Nutzern, ein Profil zu erstellen und Kontakte herzustellen und zu verwalten. Die bekanntesten sind Facebook, SchülerVZ, StudiVZ und Xing.

Facebook, YouTube, Wikipedia, Twitter und Blogger gehören zu den zehn meistbesuchtesten Websites weltweit.

Auf Grund dieser großen Verbreitung muss der Handel prüfen, wie er Web 2.0 nutzen kann. Schon allein durch die Bewertungsforen erhält das Handelsunternehmen wertvolle Informationen, doch sie bergen auch Gefahren. Wie schnell können falsche Informationen über die Netzwerke verbreitet werden. Daher ist es für große Handelsunternehmen wichtig, die verschiedenen Plattformen - möglicherweise mit Hilfe einer Agentur - zu beobachten, um direkt darauf ehrlich und offen zu reagieren. Außerdem muss überlegt werden, ob auf der eigenen Website nicht den Kunden die Möglichkeit geboten wird, sich mit anderen Kunden auszutauschen.

2.16.2 Instrumente der Kundenbindung im Internet

Früher war es möglich, dass im serviceorientierten Handel der Mitarbeiter seine Kunden genau kannte, mit seinen Vorlieben und Interessen sowie seiner wirtschaftlichen und gesellschaftlichen Situation. Diese besondere Nähe und Vertrautheit zum Kunden war der Wettbewerbsvorteil gegenüber den großen Handelsunternehmen, bei denen der Kunde in der Anonymität blieb. Das ist heute nicht mehr so. Mit Hilfe von CRM können auch große Unternehmen detaillierte Kenntnisse über ihre Kunden erhalten und sie ganz individuell ansprechen. Daher ist es auch für den mittelständischen Handel wichtig, neben der direkten persönliche Betreuung seiner Kunden ein professionelles Customer-Relationship Management zu pflegen.

Elektronische Instrumente von CRM sind:
Web-Site: Die Website ist die Visitenkarte des Unternehmen. Hier erhält der Kunde seine ersten Informationen zum Sortiment, zum Unternehmen, eine Anfahrtsskizze. Außerdem hat er die Möglichkeiten, über die Web-Site Kontakt aufzunehmen. Wichtig ist, dass hier sehr schnell reagiert wird und der Kunde innerhalb kürzester Zeit Antwort erhält. Im Blog können die Kunden Bewertungen vornehmen und hierüber direkt miteinander kommunizieren.
Download-Bereich: Handelsunternehmen können als Service Dateien zur Verfügung stellen, die der Kunde auf seinem Rechner nutzen kann wie z.B. Fotobearbeitungssoftware, Musikdownloads.
FAQ-Bereich: FAQ – frequently asked questions, häufig gestellte Fragen. Hier kann der Kunde sich informieren und das Handelsunternehmen wird von Standardfragen entlastet.
E-Mail: Das Handelsunternehmen sendet an die Kunden E-Mails, die abgestimmt durch CRM individualisierte spezielle Angebote enthalten. Je mehr Kunden mit der selben Mail angeschrieben werden, um so höher ist die Gefahr, dass das Mail sofort als Spam gelöscht wird. Zu beachten sind hier obendrein die wettbewerbsrechtlichen Beschränkungen der Werbung gegenüber Letztverbrauchern.
Newsletter: Oftmals wird ein Newsletter von den Internet-Nutzern schon vor dem ersten Einkauf abonniert, um über Neuigkeiten, Angebote usw. der entsprechenden Internetseite informiert zu werden.

2.17 Marketingcontrolling

2.17.1 Planungs- und Kontrollsysteme innerhalb einer Unternehmung

In einem Handelsunternehmen hat das Controlling des Marketingbereichs eine besondere Bedeutung. Der Bereich ist beteiligt an der Entwicklung und Modifizierung von Strategien sowie der Abstimmung über Planzahlen, bei der Kontrolle der Plandaten der Vergangenheit im Soll-Ist-Vergleich und bei der Analyse von Abweichungen. Das Controlling sammelt interne und externe Daten der Marktforschungsunternehmen, die es auswertet und aufbereitet. Die Auswertungen sind oft schwierig, da es häufig um nichtökonomische Daten geht.

Strategisches Marketingcontrolling

Beim strategischen Marketingcontrolling werden interne und externe Daten ausgewertet, um rechtzeitig Veränderungen im Unternehmen sowie auf dem Absatzmarkt zu erkennen. Zusätzlich hat das Controlling die Aufgabe, die einzelnen Absatzinstrumente zu koordinieren. Folgende Methoden und Instrumente werden eingesetzt:

Produktlebenszyklus

Jeder Artikel bzw. Artikelgruppe durchläuft die gleichen Phasen. Innerhalb des Controllings wird die Phasenentwicklung rechtzeitig erkannt, um notwendige Maßnahmen für den Artikel zu ergreifen. Dabei werden die Marketinginstrumente Sortiments-, Preis- und Kommunikationspolitik aufeinander abgestimmt. Die Phasen des Produktlebenszyklus sind im Kapitel Sortimentssteuerung dargestellt.

Portfolio-Methode

Im Gegensatz zum Produktlebenszyklus geht es nicht um die Betrachtung eines einzelnen Artikels oder Artikelgruppe, sondern alle Waren des Sortiments werden hinsichtlich ihrer Ertrags- und Wachstumschancen untersucht: Zunächst wird festgelegt, welche Faktoren das Unternehmen hinsichtlich des Sortiments untersuchen möchte. Meistens beschränkt sich das Controlling auf zwei Faktoren wie z.B. den Marktanteil und die Wachstumschancen am Markt. Diese Faktoren werden dann in einer zweidimensionalen Matrix aufgestellt. Durch die Beurteilung ergeben sich vier verschiedene Cluster, aus denen sich dann Handlungsanleitungen ableiten lassen. Näheres hierzu im Kapitel..

Balanced Scorecard

Balanced Scorecard ist ein Soll-Ist-Vergleich bezüglich der Visionen und Strategien des Unternehmens. Das besondere dieser Methode ist es, dass die Überprüfung aus der Perspektive

- des Finanzwesens mit Hilfe von Kennziffern wie z.B. Gewinn, Rentabilität, Produktivität,
- der Kunden wie z.B. der Kundenzufriedenheit, Reklamationsquote, Kundentreue,
- der internen Ziele wie z.B. festgelegter Marketingziele,
- der Mitarbeiter wie z.B. Fluktuation, Betriebsklima

erfolgt. Hier werden also quantitative und qualitative Perspektiven gleichermaßen berücksichtigt.

Operatives Marketingcontrolling

Hauptaufgaben des operativen Controllings sind u.a.

- die kurzfristige Marketingplanung
- die laufende Kontrolle der Aktivitäten im Marketing und ggf. die Entscheidung über Korrekturmaßnahmen.

2.17.2 Zeitliche Durchführung des Controlling

- **Parallelkontrollen**
  Hierunter wird die begleitende Analyse einer laufenden Marketingmaßnahme verstanden. Dabei wird der Erfolg der Maßnahme gemessen und evtl. notwendige Anpassungen abgeleitet.
- **Ex-Post-Kontrollen**
  Hierbei werden die Analysen erst nach Abschluss einer Marketingmaßnahme durchgeführt. Dabei wird auf Basis der Vergangenheit der Erfolg bewertet und Handlungsempfehlungen für zukünftige Maßnahmen aus der Kenntnis der Vergangenheit gegeben.

2.17.3 Controlling für ausgewählte Marketingbereiche

Marketingbereich	Controllinginstrumente und Kennziffern
Standortcontrolling Beim Standortcontrolling wird einer der wichtigen Instrumente des Marketings bewertet und analysiert. Neben dem Ort, der Straße oder der Immobilie kann auch eine Region bzw. ein Bundesland untersucht werden. Interne Kennziffern werden durch Untersuchungen der Marktforschungsinstitute wie GfK und Prognos, der Verbände, Ihnen und der Städte und Gemeinden ergänzt.	**Scoringverfahren**, das im Kapitel Standortmarketing vorgestellt wurde **Marktpotenzial**: maximale Aufnahmefähigkeit des Marktes für einen Artikel, eine Artikelgruppe, eine Warengruppe oder eine Branche an einem Standort; Zahl der potenziellen Kunden · Kaufkraft **Marktvolumen**: realisierter Absatz bzw. Umsatz eines Standortes; **Marktanteil**: Absatzvolumen eines Unternehmens im Verhältnis zum Marktvolumen $\frac{\text{Umsatz} \cdot 100}{\text{Marktvolumen}}$ **Flächenleistung**: $\frac{\text{Umsatz} \cdot 100}{\text{Gesamtfläche}}$ oder $\frac{\text{Umsatz} \cdot 100}{\text{Verkaufsfläche}}$
Sortimentscontrolling Beim Sortimentscontrolling sollen die Risiken eines zu großen bzw. eines zu kleinen Sortiments minimiert und die Gestaltung des Sortiments in Bezug auf die Zielgruppe/n optimiert werden.	**Präsenzkontrollen**: Die Bestände des Sortiments werden regelmäßig bewertet. Außerdem werden Artikel, die der Kunde nachfragt und die nicht geführt werden, festgehalten und die Aufnahme in das Sortiment geprüft. **Leistungskontrollen**: z.B. Renner/Pennerlisten Abverkaufsquoten Handelsspanne Deckungsbeitragsrechnung Lagerumschlagshäufigkeit Preisnachlassquote
Controlling der Kommunikationspolitik	Alle Instrumente und Kennziffern, die im Kapitel Werbung bei der Werbeerfolgskontrolle vorgestellt wurden, sind ebenso für die Verkaufsförderung, für das visuelle Marketing und für Public

Relations zu verwenden. Oft wird das Controlling bei dem außerökonomischen Controlling durch Ergebnisse der Marktforschungsinstitute unterstützt.

3. Beschaffung und Logistik

Im Handlungsbereich „Beschaffung und Logistik“ soll die Fähigkeit nachgewiesen werden, Beschaffungs- und Logistikprozesse im nationalen und internationalen Handel systematisch und entscheidungsorientiert zu bearbeiten und umzusetzen.

3.1 Beschaffungspolitik

3.1.1 Ziele und Aufgaben der Beschaffungspolitik

Der Bereich Beschaffung, der im Handel oft auch als Einkauf bezeichnet wird, umfasst alle Arbeitsabläufe von der Planung des Einkaufs einer Ware über die Bestellung bzw. Auftragsvergabe bis zum Wareneingang. Beschafft werden müssen in einem Handelsunternehmen neben der Ware z.B. auch Mitarbeiter, Einrichtung, Büroartikel oder Kapital; doch unter Einkauf wird nur die Beschaffung von Ware verstanden.

Die Aufgabe der Beschaffung ist, alle benötigten Waren in ausreichender Menge und gewünschter Qualität zum richtigen Zeitpunkt am richtigen Ort und zum richtigen Preis dem Verkauf bzw. Vertrieb zur Verfügung zu stellen. Für den Handel ist es typisch, dass die Ware so wie sie eingekauft auch wieder verkauft wird; sie muss nicht verarbeitet bzw. hergestellt werden. Sie kann jedoch einer handelsüblichen Manipulation unterliegen (z.B. Rösten von Kaffee, Reifen von Käse oder von Wein)

Die Beschaffungspolitik eines Unternehmens legt die Grundsätze, die Leitlinien im Einkauf fest und wird weitgehend von den Unternehmenszielen bestimmt: So nimmt die Gewinnerwartung eines Unternehmens Einfluss auf die Einkaufsabteilung. „Der Gewinn wird im Einkauf gemacht“ lautet ein alter Kaufmannssatz. Gelingt es der Einkaufsabteilung, in den Verhandlungen mit den Lieferanten die Konditionen zu verbessern und damit die Einstandspreise zu senken, so ergeben sich bei gleich bleibender Konkurrenzsituation verbesserte Spannen. Es könnte sich jedoch ebenso aus den Unternehmenszielen ergeben, dass die reduzierten Einstandspreise genutzt werden, die Verkaufs- bzw. Angebotspreise zu senken, um die Marktposition zu verbessern oder auszubauen. Gleichzeitig richtet sich die Art und Weise der Verhandlungen mit den Lieferanten nach den Unternehmenszielen oder nach dem Unternehmensleitbild. Hier können Regelungen zum Umgang mit Geschäftspartnern vorgesehen sein. Sollte ein fairer Umgang im Unternehmensleitbild festgelegt sein, so setzt dies auch Grenzen bei der Härte der Verhandlungen mit den Lieferanten. Weitere Einflussfaktoren aus den Unternehmenszielen wären z.B.

- die Ansprüche an das Sortiment wie z.B. die Bedarfsorientierung, das Preisniveau, die Qualitätsvorstellungen,
- ökologische Vorgaben und soziale Standards in der Zusammenarbeit mit weltweiten Lieferanten,
- der Wille zur Kooperation mit Partnern oder die Unabhängig- und Eigenständigkeit.

Dazu kommen die speziellen Zielsetzungen der Einkaufsabteilung:

- Die Kosten des Einkaufs sollen gesenkt werden. Dies ist durch Reduzierung der Lagerdauer und Verbesserung der Lagerumschlagshäufigkeit möglich. Außerdem können mit Hilfe von Optimierungsmethoden wie z.B. der ABC-Analyse die Bearbeitungs- bzw. Personalkosten reduziert werden.
- Die Liefer- bzw. Lagersicherheit oder Verkaufsbereitschaft soll gesteigert werden: Die Lieferanten werden auf Mengen- und Termintreue geprüft und in Gesprächen auf die Beseitigung von Störungen hingewiesen. Außerdem wird sich vergewissert, ob der

Lieferant eine wirtschaftliche Zukunft aufweist und die Geschäftsbeziehung langfristiger Natur ist.
- Gleichzeitig kann das Ziel verfolgt werden, dass die Abhängigkeit von einem oder mehreren Lieferanten nicht zu stark wird.

Neben den Unternehmenszielen und den eigenen Zielen wird die Beschaffungspolitik z. Z. sehr stark von der Vertriebspolitik bestimmt, denn der Verkauf bzw. Vertrieb gibt die Art und Qualität des Artikels vor und legt mit Vorgabe des Verkaufspreises und der Handelsspanne fest, zu welchem Einstandspreis die Ware beschafft werden muss. Damit hat sich die Beschaffung in den meisten Branchen von einer **beschaffungsorientierten** zu einer **absatzorientierten Beschaffungspolitik** entwickelt, um so weit wie möglich die Bedürfnisse des Absatzmarktes zu erfüllen.

Dies entspricht auch der Strategie „**Efficient Consumer Response** (**ECR**)", die die Orientierung aller Partner der Wertschöpfungskette an die Erwartungen und Bedürfnissen des Endverbrauchers verlangt. Die Erfüllung der Konsumentenbedürfnisse muss auf möglichst effiziente Weise ausgeführt werden. Neu ist, dass hierbei nicht nur die Beziehung zwischen Handelsunternehmen und Lieferant, sondern die gesamte Beschaffungskette vom Hersteller und seinen Zulieferern bis zum Groß- und Einzelhandel betrachtet wird.

Ebenso können externe Faktoren die Beschaffungspolitik bestimmen: Auf dem Beschaffungsmarkt geschehen Veränderungen, z.B. ausgelöst durch drohende Insolvenzen oder Fusionen. Bestehende Geschäftsbeziehungen müssen abgebrochen oder sorgfältig geprüft und rechtlich abgesichert werden. Im Außenhandel nehmen politische Entscheidungen bzw. gesetzliche und zollrechtliche Bestimmungen weitgehend Einfluss auf die Beschaffungspolitik.

Fallbeispiel

Ziele der Beschaffungspolitik der Trinkmann GmbH für das lfd. Geschäftsjahr:

Kennziffern:	*23,5 %*
Handelsspanne	*8,5*
Lagerumschlagshäufigkeit	
Zusammenarbeit mit den Lieferanten	*Die Anzahl der Lieferanten bei Wein, Likörwein, Schaumwein und Spirituosen muss weiterhin verkleinert werden. Dabei müssen Kundenwünsche weiterhin erfüllt werden können.* *Die zehn wareneinsatzstärksten Lieferanten werden von Herrn Trinkmann zu Jahresgesprächen empfangen. Dabei werden gemeinsame Zielvereinbarungen getroffen und im lfd. Geschäftsjahr verfolgt.* *Mit Hilfe des Warenwirtschaftssystems werden Lieferanten fortlaufend bewertet nach* *Umsatzanteil* *erzielter Handelsspanne* *Anteil von Valuta am Gesamt-Wareneinsatz* *erzielte Lagerumschlagshäufigkeit* *Abverkaufsquote* *Retourenquote* *Lieferungsverzugsquote.* *Die Teamleiter überprüfen regelmäßig die*

	Kennziffern. Bei unbefriedigenden Ergebnissen ergreifen Teamleiter gemeinsam mit der Einkaufsleiterin Maßnahmen.
	EDI wird im Sortiment alkoholfreie Getränke und Bier ausgebaut. *Die direkte Beschaffung von Weinen aus Übersee, Australien und Südafrika soll mittelfristig zugunsten der indirekten Beschaffung aufgegeben werden.*
Kooperationen	*Die Kooperation mit überregionalen Getränkegroßhändlern wird verstärkt. Eine Handelsmarke für Säfte wird weiterhin angestrebt*

3.1.2 Organisationsformen des Beschaffungsprozesses

Ein Handelsunternehmen hat die Möglichkeit, die Einkaufstätigkeiten zentral zu bündeln oder dezentral zu organisieren: Bei einem Zentraleinkauf werden alle Tätigkeiten zentral zusammengefasst und für das gesamte Unternehmen durchgeführt. Bei einem dezentralen Einkauf darf jede Einheit im Unternehmen - z.B. Abteilung, Filiale - selbständig einkaufen.

Vorteile des zentralen Einkaufs	Nachteile des zentralen Einkaufs
• Aufträge können auf wenige Lieferanten zentriert werden, dadurch werden bessere Konditionen erzielt, die Serviceleistungen des Lieferanten werden sich steigern. • Die Mitarbeiter im Einkauf sind nur mit der Beschaffung beschäftigt, kennen sich auf dem Beschaffungsmarkt aus, sie sind Spezialisten. • Die Mitarbeiter im Verkauf können sich auf den Verkauf/Vertrieb konzentrieren, sie fallen nicht durch Einkaufsreisen und vorbereitende Tätigkeiten aus. • Das Controlling wird erleichtert.	• Dem Einkauf fehlt der direkte Kontakt zum Kunden; daher kann nicht so schnell auf Trends und Besonderheiten reagiert werden. • Ein individueller Einkauf, auf den Standort bezogen, ist schwierig. • Der Verwaltungsapparat Zentrale kann sehr groß werden, die Gefahr des „Wasserkopfes" ist gegeben. • Der Informationsbedarf vom Einkauf zum Verkauf ist groß, es muss über Einkaufsartikel und –mengen, Marktveränderungen, Trends, Neuigkeiten ständig unterrichtet werden.

Da beide Organisationsformen Vor- und Nachteile aufweisen, entscheiden sich Handelsunternehmen oft für Mischformen:
z.B.

- **Zentraler Einkauf mit dezentraler Disposition**: Der Zentraleinkauf fasst mögliche zu führende Artikel in Listen zusammen, innerhalb dieser gelisteten Artikel können die Verkaufsniederlassungen/Filialen Artikel und deren Menge festlegen.
- **Zentraler Einkauf und dezentraler Einkauf**: Das Einkaufsbudget wird aufgeteilt: Über den größeren Teil verfügt der zentrale Einkauf, über z.B. 10% bis 30% können die Verkaufsniederlassungen verfügen, um auf regionale Besonderheiten einzugehen.
- **Einkaufsausschuss**: Die regionalen Einheiten entsenden einen Vertreter in den Einkaufsausschuss, der Ausschuss trifft verbindliche Einkaufsentscheidungen für das Unternehmen. Der Ausschuss kann moderiert oder geleitet werden von einem Zentraleinkäufer.
- Jeder Filialleiter übernimmt die **Patenschaft** einer Warengruppe und ist in den Einkauf dieser Warengruppe eingebunden.

Gehört das Handelsunternehmen einer **Einkaufskooperation** an, wählt es eine Mischform des Einkaufs; einen Teil des Einkaufsbudgets überlässt es der Einkaufskooperation. Dabei ist es unterschiedlich geregelt, wie weit sich das Unternehmen gegenüber der Gruppe verpflichten muss. Rechtlich ist ein Zwang zur Warenabnahme bei der Verbundgruppe unzulässig. Dies sichert einerseits die Selbständigkeit des Händlers, schränkt jedoch auch die Handlungsfähigkeit und Schlagkraft des Verbandes gegenüber den konkurrierenden Großunternehmen ein.

Gerade mittelständische Unternehmen entscheiden sich für eine Einkaufskooperation, um konkurrenzfähige Artikel zu führen, interessante Einstiegspreislagen anzubieten, günstige Einkaufskonditionen zu erhalten und Handelsmarken zu präsentieren. Dabei kann das Unternehmen sich zu der Mitgliedschaft in einer der großen Einkaufskooperationen entscheiden, doch gerade die mittelständischen Unternehmen bilden häufig freie Kooperationen, die sich um einen Großhändler, einen Importeur oder einen umsatzstarken Einzelhändler bilden. Dabei ist wichtig, dass die Mitglieder homogen sind, einer Betriebsform angehören, ähnliche Sortimente führen und annähernd gleiche Umsatzzahlen erreichen.

800 Verbundgruppen im Einzelhandel

Hier einige Beispiele:	Mitglieder
BETTENRING eG, 70794 Filderstadt	235
BICO Zweirad Marketing GmbH, 33415 Verl	550
Büroring Gemeinschaft deutscher Büro-Organisationsfirmen eG, 42781 Haan	355
SOENNECKEN eG, 51491 Overath	545
EDEKA ZENTRALE AG & Co KG, 22297 Hamburg	4500
REWE Group, 50668 Köln	3900*
EK/servicegroup eG, 33605 Bielefeld	2200
ElectronicPartner GmbH,, 40472 Düsseldorf	5037
EURONICS Deutschland eG, 71254 Ditzungen	1952*
Expert AG, 30855 Langenhagen	220*
GARANT SCHUH + MODE AG, 40217 Düsseldorf	3400
GARANT-Möbel-Holding AG, 33378 Rheda-Wiedenbrück	3000*
MZE-Möbel-Zentral-Einkauf GmbH, 85375 Neufahrn	530
Hagebau Handelsgesellschaft für Baustoffe mbH & Co.KG, 29614 Soltau	260
HolzLand GmbH, 40479 Düsseldorf	240
Idee + spiel Fördergemeinschaft Spielwaren GmbH & Co.KG, 31135 Hildesheim	1000
INTERSPORT Deutschland eG, 74078 Heilbronn	1000
KATAG AG	370*
Neuform Vereinigung Deutscher Reformhäuser eG	1031*
VEDES AG, Nürnberg	1400*

Quelle: Verbundgruppe & Kooperation 2010, Deutscher Fachverlag; *geschätzte Werte

Existenzgründer im Handel können sich auch für den Anschluss an ein Franchiseunternehmen entschließen. Dann sind sie häufig bei der Beschaffung auf einen Lieferanten - den Franchisegeber - festgelegt, der das Sortiment bestimmt. Die Organisation ist zu vergleichen mit einem Zentraleinkauf innerhalb eines Filialunternehmens. Die Form des **Franchising** ermöglicht es dem Franchisegeber, ohne viel Aufwand zu expandieren.

Objektorientierte Stellenbildung
Neben der zentralen oder dezentralen Organisation muss das Unternehmen entscheiden, ob die Stellen objekt- oder funktionsorientiert gebildet werden. Der Einkauf passt sich hier der allgemeinen Organisationsstruktur im Unternehmen an.

Bei der objektorientierten Stellenbildung werden die Abteilungen nach Warengruppen, Kundengruppen oder Regionen gebildet, jede Abteilung ist in jedem Fall für den Einkauf und gleichzeitig für den Vertrieb/Verkauf verantwortlich. Logistik und die verwaltenden Tätigkeiten wie Personal oder Rechnungswesen können zu den Aufgaben der Abteilung gehören, können jedoch auch in Zentralbereichen wahrgenommen werden.

Innerhalb der Strategie **ECR** müssen die Bereiche Einkauf und Verkauf in einer Verantwortung zusammengefasst werden genau so wie beim **Category Management**. Die Leitung ist für die Beschaffung der Artikel, für alle kommunikationspolitischen Maßnahmen, für die Platzierung und für die Preisgestaltung zuständig. Oft hat sie einen Partner beim Lieferanten, der gleiche Kompetenzen besitzt. Nur so wird die Zusammenarbeit innerhalb der gesamten Prozesskette möglich.

Funktionsorientierte Organisation
Bei einer funktionalen Organisation werden die Stellen zumindest in der zweiten Hierarchieebene nach ihren Aufgaben gebildet: Einkauf, Verkauf, Logistik und Verwaltung. Bei dieser Organisationsform besteht eine Tendenz zur Zentralisierung. In den weiteren Hierarchieebenen werden die Stellen dann oft objektorientiert gestaltet.

Fallbeispiel
Aus dem Organigramm der Trinkmann GmbH ist zu erkennen, dass das Unternehmen funktionsorientiert strukturiert ist. Für ein mittelständisches Unternehmen wie die Trinkmann GmbH ist dies ein einfacher und überschaubarer Aufbau, die Verantwortlichkeiten sind klar geregelt und können leicht und jederzeit von dem Geschäftsführer oder den Fachleitern kontrolliert werden.

Die Sachbearbeiter im Einkauf sind Spezialisten ihres Warenbereichs, leider haben sie jedoch wenig Einblick in die Realisierung des gesamten Einkaufskonzeptes. Auch können Lieferanten verschiedene Ansprechpartner haben. Dies macht die Zusammenarbeit mühsam und schwierig.

Die großen Brauereien führen heute ein großes Sortiment von Bieren und alkoholfreien Getränken. Sie sind alle objektorientiert strukturiert und haben für z.B. für die Getränke der jungen Zielgruppe einen Category Manager eingesetzt, der gegenüber der Trinkmann GmbH für den Einkauf und den Vertrieb Ansprechpartner ist. Er führt die Jahresgespräche mit dem Unternehmen, schließt die Zielvereinbarungen ab, unterstützt die Verkaufsförderung des Unternehmens, gibt Werbezuschüsse, berät bei der Präsentation in den Fachmärkten und beteiligt sich am Sponsoring. Bei diesen Aktivitäten muss der Category Manager bei den Jahresgesprächen mit Herrn Trinkmann sprechen, bezüglich des Einkaufs mit der Einkaufsleitung und bezüglich des Vertriebs mit der Verkaufsleitung. Werden spezielle Fragestellungen behandelt, müssen die Teamleiter noch hinzugezogen werden. Dies ist für die Lieferantenseite sehr unbefriedigend und in den Jahresgesprächen wird die Trinkmann GmbH gedrängt, die Organisationsform umzustellen.

3.1.3 Der Beschaffungsprozess

Beschaffungsmarktforschung

Früher wurde der Erforschung der Beschaffungsmärkte wenig Beachtung geschenkt. Doch heute wissen zumindest die großen Handelsunternehmen, dass nur durch systematische Erkundung und Analyse ein Überblick über die Einkaufsmärkte möglich wird, gegenwärtige und zukünftige Entwicklungen vorauszusehen sind und Risiken kalkulierbar werden. Das Ziel ist selbstverständlich, die günstigsten und auf Dauer leistungsfähigsten Bezugsquellen zu ermitteln.

Durch den Abbau von Zollhemmnissen und vor allem durch das Internet haben sich die Beschaffungsmärkte ständig ausgeweitet. Doch gerade Auslandsmärkte bergen große Risiken z.B. durch verschiedene Kommunikationskulturen oder unterschiedliche Rechtssysteme.

Fallbeispiel

Die Trinkmann GmbH arbeitete bisher direkt mit Winzern in Ungarn zusammen. Zollformalitäten wurden durch die EU-Mitgliedschaft erleichtert und die Reisekosten waren durch die Billigflüge zu vertreten. Außerdem hat die Einkaufs- und Teamleitung in der Zusammenarbeit mit den Winzern viel gelernt über die Anbaugebiete und Rebarten und immer wieder verkostet, um die Unterschiede zu erkennen und die richtigen Sorten für den Geschmack der Kunden auszusuchen. Doch jetzt hat das Einkaufsteam gute Kenntnisse und die richtigen Weine im Sortiment gewählt. Die Winzer sind bekannt, mit denen in der Zukunft zusammengearbeitet werden soll, über mögliche Alternativen ist man informiert.

Nun sucht die Teamleitung einen Importeur, der die Zusammenarbeit mit den bisherigen Winzern ermöglicht, bei dem jedoch „aus einer Hand" eingekauft werden kann. Die Bearbeitungskosten können hierdurch reduziert werden und alle Kaufverträge basieren auf deutschem Recht, so dass bei Störungen die Inanspruchnahme von Gewährleistungsrechten einfacher wird. Außerdem verringern sich die Transportkosten und durch die Zentrierung aller Abnahmemengen auf einen Lieferanten verbessern sich die Konditionen.

Bei der Suche nach dem richtigen Importeur helfen die Winzer in Ungarn, die durchaus Interesse haben, die Abnahmemengen an den Importeur zu erhöhen und die Anzahl ihrer Direktkunden zu reduzieren.

Die Beschaffungsmärkte unterliegen ständigen Veränderungen. Dabei besteht oft ein Zusammenhang mit den Absatzmärkten. Die gewaltigen Konzentrationsbewegungen im Handel, und hier vor allem im Lebensmittelbereich, haben auch Einfluss genommen auf die Beschaffungsmärkte. Die Kunden wurden in ihrer Marktmacht gegenüber der Industrie immer stärker. Um nicht in zu starke Abhängigkeit zu geraten und die gefragten Abnahmemengen zu sichern, fusionierten auch die Hersteller, die Konzentrationstendenzen wiederholten sich auf dem Beschaffungsmarkt.

Fallbeispiel

Die Trinkmann GmbH arbeitet heute nur noch mit drei Brauereien zusammen und bietet trotzdem ihren Kunden ein tiefes Sortiment. Abnahmemengen werden zusammengefasst und die Handlingkosten reduziert. Doch trotzdem wünscht sich das Unternehmen eine größere Anzahl von möglichen Lieferanten. Gerade für ein mittelständisches Unternehmen ist die Marktposition gegenüber den großen Brauereien nicht günstig. Das Unternehmen gehört zu den unbedeutenden Kunden im Vergleich zu den großen Handelsunternehmen. Deshalb möchte die Trinkmann GmbH die Kooperation mit anderen Getränkegroßhandlungen verstärken, um die Verhandlungsposition zu verbessern.

Zielobjekte der Beschaffungsmarktforschung

- **Lieferanten**: Zunächst wird erfasst, wie viele Lieferanten und damit automatisch welche Lieferanten gewünschte Artikel, Artikelgruppen oder Warengruppen anbieten. Dann werden die notwendigen Informationen über den einzelnen Lieferanten eingeholt:
- allgemeine Unternehmensdaten wie z.B. Rechtsform, Eigentumsverhältnisse,
- Größe und Umsatzentwicklung der letzten Jahre;
- Informationen über die Ware wie z.B. Qualität, Produktionskapazitäten, Zuverlässigkeit;
- Konditionen und Zahlungsbedingungen sowie
- Serviceangebote wie z.B. Extrabestellungen, Reparaturen, Reklamationsprüfungen, Qualitätsmanagement;
- Erfahrungen mit dem Lieferanten aus der Vergangenheit wie z.B. Verhandlungskultur, Retourenquote und deren Abwicklung, Gesprächspartner, Belieferung der Konkurrenz. Diese Informationen sammelt das Unternehmen im Kontakt mit den Lieferanten, bei unbekannten Lieferanten auf Messen, durch Veröffentlichungen in Fachzeitschriften, durch Präsentationen oder Berichte der Kooperation oder Kollegen.
- **Konkurrenz**: Das Unternehmen prüft, bei wem die Mitbewerber ihre Ware beziehen. Dies ist im Einzelhandel durch Konkurrenzanalysen vor Ort möglich, ansonsten versucht der Handel. Diese Informationen auch bei Messen zu erhalten, im Gespräch mit Lieferanten oder Handelsvertretern und mit Kollegen. Noch schwieriger ist herauszufinden, welche Konditionen den Mitbewerbern gewährt werden; vielleicht ist es möglich, mit Hilfe des Angebotspreises auf einen möglichen Einstandspreis zu schließen, um diesen mit dem eigenen zu vergleichen.
- **Preise**: Die Preise der Lieferanten werden untereinander analysiert mit Hilfe von Angebotsvergleichen, Preisentwicklungen werden durchleuchtet, Zahlungsfristen, Fracht- sowie Verpackungskosten geprüft.
- **Politische und rechtliche Entwicklungen**: Im Bereich Staat und Politik werden alle Maßnahmen und Planvorhaben beobachtet, die sich wirtschaftlich auswirken. Dies sind vor allem: Steuerpolitik, EU-Politik wie z.B. Harmonisierungsbestrebungen der Märkte, Ost-Erweiterung, Einführung von Handelsbeschränkungen gegenüber dem asiatischen oder amerikanischem Markt, Umweltschutz- und Produkthaftungsauflagen oder auch Schuldrechtsänderungen.

Objekte der Marktforschung wie z.B. das Sortiment und die Kunden werden meist vom Absatz untersucht. Die Erkenntnisse werden selbstverständlich im Einkauf verarbeitet.

Die Methoden der Marktforschung sind identisch mit den Methoden der Marktforschung im Handelsmarketing.

3.1.4 Beschaffungskonzepte

Bei der Entwicklung von Beschaffungskonzepten sollen Kosten minimiert werden, doch gleichzeitig muss das Handelsunternehmen leistungsfähig bleiben, um dauerhaft am Markt zu bleiben und die Ware bereitstellen zu können. Dabei kann festgelegt werden:

- **Anzahl der Lieferanten**: Bei **Multiple Sourcing** arbeitet das Unternehmen bei dem einzelnen Artikel oder Artikelgruppe mit mehreren Lieferanten zusammen, die austauschbar sind. Dies erhöht die Flexibilität im Einkauf und verschafft Verhandlungsstärke bei der Bestimmung der Konditionen. Beim **Single Sourcing** arbeitet das Unternehmen mit einem Lieferanten zusammen. Hier ist dann auch Supply Chain Management möglich, Handel und Lieferanten arbeiten eng zusammen, gestalten die gesamte Wertschöpfungskette effizient und sind in ihren Warenwirtschaftssystemen vernetzt.
- **Beschaffungszeitpunkt**: Das Handelsunternehmen kann in großen Zeitabständen ordern, es führt hohe Lagerbestände des Artikels, um bei geringem Arbeitsaufwand und

günstigen Konditionen eine Versorgungssicherheit zu garantieren. Dies ist vor allem ratsam bei C-Artikeln. Sind Lieferant und Handelsunternehmen durch EDI verbunden, so findet eine elektronische Auftragsabstimmung statt. Bei der Einzelbeschaffung wird nur im Bedarfsfall gekauft, dies wird bei z.B. Extrabestellungen oder -anfertigungen in Anspruch genommen.

- **Räumliche Distanz zum Lieferanten**: Bei **Local Sourcing** befinden sich die Lieferanten in unmittelbarer Nähe des eigenen Standortes. Dabei werden lange Transportwege vermieden und Frachtkosten gesenkt. Meist ist die Entscheidung vom Sortiment abhängig, denkbar wäre es bei verderblichen Lebensmitteln oder voluminösen Gütern wie Baustoffe. Das Gegenteil ist **Global Sourcing**, dessen Beschaffungsmarkt weltweit gestaltet wird. Entscheidend sind hier die Beschaffungskosten, die durch niedrige Lohn-, Energie und Rohstoffpreise in fernen Kontinenten wesentlich niedriger sind als im EU-Bereich. Große Handelsunternehmen sind in der Lage, weltweite Bezugsquellen zu nutzen. Doch auch für diese Unternehmen sind Aufwand und Risiken sehr hoch, so dass die Karstadt AG sich vor Jahren entschied, das gesamte Importgeschäft auf einen Partner in Hongkong – Li & Fung – zu übertragen. Um so schwieriger ist es für kleine und mittelständische Handelsunternehmen; meist wird hier das Importgeschäft durch die Kooperation abgewickelt.

Warum China?

Die sportliche Outdoor-Jacke aus einfachem Polyester-Stoff mit Teilfutter und drei, vier Zippern könnte bei Aldi oder im Kaufhof oder auch mit einem schicken Label und ein bisschen Funktion im Fachhandel hängen. Sie könnte bei Aldi für 14,90 Euro, bei Kaufhof für 39,90 Euro und mit einem Label im Sportswear-Store für 129 Euro verkauft werden.

Wie teuer wird sie eingekauft? Wie viel kostet die Produktion dieser Outdoor-Jacke in Osteuropa, in Fernost und in der Türkei? Für Deutschland wollte Dietmar Stiel, der sich mit seiner Beratungsfirma Seco Sector Consulting auf Auslandsproduktion in Osteuropa und Asien spezialisiert hat, die Kosten gar nicht kalkulieren. „Da lachen sich ja alle tot. Da produziert ja kein Mensch mehr."

Deutschland **20,25 Euro** Lohnkosten pro Stück 13,50 Euro (0,30 Euro pro Minute bei ca. 45 Minuten Produktionszeit) Materialkosten pro Stück 6 Euro (wenn Material vor Ort verfügbar) Mindestmenge 250 Teile Lieferzeit 5 Tage Transportkosten pro Stück ca. 0,75 Euro	**Rumänien** **13 Euro** Lohnkosten pro Stück 6,40 Euro (0,08 Euro pro Minute bei 80 Minuten Produktionszeit) Materialkosten pro Stück 5,80 Euro (wenn Material vor Ort verfügbar) Mindestmenge 1000 Teile Lieferzeit 25 Tage Transportkosten pro Stück ca. 0,80 Euro
Türkei **12,60** Lohnkosten pro Stück 6,60 Euro (0,12 Euro pro Minute bei ca. 55 Minuten Produktionszeit) Materialkosten pro Stück 5,20 (wenn Material vor Ort verfügbar) Mindestmenge 1000 Teile Lieferzeit 20 Tage Transportkosten pro Stück ca. 0,80 Euro	**China** **7,90 Euro** Lohnkosten pro Stück 2,80 Euro (0,04 Euro pro Minute bei ca. 70 Minuten Produktionszeit) Materialkosten pro Stück 3,80 Euro (wenn Material vor Ort verfügbar) Mindestmenge 5000 Teile Lieferzeit 60 Tage (Seefracht) Transportkosten pro Stück ca. 0,50 Euro Zoll 0,80 Euro (12,2 %)

Quelle: Kirsten Reinhold TW, SECO Sector Consulting, Eschborn; Thiel Lifestyle Logistik + Services, Hongkong

3.1.5 Beschaffungswege

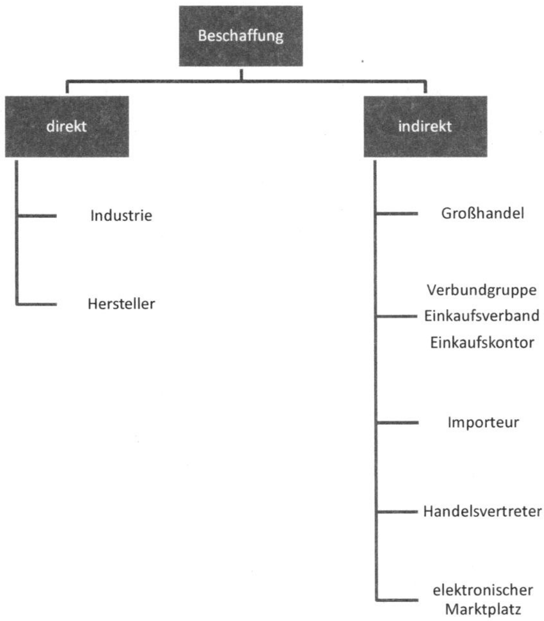

Abb 24: Beschaffungswege

Der Handel kann direkt beim **Hersteller** die Ware kaufen. Dies können vor allem große Handelsunternehmen, die hohe Stückzahlen benötigen. Sie pflegen eine enge Beziehung zur Industrie, führen Gespräche mit der Verkaufsleitung oder den Vertretern, verhandeln über Flächenzusicherungen und erhalten hierfür bessere Konditionen, Werbezuschüsse oder Verkaufsförderungshilfen. Kleinen Handelsunternehmen kann es verwehrt sein, direkt beim Hersteller zu ordern, da sie nicht die Mindestbestellmenge erreichen. Auch die Beschaffungszeiten können lang sein verglichen mit dem Großhandel, der die Ware bereit hält.

Heute achten die großen Handelsunternehmen sehr stark darauf, die Lieferantenanzahl zu beschränken. Da bei weniger Lieferanten das jeweilige Einkaufsvolumen größer wird, reduzieren sich die Beschaffungskosten durch niedrigere Einkaufspreise, bessere Konditionen und geringere Bestell- und Bezugskosten. Auch kann eine geringere Anzahl von Lieferanten dazu beitragen, dass das Handelsunternehmen sich stärker und profilierter mit einzelnen Marken darstellen kann. Doch je geringer die Anzahl der Lieferanten ist, umso höher ist die Abhängigkeit des Handels von den einzelnen Lieferanten. Außerdem besteht die Gefahr, dass dem Einkauf die Marktübersicht fehlt, um rechtzeitig Neuerungen, Trends und Veränderungen zu erkennen und darauf reagieren zu können.

Der Einzelhandel kann beim Großhandel einkaufen. Dies ist vor allem eine gute Möglichkeit für den mittelständischen und kleinen Betrieb: Der Großhandel bietet ihm ein Sortiment an und berät über Neuerungen, aktuelle Produkte und Veränderungen. Meist kann der Einzelhandel die Ware sehr schnell erhalten, da der Großhandel ein Lager vorhält und das Lagerrisiko übernimmt. Die Bestellung von kleinen Mengen ist meist nur beim Großhandel möglich.

Mittelständische Unternehmen und Kleinbetriebe müssen heute in vielen Branchen einer Verbundgruppe, einem Einkaufsverband oder -kontor angehören: Sie binden sich mit einem Teil ihres Einkaufs an die Verbundgruppe und beziehen ihre Ware hierüber. Nur so ist es ihnen möglich,
Einstandspreise wie die großen Filialisten zu erzielen, den Einkauf von Spezialisten durchführen zu lassen und Handelsmarken einzuführen. Die Verbundgruppe kann die Rechnungsregulierung übernehmen und gegen eine Delkrederegebühr die Haftung für die Einkäufe ihrer Mitglieder übernehmen. Dies spart Verwaltungskosten und gibt den kleinen Unternehmen Bonität. Doch auch die Großunternehmen kooperieren, um Einkaufsmengen zu bündeln:

Rewe stärkt seine Einkaufsmacht
Deutschlands zweitgrößter Lebensmittelhändler Rewe verbündet sich zur Stärkung der Einkaufsmacht mit vier großen europäischen Handelsunternehmen. Für bestimmte Produkte solle künftig gemeinsam mit Herstellern verhandelt werden. Coop (Schweiz), Conad (Italien), Colruyt (Belgien), E.Leclerc (Frankreich) und Rewe kommen mit rund 17.200 Geschäften auf einen gemeinsamen Umsatz von 96 Milliarden Euro. Der gemeinsame Marktanteil beträgt zehn Prozent.
Quelle: dpa

Bei der Beschaffung im Ausland können die Filialisten oder Großunternehmen direkt bei den Herstellern kaufen. Erreichen sie jedoch nicht Mengen, die den Aufwand der Auslandsreisen rechtfertigen, oder kennen die Einkäufer sich nicht gut genug auf dem fremden Beschaffungsmarkt aus, ist es besser – genauso wie für kleinere Handelsunternehmen - die Ware über einen Agenten oder beim Importeur zu beziehen.

3.1.6 Beschaffungsbedarf und -zeitpunkt

Grundsätzlich ergibt sich die Bedarfsmenge aus der verkauften Menge des Vergleichszeitraums wie z.B. Vorjahr, Vormonat. Es wird aus dem Bedarf der Vergangenheit die zukünftige Menge prognostiziert. Dabei müssen Nachfrageveränderungen berücksichtigt werden wie z.B. Mengenerhöhungen bei Trendartikeln, Reduzierungen bei einer Sättigung am Markt. Schwierig ist, die Menge bei neuen Artikeln zu bestimmen, Branchendaten oder Vergleiche mit ähnlichen Produkten können helfen.

Die Menge, die der Einkauf dann bestellt, muss nicht identisch sein mit der Bedarfsmenge, und zwar aus unterschiedlichen Gründen z.B.:

- Es sind noch Lagerbestände vorrätig: Bedarfsmenge - Lagerbestände = Beschaffungsmenge.
- Die Bedarfsmenge wird in Teilmengen aufgeteilt.
- Die Bedarfsmenge unterschreitet die Mindestbestellmenge oder überschreitet die Höchstbestellmenge.

Bei Bestellung von kleinen Mengen sind die Kosten hoch. Daher errechnet die Einkaufsabteilung die **optimale Bestellmenge** mit Hilfe der **Andler´sche Formel**.

$$x_{opt} = \sqrt{\frac{200 \times \text{Jahresbedarfsmenge} \times \text{Bestellkosten}}{\text{Einstandspreis je Mengeneinheit} \times \text{Lagerhaltungskostensatz}}}$$

Mit zunehmender Bestellmenge sinken die Bestellkosten, weil dann weniger Verwaltungsaufwand notwendig ist. Außerdem werden die Konditionen besser. Doch mit zunehmender Bestellmenge steigen auch die Lagerkosten wie z.B. Kosten der Lagermitarbeiter, Miete, Lagerzins. Außerdem nimmt das Risiko des Verfalls, der Beschädigung oder Veralterung zu.

Viele Handelsunternehmen geben dem Einkauf ein Limit vor. Das Limit gibt an, wie viel Geld dem Einkauf für einen Zeitraum - z.B. Monat, Saison, Halbjahr - zur Verfügung steht. Dabei kann die Geschäftsleitung entscheiden, dass dem Einkauf zunächst nicht das gesamte Limit zur Verfügung steht, sondern eine Limitreserve zurückgehalten wird, falls z.B. die Umsätze sich nicht so entwickeln, wie dies geplant ist, sich unerwartet Trendartikel ergeben. Über diese Limitreserve darf der Einkauf erst dann verfügen, wenn die Geschäftsleitung diese freigibt.

Vorteile einer Limitvergabe

- genauere Planung der Beschaffung
- Berücksichtigung der vorhandenen Lagerbestände
- laufende Kontrolle der Beschaffung
- Sicherung der Liquidität

Nachteile einer Limitvergabe

- Nutzen von Mengenvorteilen ggf. nicht möglich
- Einschränkung des Einkaufs
- Restgeld wird zum Ende der Saison evtl. unbedingt ausgegeben

Da das zur Verfügung stehende Limit innerhalb der **Limitrechnung** mit Plangrößen errechnet wird, ist es wichtig, die Umsatzplanung mit der realen Umsatzentwicklung laufend abzustimmen, um das Limit ggf. zu kürzen oder zu erhöhen. Außerdem sollte kontrolliert werden, ob der Einkauf die vorgegebenen Limitwerte auch einhält.

Eng mit der Mengenplanung ist die Zeitplanung verbunden. Die optimale Zeitplanung wäre gegeben, wenn die Ware zu dem Zeitpunkt geliefert wird, zu dem der Kunde die Ware verlangt - Just-in-time. Dies kann im Großhandel möglich sein, doch oft muss auch der Großhandel wie der Einzelhandel grundsätzlich ein Lager vorhalten, da die Unternehmen nicht wissen, wann der Kunde die Ware benötigt. Je mehr Ware der Handel vorhält, um so sicherer ist es, dass alle Kundenwünsche erfüllt werden können, doch die Lagerkosten sind dabei sehr hoch. Bei geringen Lagerbeständen ist wiederum die Gefahr sehr groß, dass Kundenwünsche nicht erfüllt werden, und dies kann Umsatzverluste, vielleicht sogar Kundenverluste oder Konventionalstrafen nach sich ziehen.

In jedem Handelssortiment gibt es Waren-/Artikelgruppen, die durch eine unterschiedliche Absatzintensität im Jahresverlauf gekennzeichnet sind. Diese Absatzverläufe können in Form einer Kurve dargestellt werden. Die Kurve ergibt sich daraus, dass die monatlichen Absatzzahlen der Vergangenheit in ein Koordinatensystem eingetragen und miteinander verbunden werden. Dieser dargestellte Absatzverlauf kann statistisch betrachtet werden und lässt eine Prognose für den zukünftigen Bedarf hinsichtlich der Bedarfsmenge und/ oder des Bedarfszeitpunktes der jeweiligen Waren-/Artikelgruppe zu. Durch diese Methode können Waren-/Artikelgruppen erkannt werden, die durch einen

- **konstanten**
- **saison-** oder
- **trendbeeinflussten**

Absatzverlauf gekennzeichnet sind.

Konstanter Absatzverlauf

Bei einem konstanten Absatzverlauf können geringe Absatzschwankungen auftreten, langfristig betrachtet ist der Verlauf jedoch gleich bleibend.

Fallbeispiel
Die Artikelgruppe Fitness- Getränke ist dadurch gekennzeichnet, dass die Absatzzahlen der Filialen im Jahresverlauf pro Monat um 200 Flaschen betragen. Diese Erkenntnis führt dazu, dass die Filialen der Trinkmann GmbH mit dieser Artikelgruppe in zeitlicher und mengenmäßiger Hinsicht konstant beliefert werden können.

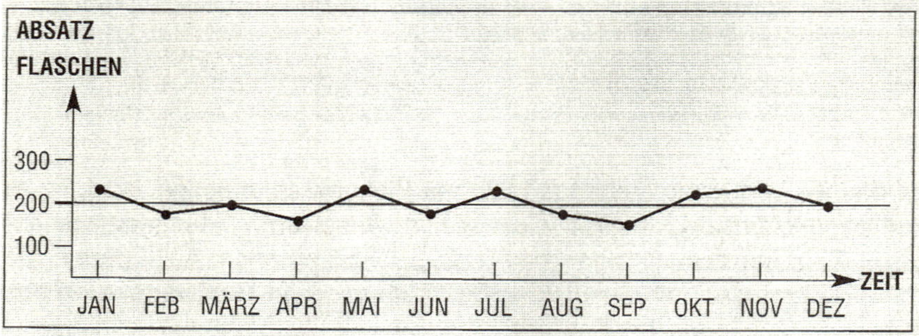

Saisonbedingter Absatzverlauf
Bei einem saisonbedingten Absatzverlauf sind zu bestimmten Zeiten im Jahresverlauf besonders hohe Absatzzahlen zu erkennen, die von den üblichen Mengen erheblich abweichen. Oft weisen die jeweils hohen Absatzzahlen eine zeitliche Kontinuität auf. Daher orientiert sich die Beschaffung an dem Saisonabsatzverlauf des Vorjahres und berücksichtigt z.B. Veränderungen des Marktes, Ferienordnung, Feiertage.

Fallbeispiel
Die Warengruppe Mineralwasser weist in den Filialen der Trinkmann GmbH nach den Absatzzahlen der Vergangenheit einen besonderen Anstieg in den Sommermonaten auf. Da dieser Anstieg seit vielen Jahren in diesem Zeitraum relativ zuverlässig eintritt, kann bei den Lieferanten für diesen Zeitraum eine größere Warenmenge vorgeordert werden.

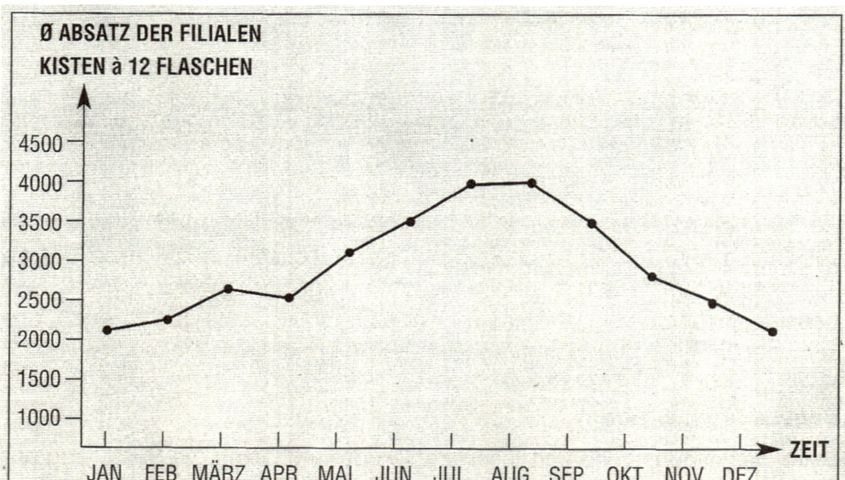

Trendbeeinflusster Absatzverlauf
Bei einem trendbeeinflussten Absatzverlauf sind trotz kurzfristiger Schwankungen steigende oder fallende Absatzverläufe zu beobachten. Die Kunst des Einkaufs liegt darin, den Trendhöhepunkt vorauszusehen, um bereits vor dem Saisonhöhepunkt die Beschaffungsmengen zu reduzieren.

Fallbeispiel
Die Artikelgruppe Ökosäfte weist gemäß des Warenwirtschaftssystems der Trinkmann GmbH seit der Einführung vor nicht ganz zwei Jahren steigende Absatzzahlen auf. Diese Entwicklung entspricht dem vorhergesagten Trend in den Fachzeitschriften. Die Teamleiterin im Einkauf wird die Bestellmengen erhöhen und gleichzeitig mit den Lieferanten in neue Konditionsverhandlungen treten.

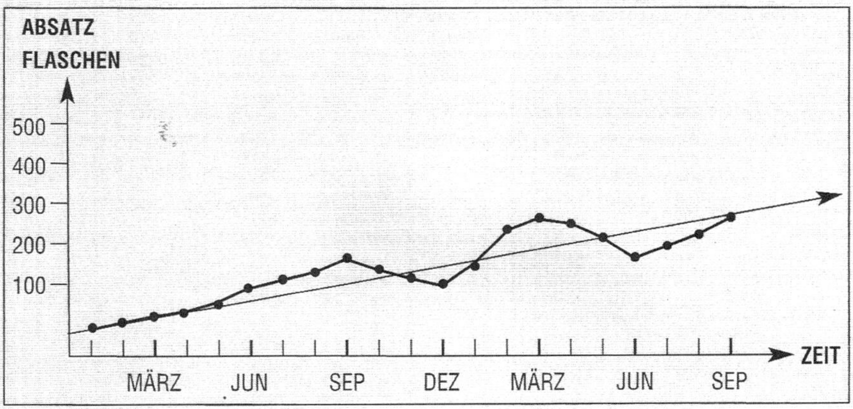

Bei **Neuheiten** oder **Modeartikeln** kann aufgrund fehlender Absatzzahlen aus der Vergangenheit auf die statistische Möglichkeit der absatzorientierten Bedarfsprognose nicht zurückgegriffen werden. Für die Bedarfsprognosen bezüglich der Neuheiten bedarf es eines qualifizierten, über sehr viel Erfahrung und Fingerspitzengefühl verfügenden Einkäufers.

Bestellpunktverfahren
Auch beim Bestellpunktverfahren lösen Zahlen des Absatzes die Bestellung aus. Bei jedem Verkauf wird der Lagerbestand überprüft. Die Bestellung erfolgt, wenn der Lagerbestand auf den Meldebestand abgesunken ist. Der Meldebestand ist abhängig vom Tagesabsatz und der Beschaffungszeit. Die Beschaffungszeit umfasst die Zeitspanne von der Bedarfsfeststellung bis zur Bereitstellung im Verkaufslager. Außerdem berücksichtigt der Meldebestand einen Sicherheits- bzw. Mindestbestand, der dauernd vorhanden sein soll, um z.B. unerwartete Kundennachfragen zu erfüllen, um Lieferverzögerungen auszugleichen, um Verderb zu berücksichtigen.

Meldebestand =
Durchschnittlicher Tagesbedarf x Beschaffungsdauer + Mindestbestand

Fallbeispiel
Der Fachmarkt der Trinkmann GmbH in A-Stadt verkauft am Tag durchschnittlich 2 Flaschen Wodka der Marke „Moskita“, die Lieferzeit beträgt 10 Tage. Der Sicherheitsbestand, der grundsätzlich nicht unterschritten werden soll, wurde mit 25 Stück festgelegt.

Meldebestand =
(Durchschnittlicher Tagesbedarf x Beschaffungsdauer) + Mindestbestand
(2 x 10) + 25 = 45
Der Meldebestand beträgt 45 Stück. Sobald der Lagerbestand diese Menge erreicht, wird bestellt, der Bestellzeitpunkt wird also durch den Meldebestand bestimmt.

Bestellrhythmusverfahren
Beim Bestellrhythmusverfahren werden periodische Zeitpunkte für die Bestellung festgelegt, z.B. zum Ultimo/Monatsende, an dem die Lagerbestände überprüft werden. Bestellt wird die Differenzmenge von Höchstbestand und Ist-Lagerbestand, dabei muss der Absatz während der Beschaffungsdauer berücksichtigt werden. Der Höchstbestand wird hierbei vom Einkauf festgelegt und ist z.B. von den Lagerkapazitäten, von der optimalen Bestellmenge abhängig. Je kürzer die Zeitintervalle sind, umso höher ist die Gefahr, dass Vorteile höherer Bestellmengen nicht genutzt werden, dafür sind die Lagerkosten sehr niedrig.

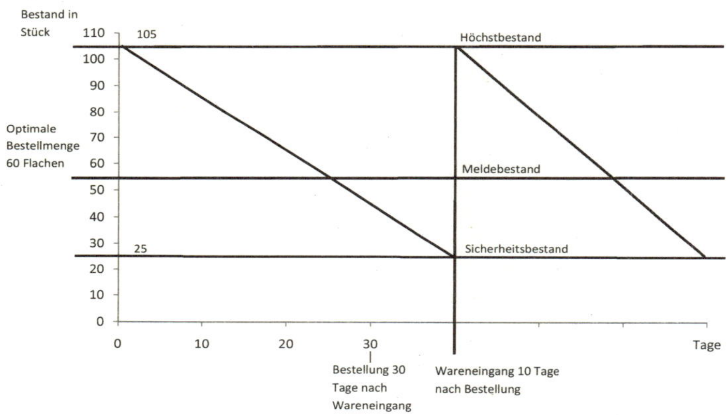

Bei einem **automatischen Bestellverfahren** erstellt das Warenwirtschaftssystem bei Erreichen des Meldebestandes bzw. an den Terminen des Bestellrhythmusverfahrens eine Bestellung; beim **Bestellvorschlagssystem** zeigt das Warenwirtschaftssystem an, dass eine Bestellung erfolgen soll und der Einkauf entscheidet, ob diese ausgeführt wird. Bei **EDI** (Electronic Data Interchange) überprüft der Lieferant den Meldebestand und veranlasst eine Lieferung.

3.1.7 E-Business in der Beschaffung
Innerhalb des Einkaufs wird immer stärker das Internet genutzt. Bereits bei der Beschaffungsmarktforschung können Informationen über das Internet eingeholt werden. Hilfreich sind die Suchmaschinen sowie die Verbände und Organisationen mit ihren elektronischen Angeboten wie z.B. die Industrie- und Handelskammern, die Außenhandelskammern, die Verbände wie der HDE mit seinen Fachverbänden und der BGA.

Großhandelsunternehmen, die mit Investitionsgütern handeln, können über ihre Homepage nach Lieferanten suchen. Dabei erfolgt der Erstkontakt durch den Lieferanten.

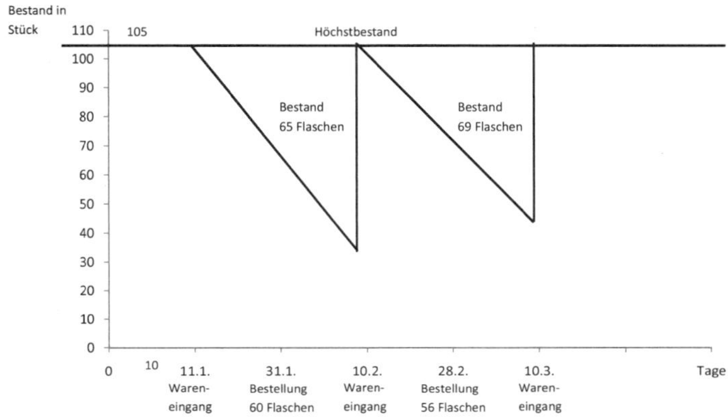

Virtuelle Marktplätze oder Plattformen bringen Lieferanten und Handelsunternehmen im Internet zusammen. Drittanbieter richten diese Plattformen ein, die meist auf Branchen oder Herkunftsländer ausgerichtet sind. Das Handelsunternehmen kann Einsicht nehmen in umfangreiche Kataloge verschiedener Hersteller, Qualität der Ware, Verfügbarkeit und Lieferzeit können unmittelbar eingesehen werden. Bei Internet-Auktionen wird die Ware versteigert, Internet-Börsen sind noch dynamischer in der Preisfindung; der Plattformanbieter nimmt Angebote und Nachfrage entgegen und ermittelt hierdurch fortlaufend den Preis.

Beim E-Business möchte das Unternehmen die Kosten senken: Durch die hohe Transparenz des Internets ist es dem Einkauf möglich, die Preise der Lieferanten besser und schneller zu vergleichen, bei Auktionen und Versteigerungen wird der Preisvergleich sogar überflüssig. Aber auch die Bestellkosten werden gesenkt durch Wegfall von Papier, Schriftverkehr und mehrmaligen Prüfungen. Meist wird der Bestellvorgang verkürzt und damit auch günstiger. Außerdem kann das Unternehmen jederzeit Einsicht nehmen in den Bestellungsverlauf sowie in die Warenverfügbarkeit.
Liefertreue, Qualität und persönliche Beziehungen spielen hier bei der Ordervergabe keine Rolle. Deshalb muss das Handelsunternehmen gut prüfen, für welche Ware der virtuelle Marktplatz genutzt werden sollte.

3.2 Efficient Consumer Response (ECR)

3.2.1 Was bedeutet ECR?

Alles dreht sich um den Kunden; ohne ihn kann kein Unternehmen überleben. Aber Achtung: Kunden sind anspruchsvoll, gerade im Handel. Sie wollen ein Produkt immer vorfinden und eine vernünftige Auswahl zum richtigen Preis haben. Zudem müssen sich Hersteller, Lieferanten und Handel mit einer immer schwierigeren Handelslandschaft auseinandersetzen, die von zunehmender Unternehmenskonzentration, Marktsättigung, steigendem Kostendruck, niedrigen Rentabilitäten sowie ständigen Veränderungen der Sortimente geprägt ist.

Diese Erkenntnis hat dazu geführt, dass Handel, Lieferanten und Hersteller dazu übergehen, miteinander zu arbeiten, um die Kundenwünsche besser, schneller und kostengünstiger zu erfüllen. Dies ist die Idee des *Efficient Consumer Response (ECR)*. ECR wurde ursprünglich für den US-amerikanischen Lebensmittelhandel entwickelt, hat aber längst schon auch bei uns Einzug gehalten.

> *Definition:*
> *Efficient Consumer Response heißt übersetzt „effiziente Reaktion auf die Kundennachfrage". ECR ist ein Konzept zur Optimierung der gesamten Wertschöpfungskette vom Hersteller über den Händler bis zum Verbraucher. Es stellt eine kundenorientierte und ganzheitliche Betrachtungsweise dar, in der alle Beteiligten zusammenarbeiten, um gemeinsam Prozesse effizienter zu gestalten. Ausgangspunkt ist immer der Konsument, dessen Bedürfnisse besser erfüllt werden sollen.*

Daraus folgen zwei grundsätzliche Prinzipien und zwei grundsätzliche Ziele des *Efficient Consumer Response*:

Prinzipien des ECR:	**Ziele des ECR:**
• Fokus auf den Konsumentennutzen	• Effizienzsteigerung in der gesamten Wertschöpfungskette
• Zusammenarbeit zwischen Handel und Industrie/Hersteller/Lieferant	• Steigerung des Umsatzes durch höhere Kundenvorteile

Das bedeutet, dass zwischen Industrie/Hersteller/Lieferant, Handel und Konsument eine gemeinsame Wertschöpfungskette entsteht. Der klassische Stufenansatz mit in sich geschlossenen Bereichen wie Produktion und Lager vernetzt sich zu einem durchgängigen und offenen Prozess. Denn Experten schätzen, dass an den Schnittstellen zwischen den Beteiligten etwa 27 Prozent der Gesamtkosten entstehen.

Mit seinem Denkansatz dient *Efficient Consumer Response* der Wandlung von der klassischen Push-Versorgung zur Pull-Versorgung, deren Auslöser der Konsument mit seinen Bedürfnissen und Wünschen ist.

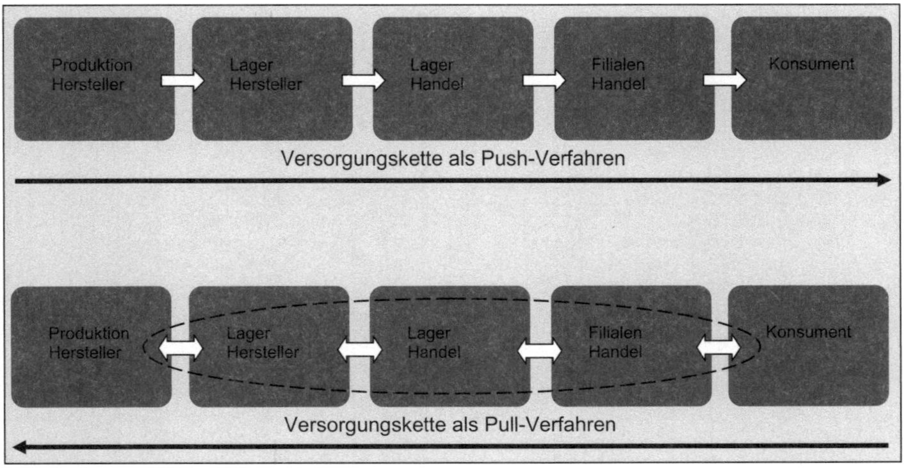

Abb 25: Wandlung von der klassischen Push-Versorgung zur Pull-Versorgung

Um dies zu erfüllen, sind die Schnittstellen in der Dreier-Beziehung Kunde – Handel – Hersteller zu optimieren. Dabei werden vor allem zwei Prozessstrategien verfolgt:

- Optimierung der Supply Side (Versorgungsseite) im Rahmen des **Supply Chain Management**: Es befasst sich im Wesentlichen mit allen Themen, die einen effizienteren Warenfluss vom Hersteller bis zum Konsumenten garantieren. Hierzu gehören Instrumente wie Cross Docking, Efficient Replenishment und Efficient Unit Loads

- Optimierung der Demand Side (Nachfrageseite) im Rahmen des **Category Management**: Es befasst sich intensiv mit den Erwartungen der Verbraucher. Zu den Strategien gehören Efficient Product Introduction, Efficient Assortment und Efficient Promotion

Basistechnologien sind notwendige Voraussetzungen, damit ECR sinnvoll umgesetzt werden kann. Dazu gehören unter anderem Electronic Data Intercharge (EDI), Barcodes, Scannerkassen und Warenwirtschaftssysteme. Mittlerweile wird auch die RFID-Technologie (Radio-Frequency Identification) für das ECR-Konzept genutzt. So werden beispielsweise Güterdaten mit Hilfe von EDI nur einmal in das System eingegeben und dann von allen Partnern genutzt; Verkaufsdaten werden mit Hilfe der Barcodes und Scannerkassen einmalig beim Verkaufsvorgang eingelesen und automatisch weitergegeben.

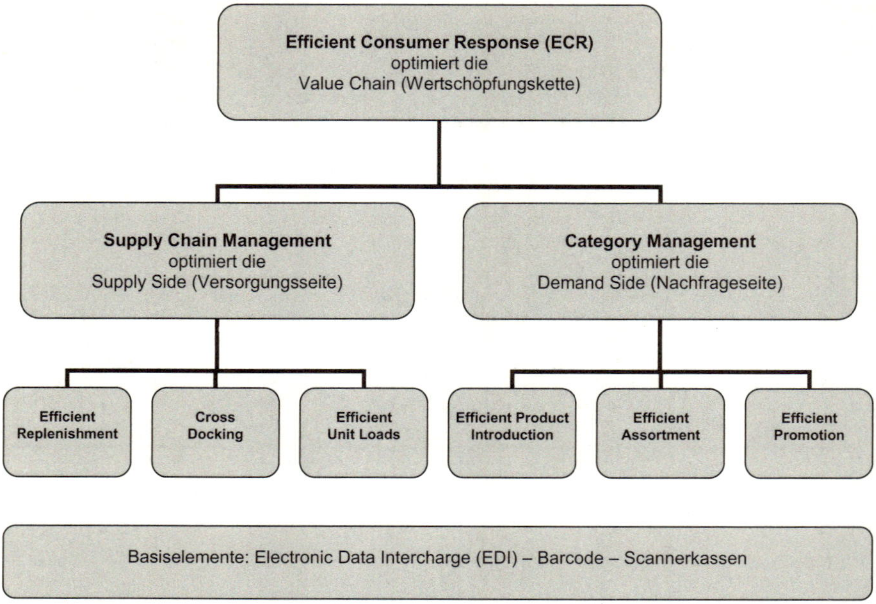

Abb 26: Efficient Consumer Response im Überblick

3.2.2 Supply Chain Management

Unter Supply Chain Management (SCM) wird die Erarbeitung eines kostenoptimierten Logistikkonzeptes unter Betrachtung der gesamten Wertschöpfungskette verstanden. Durch die optimale Gestaltung der Waren- und Informationsflüsse soll ein dem Kundenbedürfnis entsprechendes Sortiment bereitgestellt werden. Das SCM geht also über die in sich geschlossenen Logistikaufgaben (Warentransport, Lagerung, Kommissionierung, Warenmanipulation und -pflege) hinaus und bindet prozessübergreifende Schritte ein.

3.2.3 Strategien des Supply Chain Management

- **Efficient Replenishment:** Es sorgt für die effiziente Warenversorgung und den effizienten Warennachschub. Ziel ist eine harmonisierte Logistikkette zwischen Hersteller, Lieferant und Händler. Dabei werden die Schnittstellen so ausgerichtet, dass ein möglichst reibungslosen Güter- und Informationsfluss gewährleistet ist. Hierzu gewährt der Handel dem Hersteller bzw. Lieferanten Einblick in seine Lagerdaten und Abverkaufszahlen. Die gewünschte Ware soll somit jederzeit in ausreichender Menge am Verkaufsort sein. Dazu erfassen beispielsweise Scannerkassen die Verkaufsdaten am Point of Sale, die dann direkt an den Hersteller weitergeleitet werden. Mit den Daten kann der Hersteller kurzfristig für den optimalen Nachschub sorgen.

  Somit werden der Kundennutzen durch die bessere Verfügbarkeit der Ware gesteigert und die Kosten durch die verbesserte Logistikkette reduziert. Das Konzept eignet sich vor allem für Sortimente, die gleichmäßig verkauft werden, bei Saisonartikel ist Efficient Replenishment nur schwierig einzubeziehen.

- **Cross Docking:** Der Grundgedanke des Cross Docking ist eine empfängerorientierte Zusammenstellung der Warensendungen ohne deren Einlagerung. Zwischenlager werden beim Cross Docking zu reinen Umschlagspunkten, in denen die Ware von verschiedenen Lieferanten angeliefert, neu kommissioniert und umgehend an die Kunden ausgeliefert wird. Durch die Empfängerorientierung des Lieferanten kann die Ware schnell aus dem Lager des Empfängers an die Filialen weitergegeben werden. Man unterscheidet zwischen ein- und zweistufigem Cross Docking.
  Im einstufigen Cross Docking kommissioniert der Lieferant die Sendung für den End-Empfänger, also beispielsweise für eine Filiale des Händlers. Dadurch kann die logistische Einheit unverändert über das Zentrallager des Händlers an die Filialen weitergegeben werden. Die logistischen Einheiten sind also schon jeweils auf eine spezifische Filiale abgestimmt.
  Im zweistufigen Cross Docking kommissioniert der Lieferant die Sendungen nicht für den End-Empfänger, sondern für einen Cross Docking Point, der beispielsweise ein Zentrallager des Händlers sein kann. Als Cross Docking Point wird der Anlieferungspunkt für den Lieferanten bezeichnet. Erst dort findet die endempfängerbezogene Kommissionierung statt.

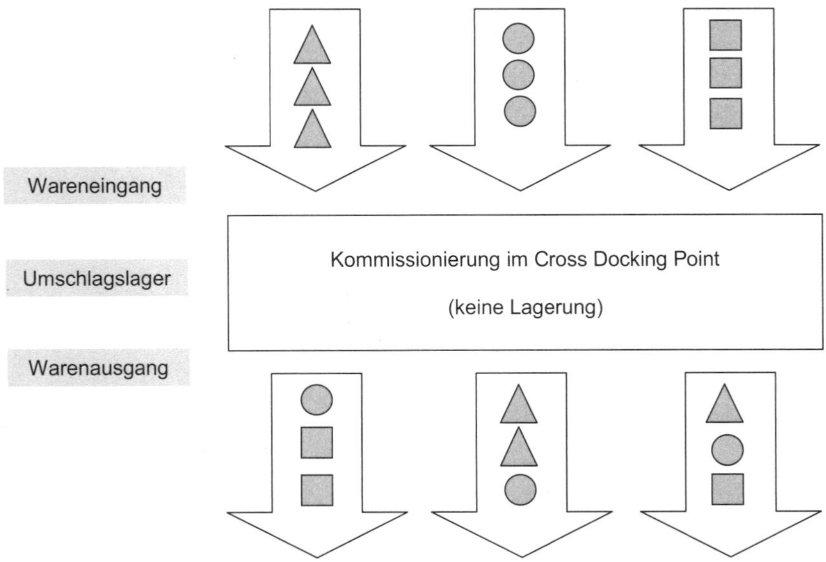

Abb 27: Cross Docking Point als Umschlagspunkt

- **Efficient Unit Loads (EUL):** Mit den Efficient Unit Loads geht es um die einheitliche Gestaltung kompatibler Transport- und Ladeeinheiten (Unit Loads), um Waren zwischen Hersteller und Empfänger möglichst wenig - am besten gar nicht - umladen und umzupacken zu müssen. Waren und Sortimente werden zu logistischen, kompatiblen Einheiten zusammengefasst, um das Handling, die Lagerung und den Transport zu erleichtern. Durch die Schaffung einheitlicher Ladungsträger und Transportverpackungen (z. B. Regale, Rollcontainer, Ladeeinheiten, Paletten, Transportgefäße, Beladungs- und Entladungshilfsmittel, Lagersysteme) sollen Transport und Lagerraum bestmöglich genutzt werden, so dass eine durchgängig hohe Flächen- und Volumenauslastung der Kapazitäten erreicht werden kann.

Die Metro Group beschreibt die Praxis so: „Das Einsortieren von Dosensuppen in einen Karton erzeugt beispielsweise eine Unit Load, ebenso das Stapeln mehrerer Kartons auf einer Palette. Effizient sind logistische Einheiten allerdings erst dann, wenn alle Komponenten entlang der Lieferkette optimal aufeinander abgestimmt sind. Das heißt: Erst wenn Transportverpackungen, Paletten, Hochregale, aber auch Ladeflächen von Lkw, Laderampen, Warenein- und -ausgangstore sowie Lager- und Umschlagplätze nach vorgegebenen Standards bemessen sind, können Waren effizient verteilt und gelagert werden. Daraus ergeben sich Wettbewerbs- und Kostenvorteile für den Handel und die Industrie. Experten schätzen, dass durch die Anwendung von EUL-Standards die Logistikkosten um zwischen 13 und 27 Prozent reduziert werden können."

3.2.4 Category Management

Das Category Management ist ein gemeinsam von Händlern, Herstellern und Lieferanten durchgeführter Prozess, bei dem Produkt- und Servicekategorien als strategische Geschäftseinheiten geführt werden. Die Waren werden kategorisiert, in geeignete Warengruppen zusammengefasst und diese aus Konsumentensicht analysiert und optimiert. Durch Erhöhung des Kundennutzens wollen die Akteure Ergebnisverbesserungen erzielen.

Eine Category stellt dabei eine abgrenzbare und eigenständig steuerbare Gruppe von Produkten dar, die Zielkunden als zusammengehörig oder austauschbar für die Befriedigung ihrer Bedürfnisse sehen. Für den Handel bedeutet das Category Management, seine Preispolitik, seine Verkaufskonzepte, seine Verkaufsförderung und sein Produktportfolio auf die Bedürfnisse der Verbraucher und auf die Wettbewerbssituation abzustimmen. Hierbei stehen primär folgende Ziele im Fokus:

- Verbesserung der Flächenproduktivität
- Stärkere Kundenbindung
- Zielgruppen- und standortgerechte Sortimente
- Bessere Platzierungen
- Informationsgewinnung über Käuferverhalten und Trends in der Category

Erreicht werden soll dies beispielsweise über

- das konsumentengerechte Sortiment
- übersichtliche Regalgestaltung und Orientierungshilfen am Regal
- Gruppierung der Artikel nach Verwendungszusammenhang
- bessere Artikelverfügbarkeit durch abgestimmte Lieferung
- Integration von Artikelinnovationen
- Führung des Kunden im Geschäft durch gezielte Anordnung der Warengruppen

3.2.5 Die Basisstrategien von Category Management

Grundlage für den Category Managementprozess sind die Basisstrategien Efficient Assortiment, Efficient Promotion und Efficient Product Introduction. Hier spricht man auch von den flankierenden Aktionsfeldern des Category Management.

- **Efficient Store Assortiment:** Unter dem Efficient Store Assortment (Effiziente Sortimentsgestaltung) wird die Definition eines optimalen Sortimentsportfolios verstanden, das sowohl den Nutzen für den Konsumenten, als auch die Geschäftsergebnisse des Händlers und Lieferanten verbessern soll. Die Sortimentsgestaltung erfolgt gemeinsam mit Händler und Lieferant, dessen Ziel es ist, die Warenbestands- und Flächenproduktivität zu optimieren. Dazu wird zwischen Mengen-, Profit- und Strategie-

Artikeln unterschieden. Mengenartikel werden nach dem Umsatz, Profitartikel nach dem Deckungsbeitrag ausgewählt. Strategie-Artikel sind z.B. Frequenzbringer.
Notwendige Voraussetzung ist eine artikelbezogene Kostenrechnung. Ziele sind:

- Optimierung der Sortimente mit zielkundenentsprechenden Sortimentsbreiten und Sortimentstiefen
- Optimierung der Filial-Lagerbestände zur Erhöhung der Lagerumschlagshäufigkeit
- Regaloptimierung mit abverkaufsgerechter Platzierung der Artikel und einem verkaufswirksamen Regalbild
- Erhöhung der Flächenproduktivität
- Standardisierung der Produktplatzierung

- **Efficient Promotion:** Unter Efficient Promotion wird die Optimierung der Aktionsgestaltung verstanden. Auch hier steht bei der Planung und Durchführung einer Aktion der Konsument im Mittelpunkt. Efficient Promotion geht einher mit der Harmonisierung und Koordinierung der Verkaufsfördermaßnahmen zwischen Handel und Hersteller. Die beworbenen Artikel sollen mit den Bedürfnissen des Konsumenten im Einklang stehen, weniger Bedeutung hat die klassische Preisaktion. Vielmehr spielen Maßnahmen wie Exklusivität, Erlebniseinkauf am PoS, Probieraktionen, usw. eine Rolle.

  Ziele sind die Verbesserung der Warenpräsentation und die Schaffung einer gemeinsamen Informationsbasis durch Datenaustausch zur
  - schnelleren Reaktion auf verändertes Verbraucherverhalten
  - besseren Planung und Bevorratung des Aktionsgeschäftes
  - Minimierung der Handlingkosten

- **Efficient Produkt Introduction bedeutet** die gemeinsame Entwicklung und Einführung neuer Produkte. Ziel von Lieferant und Händler ist es, sich stärker am Konsumentenverhalten zu orientieren, um dadurch die Erfolge neuer Produkte zu sichern. So erarbeiten Hersteller und Handel vor einer Produktneueinführung ein Konzept, um die Entwicklung zu rationalisieren und um teure Flops zu vermeiden. Ziele sind:
  - Optimierung der Produktentwicklung durch Zusammenführung des Know-Hows von Hersteller/Lieferant (Wissen über Konsument und Märkte) und Händler (Wissen über Warengruppen und Artikel)
  - Senkung der Entwicklungskosten
  - Controlling der Markteinführung neuer Artikel
  - Gemeinsame Durchführung von Artikeltests (z. B. Testverkäufe in Filialen)
  - Austausch von Abverkaufsdaten und gemeinsame Beurteilung der Markteinführung
  - Senkung der Floprate.

3.2.6 Der Category-Prozess

Die Grundlage für ein zielgerichtetes Category Management ist ein mehrstufiger Prozess. Abbildung 4 fasst diesen Prozess zusammen:

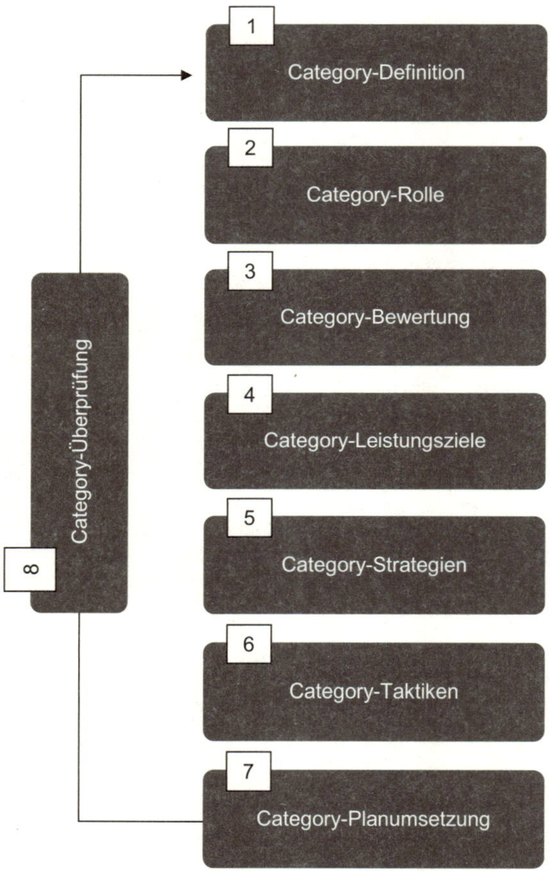

Abb 28: Der Category-Prozess

1. Schritt: Category-Definition

Im ersten Prozessschritt wird eine Definition der Artikel vorgenommen, die der Zielkunde als zusammengehörig für die Befriedigung seiner Bedürfnisse ansieht. Hierbei ist die Frage zu beantworten, welche Artikel der Konsument in einem Bedarfszusammenhang sieht und in welche Segmente er diese zusammenführt. Die Zusammenführung aus Konsumentensicht kann sich von der des Händlers unterscheiden. Abbildung 5 zeigt eine klassische Struktur eines Handelssortimentes, wie sie sich auch bei der Trinkmann GmbH findet. Abbildung 6 zeigt dieses Sortiment aus Kundensicht.

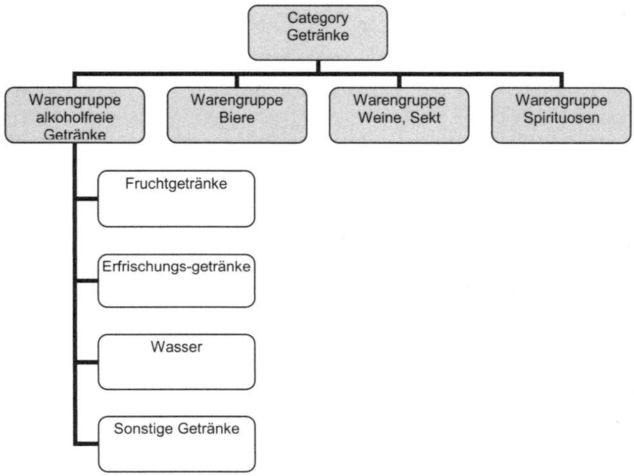

Abb 29: Die klassische Struktur eines Handelssortiments

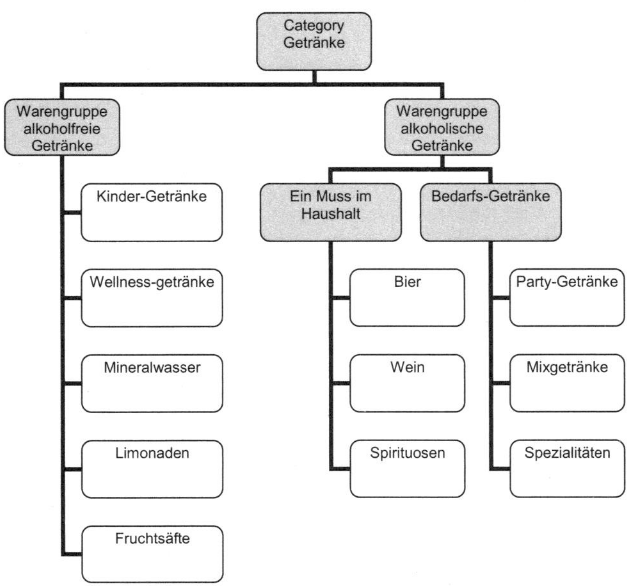

Abb 30: Die Sortimentsstruktur aus Konsumentensicht

2. Schritt: Category-Rolle

Der zweite Schritt weist den Warengruppen eine spezifische Rolle im Unternehmen zu. Die Rolle bestimmt die Priorität und die Wichtigkeit einer Warengruppe im Unternehmen. Im Category-Management werden folgende Rollen unterschieden:

- Profilierungs-Warengruppen: Diese Warengruppen haben für die Zielkunden eine hohe Bedeutung. Mit ihnen kann sich der Händler aus der Sicht des Konsumenten als führender Anbieter profilieren, ihnen einen überdurchschnittlichen Nutzen bieten und somit die Kundenfrequenz erhöhen. Die Verkaufspreise werden oft aggressiv gestaltet, Ergebnisgenerierung spielt nur eine untergeordnete Rolle. Der Anteil dieser Warengruppen beträgt in der Regel etwa fünf Prozent am Sortiment. Dementsprechend erhalten diese Warengruppen die optimale Unterstützung in den Bereichen Warenverfügbarkeit, Verkaufsförderung, Flächen- und Sortimentsgestaltung.
- Pflicht-Warengruppen: Produkte aus den Pflichtwarengruppen gehören oft zum täglichen Bedarf. Hier ist der Händler bestrebt, ein wettbewerbsfähiges, breites, aber nicht zu tiefes Sortiment anzubieten. Diese Warengruppen sind essentielle Bestandteile des Sortiments und nehmen ca. 60 Prozent des Sortimentsumfangs ein. Für den Händler tragen sie wesentlich zur Generierung von Ertrag, Cash Flow und Rendite bei.
- Ergänzungs-Warengruppen: Aufgabe dieser Warengruppen ist es, den Händler aus Kundensicht als umfassenden Anbieter zu präsentieren. Hier wird nur ein eingeschränktes Basissortiment angeboten, um den Kunden ein „One-Stop-Shopping" zu ermöglichen. So führen die Fachmärkte der Trinkmann GmbH als Ergänzung ein kleines Sortiment an Party-Zubehör, Süßwaren und Salzgebäck. Die Preisgestaltung liegt in der Regel über dem der Wettbewerber, da die Ergänzungs-Warengruppen im Wesentlichen die Aufgabe der Margenverbesserung haben.
- Saison-Warengruppen: Die Saison-Warengruppen sollen das Image des Händlers beim Zielkunden verstärken und einen erhöhten Verbrauchernutzen bieten. So führt die Trinkmann GmbH z. B. im Sommer Gartenparty-Artikel.

3. Schritt: Category-Bewertung

Inhalt der Category Bewertung ist eine Analyse der Warengruppen und Artikel durch Betrachtung der Händlerdaten (z. B. Deckungsbeiträge), Marktdaten (z. B. Marktanteile von Warengruppen) sowie Konsumentendaten (z. B. Käuferreichweite eines Artikels). Da weder der Händler noch der Hersteller/Lieferant allein über alle notwendigen Daten verfügt, ist in diesem Prozessschritt eine intensive Kooperation notwendig. Im Zuge dieser Bewertung sollen händlerindividuelle Stärken und Schwächen der Warengruppe erarbeitet werden, um Potenziale und Optimierungsansätze aufzudecken.

4. Schritt: Category-Leistungsziele

Hier werden für die Warengruppen aus den unter Schritt 3 ermittelten Ergebnissen Leistungskriterien und Leistungsziele definiert. Diese Zieldefinitionen werden in einer Scorecard festgehalten. Eine Scorecard ist ein Instrument, um Fortschritte und Ergebnisse innerhalb des Category Management-Prozesses festzuhalten. Die folgende Tabelle zeigt eine mögliche Darstellungsform.

Scorecard zur Überprüfung der Zielvereinbarungen

	Rolle	Bereich	Kennzahl	Ist-Stand '07	Ziel '09	Bemerkung	Quelle
		Finanzen					
Warengruppe 1	Kern		**Umsatz**	200 000 EUR	225 000 EUR	Umsatz ist exkl. MwSt.	Händler
Warengruppe 2	Profil		**Absatzmenge**	165 000	190 000	= verkaufte Stück	Händler
		Konsument					
Warengruppe 1	Kern		**Bedarfsdeckung**	46,2	47,1		Panel
Warengruppe 2	Profil		**Einkaufshäufigkeit**	2	2,5		Panel
		Produktivität					
Warengruppe 1	Kern		**LUG**	6,8	8,1	auf Stückbasis ermittelt	Händler
Warengruppe 2	Profil		**Warenverfügbarkeit**	92 %	95 %		Händler
		Markt					
Warengruppe 1	Kern		**Marktanteil Menge**	2,50 %	2,80 %		
Warengruppe 2	Profil		**Marktanteil Menge**	4 %	4,60 %		

5. Schritt: Category-Strategien

Nach Festlegung der Category-Rollen und der Leistungsziele werden die Marketing- und Beschaffungsstrategien entwickelt, mit denen die vereinbarten Ziele realisiert werden sollen. Die Ziele der eingesetzten Marketing-Strategien können sein:

- Frequenzsteigerung
- Steigerung des Durchschnitts-Bons
- Verteidigung/Erhöhung von Marktanteilen
- Steigerung des Gewinns
- Begeisterung der Kunden
- Verbesserung des Image

Die Auswahl der Strategie ist eng an die definierte Category-Rolle gekoppelt, da einige Strategien manche Rollen nicht unterstützen: So schließt die Rolle der Pflicht-Warengruppe z. B. die Verteidigung bzw. Erhöhung der Marktanteile aus, da sich dies nicht mit der Aufgabe der Margen-Verbesserung vereinbaren lässt.

6. Schritt: Category-Taktiken

In diesem Schritt werden in Abhängigkeit der ausgewählten Strategie für jede Warengruppe Taktiken festgelegt, mit denen die Strategie umgesetzt wird. Die Taktiken ergeben die einzelnen Handlungsmaßnahmen für die Bereiche:

- Sortimentspolitik
- Preispolitik

- Verkaufsförderung
- Regalpräsentation

Wurde einer Warengruppe die Rolle „Profilierung" zugeteilt, könnte die Taktik darin bestehen, ein hohes Aktionsniveau zu erzielen und die Anzahl der Werbeanstöße zu steigern.

7. Schritt: Category-Planumsetzung

Zielsetzung in diesem Arbeitsschritt ist die sukzessive und flächendeckende Umsetzung des Prozesses. Die wesentlichen Aspekte hierbei sind:

- Erstellung des Rollout-Plans für die Umsetzung (Termine, Verantwortlichkeiten,etc.)
- Berechnung der Kosten für die Umstellung
- Zusammenfassung des Geschäftsplans und Zustimmung der Geschäftsführung
- Information und Einbindung von Filialleitern und anderen Führungskräften
- ggf. Test des Konzeptes in einer Pilot-Filiale oder Durchführung des flächendeckenden Rollout
- Scorecard-Erstellung mit Vorgaben für Überprüfungstermine und Zielerreichungsquoten

8. Schritt: Category-Überprüfung

Der letzte Schritt besteht in der kontinuierlichen Überprüfung der Scorecard und in der Messung der Zielerreichung. Bei Abweichungen sind diese auf die Ursachen zu untersuchen und Korrekturen vorzunehmen.

3.3 Transport

3.3.1 Transportprozesse

Eine der wichtigen logistischen Aufgaben ist der Transport der Ware; der Transport von Ware in einem Handelsunternehmen ist innerhalb der **Beschaffung** sowie des **Absatzes** notwendig.

Innerhalb der **Beschaffung** sind Warenschulden Holschulden; die gesetzliche Regelung sieht vor, dass der Kunde, also das Handelsunternehmen, die Kosten der Lieferung ab Übergabe an das Transportunternehmen übernehmen muss.

Fallbeispiel
Die bei der Huber Brauerei AG in Augsburg bestellten 100 Fässer Weizenbier müssen in das Lager in Gelsenkirchen transportiert werden.

Umgekehrt sind beim **Absatz** die Transportkosten vom Kunden zu tragen. Von der Konkurrenzsituation abhängig, im Großhandel noch von der Marktstärke des einzelnen Kunden, ist dies nicht immer durchzusetzen.

Fallbeispiel
Die Trinkmann GmbH als Zustellgroßhandel transportiert die Waren zum Kunden.

Die beschriebenen Beispiele sind dem **externen Transport** zuzuordnen; beim **internen Transport** wird die Ware innerhalb des Unternehmens befördert.

Fallbeispiel
Die Waren für die Fachmärkte der Trinkmann GmbH müssen täglich vom Zentrallager in Gelsenkirchen zu allen Filialen transportiert werden.

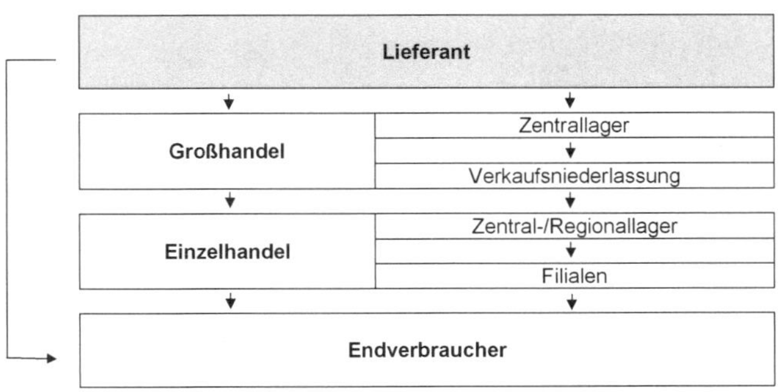

Abb 31: Transportprozesse

Dabei wird die Notwendigkeit einer schnellen Belieferung immer wichtiger für die Handelsunternehmen. Dazu kommt, dass die Lagerhaltung in den großen Handelsunternehmen zentralisiert wurde, was wiederum innerbetrieblichen Transport erfordert. Diese Herausforderungen haben dazu geführt, dass viele Handelsunternehmen den Transport der Waren fremd vergeben haben. Daher ist eine wichtige Entscheidung der Logistik, wer die Durchführung des Transports übernimmt:

3.3.2 Eigen- und Fremdtransport

Die Entscheidung zwischen Eigen- und Fremdtransport ist von folgenden Kriterien abhängig

	Eigentransport	**Fremdtransport**
Kostenhöhe und -struktur	Das Handelsunternehmen hat fixe und variable Kosten. *Fallbeispiel* *In schwachen Umsatzmonaten werden die Lieferungen der Trinkmann GmbH intern und extern reduziert; die Mitarbeiter des Fuhrparks sind nicht ausgelastet.*	Das Handelsunternehmen hat lediglich variable Kosten, das Transportunternehmen wird nur bei Bedarf beauftragt.
Flexibilität	Auf Kundenwünsche bzw. unerwarteten eigenen Bedarf kann schnell reagiert werden.	Die Flexibilität ist abhängig von der Zusammenarbeit mit dem Transportunternehmen; in der Regel kann der Frachtführer schnell den Transport durchführen, auch bei unerwarteter Nachfrage.
Qualität	Jede Lieferung kann individuell auf den Lieferanten bzw. Kunden abgestellt werden. *Fallbeispiel* *Die Trinkmann GmbH stimmt mit den Kunden der Gastronomie individuell die Anlieferungszeiten ab, so dass auch ein Mitarbeiter angetroffen wird, der die Ware annehmen kann, bzw. die Fahrer der Trinkmann GmbH einen Schlüssel haben, so dass die Ware auch ohne Anwesenheit des Kunden ausgeliefert werden kann.*	Das Handelsunternehmen nutzt das „Know how" des Frachtführers, seine Professionalität.
Kapazität	Bei unerwarteter Auftrags- bzw. Umsatzsituation wird es für das Handelsunternehmen schwierig, alle Transporte selbst vorzunehmen. *Fallbeispiel:* *An heißen Sommertagen nimmt der eigene Transportbedarf zu, die Kunden bestellen verstärkt und die Fachmärkte der Trinkmann GmbH müssen gleichzeitig mehrmals täglich beliefert werden. Dies ist nicht mehr vom eigenen Fuhrpark zu leisten*	Das Handelsunternehmen ist unabhängig, auch eine große Nachfrage am Markt kann erfüllt werden.

Beim Eigentransport handelt es sich meist um Werkverkehr, das Unternehmen befördert zu eigenen Zwecken. Der **Werkverkehr** ist erlaubnisfrei und es bestehen Versicherungserleichterungen gegenüber dem Güterkraftverkehr. Daher hat der Gesetzgeber hierzu Kriterien definiert:

- Die beförderte Ware muss Eigentum des Unternehmens oder von ihm gekauft worden sein.
- Die Beförderung muss eine Anlieferung der Ware zum Unternehmen oder ein Versand vom Unternehmen sein.
- Das verwendete Kraftfahrzeug muss von eigenem Personal geführt werden.

Beim Eigentransport kann der Transport zu den Kunden in Touren erfolgen. Dabei werden immer wiederkehrende Fahrten zu Kunden der selben Region zusammengefasst. Im Eigentransport kann, im Fremdtransport wird heute immer die **Tourenplanung** durch ein computergestütztes Warenwirtschaftssystem vorbereitet. Die Transportkosten werden hierdurch gesenkt und die Lieferzeiten verkürzt.

Beteiligte

Beim Fremdtransport setzt das Handelsunternehmen oft einen **Spediteur** ein. Dies ist ein Dienstleistungsunternehmen, das die Beförderung organisiert. Klassische Spediteure, HGB-Spediteure oder „Schreibtisch"-Spediteure beauftragen dann **Frachtführer**, die den eigentlichen Transport durch LKW, Eisenbahn, Binnenschiff, Seeschiff oder Flugzeug übernehmen. Heute beschränken sich aber immer weniger Spediteure auf die Organisation der Beförderung, sondern werden auch als Frachtführer tätig oder organisieren die gesamte Logistik des Handelsunternehmens vom Transport – intern und extern - über die Lagerhaltung, Zollabwicklung bis zur Kommissionierung.

3.3.3 Transportwege, –mittel und –arten

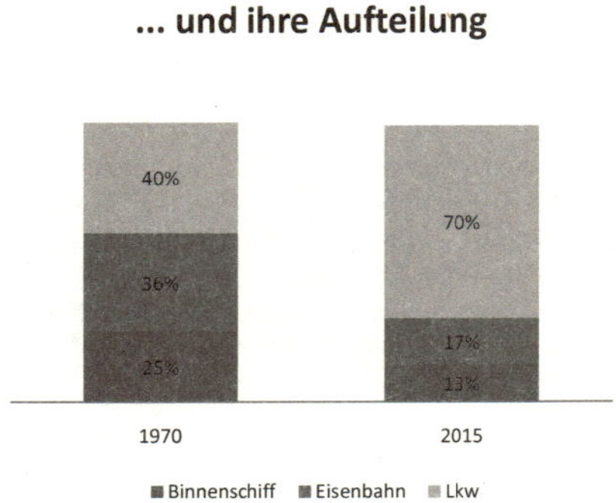

Straßenverkehr und LKW

Der LKW ist das häufigste Transportmittel, denn der LKW kann jeden Ort befahren, von Haus zu Haus befördern und dies 24 Stunden. Gerade die großen Filialunternehmen mit einer Vielzahl von kleinen Filialen nutzen oft die Nacht, ihre Geschäfte vom Zentrallager aus zu beliefern. In Citylagen kann der LKW Anlieferungszeiten morgens und vormittags berücksichtigen, eine spätere Belieferung ist dort oft nicht mehr möglich. Innerhalb Deutschlands weist der Straßenverkehr noch die kürzesten Transportzeiten auf.

Doch die Transportdauer kann sich durch Verkehrsstörungen und Witterungseinflüsse stark verlängern. Unsere Straßen sind überlastet, die Investitionen des Staates für Straßenbau halten kaum mit der Verkehrszunahme Schritt, so dass Staus und Behinderungen in Zukunft noch zunehmen werden. Auch ist der LKW in seinem Transportvolumen eingeschränkt. Dies ist vor allem für die großen Handelsunternehmen von Nachteil, bei Aktionsware müssen ganze Flotten von LKWs das Unternehmen beliefern. Deshalb geht der Trend zu immer größer werdenden Lastwagen. Neue Super-Laster mit bis zu 60 Tonnen Gesamtgewicht und 25,25 Metern Länge und acht Achsen sollen den drohenden Verkehrskollaps auf europäischen Straßen verhindern.

Trotz eines hohen Energieverbrauchs zählt der LKW zu den preisgünstigeren Transportmitteln. Die Frachtkosten sind abhängig von der Beförderungsstrecke, dem Gewicht der Ladung und der Güterart mit ihren Handlingkosten. In Zukunft ist zu erwarten, dass die Transportkosten trotz steigender Ölpreise eher niedriger werden; die rechtlichen Vorschriften innerhalb Europas werden vereinheitlicht, Grenzformalitäten fallen weg und auch ausländische Transportunternehmen können ihre Dienste anbieten.

Schienenverkehr und Eisenbahn

Der Anteil des Transports mit der Eisenbahn am gesamten Güterverkehrsaufkommen, hier in Deutschland vorwiegend durch die Deutsche Bahn AG, nimmt von Jahr zu Jahr ab, obwohl die Schiene eine sehr umweltfreundliche Beförderung ist. Außerdem ist der Schienenverkehr unabhängig von Staus sowie Sonn- und Feiertagsfahrverboten und nicht so anfällig gegenüber dem Wetter. Leider benutzen Güter- und Personenverkehr teilweise das gleiche Schienennetz, so dass es auch im Güterwagenverkehr Fahrpläne gibt. Fast alle Warenarten können mit der Bahn transportiert werden – sperrige, schwere Ware und Massengüter – und auch für Gefahrengüter gibt es kaum Einschränkungen. Außerdem ist das Schadensrisiko durch Unfälle oder Diebstahl wesentlich geringer als auf der Straße.

Im Handel fallen in jedem Fall noch An- und Abtransporte zum/vom Bahnhof an, die den Transport verteuern und die Lieferzeiten verlängern. Daher will die Deutsche Bahn AG in Zukunft noch stärker als Gesamtlogistiker auftreten, Kooperationen mit Spediteuren und Frachtführern sind bereits vereinbart.

Die Kosten beim Schienenverkehr sind abhängig vom Gewicht der Ware, von der Güterwaggonart und der Strecke. Für Gefahrengüter wird ein Aufpreis verlangt.

Schifffahrt mit Binnenschiff und Seeschiff
Grundsätzlich gilt bei der Wahl des Transports durch Schiffe, dass lange Beförderungszeiten in Kauf genommen werden.

Mit dem Binnenschiff werden vor allem schwere und sperrige Güter und Massengüter transportiert. Die Kosten sind wesentlich geringer als auf der Schiene, das Transportrisiko ist so gering wie auf der Schiene, doch zu der ohnehin schon langen Transportdauer können noch Verzögerungen durch zu niedrige oder zu hohe Wasserstände oder Eisgang auftreten.

Das Seeschiff ist wegen der günstigen Kosten das wichtigste Beförderungsmittel zwischen den Kontinenten. Neben den langen Beförderungszeiten muss noch beachtet werden, dass die Ware aufwändig verpackt und gegen Schädlinge geschützt werden muss.

Beim Schiff fallen immer Umladungen an sowie der An- bzw. Abtransport zum/vom Hafen. Die großen Seeschiffhäfen sind jedoch heute modernste Logistikzentren, in denen die Container ohne große Zeitverzögerung vom Schiff direkt auf die Bahn oder den LKW geladen werden.

Im Seeschiffsverkehr bzw. Außenhandel sind die **Incoterms** von besonderer Bedeutung. Sie sind international standardisierte Handelsbräuche, die die Rechte und Pflichten von Verkäufer und Käufer regeln. Die Incoterms gelten nicht automatisch, sie müssen ausdrücklich vereinbart werden. Durch die Incoterms werden geregelt:

- Warenlieferung und -zahlung
- Besorgung von Lizenzen, Genehmigungen, Erledigung von Formalitäten, Beschaffung aller Dokumente
- Beförderungs- und Versicherungsvertrag
- Lieferung und Abnahme
- Gefahrenübergang
- Kostenübergang und -teilung
- Benachrichtungspflichten des Verkäufers und Käufers
- Liefernachweis und Transportdokumente
- Prüfung, Verpackung, Kennzeichnung

Luftfrachttransport mit dem Flugzeug
Verderbliche Ware wie z.B. Blumen, Obst, wertvolle Ware, Tiere, aktuelle Ware wie z.B. Zeitungen werden trotz der hohen Kosten über weite Strecken mit dem Flugzeug versendet. Die Beförderungszeiten sind sehr kurz, es ist ein zuverlässiges und sicheres Transportmittel. Oft bieten die Fluggesellschaften ein Dienstleistungspaket an, das neben dem Transport noch den An- und Abtransport sowie Verzollung und Zollabfertigung umfasst. Auch im Luftverkehr gibt es neue Transportriesen: Der Riesen-Airbus kann bis zu 150 Tonnen über 10400 km befördern.

Rechtliche Abwicklung
Wird die Ware mit Unterstützung des Spediteurs befördert, so kann dieser Vertrag zwischen dem Handelsunternehmen und dem Spediteur frei vereinbart werden, er ist an keine Form gebunden. Oft werden die vom Verband des Speditionsgewerbes in Zusammenarbeit mit den Frachtführern entwickelten Geschäftsbedingungen der Spediteure, die **Allgemeinen Deutschen Spediteurbedingungen (ADSp)** wirksam. Auch der Bundesverband des Deutschen Groß- und Außenhandels (BGA) und der Handelsverband Deutschland (HDE) empfehlen ihre Anwendung. Die ADSp können für Speditions-, Facht- und Lagerverträge gelten.

Besonders problematisch für ein Handelsunternehmen sind die Lagerung und der Transport von so genannten Gefahrenstoffen. Der Gesetzgeber versteht unter gefährlichen Gütern Stoffe und Gegenstände, von denen Gefahren für die öffentliche Sicherheit oder Ordnung, für Leben und Gesundheit von Menschen sowie für Tiere ausgehen können. Der Umgang mit derartigen Stoffen ist in der **Gefahrstoffverordnung (GefStoffV)** geregelt, die Beförderung im **Gesetz über die Beförderung gefährlicher Güter**. Das Handelsunternehmen hat dem Spediteur bzw. Frachtführer rechtzeitig schriftlich oder in sonst lesbarer Form die Art der Gefahr und, soweit erforderlich, zu ergreifende Vorsichtsmaßnahmen mitzuteilen.

Das ADR (Accord européen relativ au transport international des marchandises dangereuses par route), ein europäisches Übereinkommen über die internationale Beförderung gefährlicher Güter, regelt, welche gefährlichen Güter zur Beförderung zugelassen sind und nennt die Bedingungen. Darin sind die gefährlichen Stoffe nach ihren grundlegenden Eigenschaften und ihren Hauptgefahren in Gefahrklassen zusammengefasst:

Gefahrklasse	Bezeichnung	Beispiele
1	Explosive Stoffe und Gegenstände mit Explosivstoff	Feuerwerkskörper, Munition
2	Gase	Propan, Sauerstoff, Spraydosen
3	Entzündbare flüssige Stoffe	Benzin, Äthylalkohol, Heizöl
4.1	Entzündbare feste Stoffe, selbstzersetzliche Stoffe	Zündhölzer, Filmzelluloid
4.2	Selbstentzündliche Stoffe	Weißer Phosphor
4.3	Stoffe, die in Berührung mit Wasser entzündliche Gase entwickeln	Calciumcarbid
5.1	Entzündend (oxidierend) wirkende Stoffe	Ammoniumnitrathaltige Düngemittel
5.2	Organische Peroxide	Kunststoffkleber
6.1	Giftige Stoffe	Pestizide
6.2	Ansteckungsgefährliche Stoffe	Krankenhausabfälle
7	Radioaktive Stoffe	Uran-Metall
8	Ätzende Stoffe	Schwefelsäure, Natronlauge
9	Verschiedene gefährliche Stoffe und Gegenstände	Verflüssigtes Metall, Asbest

Gehört die Ware zu den aufgeführten Gütern, muss bei Transport und Lagerung diese besonders gekennzeichnet werden. Die Gefahrzettel müssen an den Versandstücken, am LKW und an den Tanks oder Containern angebracht werden, um bei Unfällen eine sachgerechte und rechtzeitige Hilfe sicherzustellen.

Handelsunternehmen, die die oben genannten Stoffe befördern, versenden oder verpacken, müssen einen **Gefahrgutbeauftragten** bestellen sowie diesen aus- und fortbilden.

3.3.4 Transportnetzwerke

Nur im Direktverkehr wird ein einziges Transportmittel gewählt. In der Logistik wird oft versucht, die Vorteile der einzelnen Transportmittel miteinander zu kombinieren, unterschiedliche Transportarten werden zu einer **Transportkette** verbunden. Dabei wird unterschieden:

- **Gebrochener Verkehr**: Hier wird die **Ware** von einem Transportmittel auf das andere umgeladen.
- **Kombinierter Verkehr**: Die **Ware** wird **im Transportbehälter** – im Container, Sattelauflieger – umgeladen. Beim Huckepack-Verkehr übernimmt zunächst der LKW den Antransport zum Bahnhof/Umschlagplatz, der LKW wird dann komplett auf den Güterwagen geladen, der weitere Transport läuft über die Schiene. Am Ankunftsbahnhof übernimmt wieder der LKW den Transport. Lenk- und Ruhezeiten können auf der Schiene eingehalten werden. Auch beim **Roll-on/Roll-off** oder **Ro-Ro-Verkehr** wird der An- und Abtransport auf der Straße vorgenommen, Sattelauflieger mit Traktoren, Erntemaschinen, Mobilkränen oder Schwertransporten gehen von der Straße direkt auf das Binnenschiff und wieder im Ankunftshafen auf die Straße. Bei Transporten von und nach Großbritannien und Skandinavien kann die Umladung direkt auf die Fährschiffe erfolgen. Beim **Containerverkehr** werden die Container auf verschiedenen Transportwegen befördert z.B. vom Seeschiff bis Hamburg, vom Binnenschiff bis Duisburg und dann auf dem LKW zum Zentrallager des Handelsunternehmens in Essen.

Beim kombinierten Verkehr kann es zu erheblichen Haftungsproblemen kommen, da die unterschiedlichen Beförderungsarten verschiedene Vertragsbedingungen vorsehen.

Bei allen Beförderungsarten kann das Unternehmen entscheiden, das Transportmittel im Ganzen zu beanspruchen – den LKW, den Güterzug, das Schiff oder Flugzeug – oder von einem Spediteur die Ware zusammen mit Ware anderer Unternehmen als **Sammelladung** zu transportieren. Bei der Sammelladung sammelt der Spediteur die Ware verschiedener Absender einer Region, fasst sie nach Zielgebieten zusammen und lässt sie zu einem Empfangsspediteur bringen, der die Ware wieder als Einzelsendung zu den Empfängern bringt.

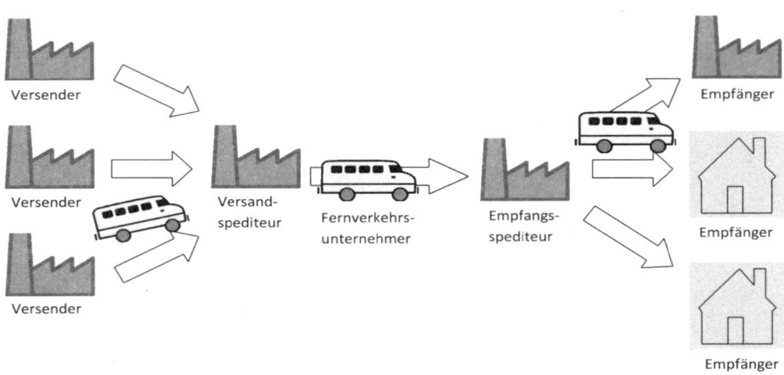

Abb 32: Transportnetzwerke

Eine besondere Art der Sammelladung sind die Kurier-, Express- und Paketdienste. Kleine Sendungen werden sehr schnell und zuverlässig befördert.

- **Kurierdienst**: Dokumente, Wertsendungen und Kleinsendungen werden individuell begleitet befördert. Oft werden sie regional eingesetzt wie z.B. Stadtkuriere. Doch sie können auch international eingesetzt werden, um ein dringend benötigtes Ersatzteil schnellst möglich zu versenden.
- **Expressdienst**: Die Sendungen werden mit garantierten Lieferzeiten zugestellt.
- **Paketdienst**: Sie befördern Ware bis ca. 35 kg.

Häufig werden heute Sendungsverfolgungssysteme eingesetzt, um

- die Sendung auf Vollständigkeit zu überprüfen
- Frachtführer und Empfänger rechtzeitig zu informieren
- Auftraggebern Auskunft zu geben
- Transport- und Umschlagzeiten zu minimieren.

Eingesetzte Systeme sind der Barcode oder RFID.

3.3.5 Transportkosten

Anfallende Kosten sind

beim **Eigentransport**
- Benzinkosten
- Kfz-Kosten wie Anschaffung, Reparaturen
- Versicherungen, Steuern
- Personalkosten
- Kosten der Hilfsmittel wie z.B. Fördermittel, Wartungskosten

beim **Fremdtransport**
- Transportkosten

Neben der Kostenfeststellung prüft das Handelsunternehmen die **Transportzeit** pro Transportauftrag, um die Transportzeiten zu minimieren. Transportzeiten werden mit den Kosten für den Transport und für die Lagerhaltung bzw. Vorfinanzierung abgewogen und begutachtet. Beim Eigentransport wird der **Auslastungsgrad** der LKWs geprüft, um immer wieder den Eigentransport einer Kontrolle zu unterwerfen. Neben den Kennziffern ist noch wichtig, ob der Transport auf die gewählte Art zuverlässig und flexibel durchgeführt wird. Transportschäden dürfen nicht auftreten.

3.4 Lagerwirtschaft

3.4.1 Funktionen der Lagerwirtschaft

Natürlich wünscht sich jedes Handelsunternehmen – genauso wie die Industrie - eine „Just-in-time"-Belieferung: Der Zeitpunkt der An- und Auslieferung bzw. Verkaufs sind identisch. Aber die spezifischen Funktionen des Handels wie die Zeitüberbrückung, die Warenfunktionen bringen mit sich, dass dies meist nicht möglich ist, dass es ja gerade die besondere Funktion des Handels ist, ein Lager bereit zu halten.

Die Entscheidungen über den Lagerstandort, die Lagergröße und die Lagertechnik gelten für einen langfristigen Zeitraum und haben daher strategischen Charakter.

Lagerfunktionen

Ausgleichsfunktion	Einkauf und Absatz der Ware sind im Handel in vielen Branchen nicht zeitgleich durchzuführen. Aus diesem Grund muss ein Lager geführt werden. Im Einzelhandel sowie im Absatzhandel dient das Verkaufslager zusätzlich als wichtiges Absatzinstrument innerhalb der Verkaufsförderung. Auch mengenmäßig können innerhalb der Beschaffung Schwierigkeiten auftreten; Mindestabnahmemengen zwingen das kleinere Handelsunternehmen dazu, Stückzahlen abzunehmen, die den eigentlichen Bedarf übersteigen.
Sicherungsfunktion	Sowohl auf der Beschaffungs- wie auch auf der Absatzseite sind exakte Zeiten nicht zu berechnen: Im Einkauf kann es zu Lieferverzögerungen kommen; z.B. können Lieferanten durch Insolvenz ausfallen, Streiks in Südeuropa halten die LKWs auf. Auf der Verkaufsseite ist der Absatz noch schwerer zu bestimmen. Zur Sicherung einer ständigen Verkaufsbereitschaft führen die Handelsunternehmen in den meisten Branchen ein Lager.
Spekulationsfunktion	Zu erwartende Preis- und Devisenkurserhöhungen können das Handelsunternehmen veranlassen, über den Bedarf hinaus Ware einzukaufen.

Wareneingangskontrolle

Neben den eigentlichen Lageraufgaben wird im Lager die Wareneingangskontrolle durchgeführt. Jede Lieferung wird zunächst vor Annahme geprüft auf Empfängeranschrift, Absender, Art und Zahl der angelieferten Einheiten und den Zustand der Versandverpackung oder der unverpackten Ware. Bei einer unbeanstandeten Prüfung wird dem Anlieferer die ordnungsgemäße Übergabe bestätigt, bei Falschlieferungen wird die Ware zurückgegeben, unvollständige Lieferungen oder Beschädigungen der Verpackung bzw. der unverpackten Ware werden auf den Transportpapieren vermerkt und vom Anlieferer bestätigt.

Nach HGB § 377 muss der Kaufmann die Ware unverzüglich nach Wareneingang auf Mängel prüfen. Die Ware wird unverzüglich ausgepackt, nach Artikeln sortiert und Art, Menge und Beschaffenheit mit Lieferschein, Rechnung und Auftrag verglichen. Mängel werden schriftlich festgehalten. Der Einkauf zeigt die Mängel innerhalb der gesetzlichen bzw. vertraglichen Fristen beim Lieferanten an.

Sind Qualität, Funktionsfähigkeit, chemische Zusammensetzung oder physikalische Eigenschaften der Ware nicht sofort erkennbar, wird eine sorgfältige Qualitätsprüfung von Fachleuten vorgenommen, ggf. in Prüflaboren. Große Handelsunternehmen führen eine eigene Qualitätskontrolle durch. Dabei ist zu bedenken, dass diese den Warenfluss, die Auslieferung an die Filialen verzögert. Daher gehen marktstarke Unternehmen dazu über, die Wareneingangskontrolle an den Lieferanten rückzudelegieren, meist sind diese Lieferanten ISO-zertifiziert, so dass Prüfabläufe garantiert werden.

Warenmanipulation
Hier wird die Ware den Wünschen des Kunden angepasst, für ihn verwertbar. Die Erstellung einer marktgerechten Qualität und Quantität steht im Vordergrund der Tätigkeiten, dabei werden die Grundstoffe der Ware nicht verändert: z. B. werden die Waren sortiert, gereinigt, gemischt, veredelt, verpackt, ausgezeichnet. Ebenfalls der Warenmanipulation zuzurechnen ist die Pflege der gelagerten Waren.

Die Bedeutung und der Umfang der Warenmanipulation sind von der Marketingstrategie des jeweiligen Betriebes abhängig. Die Manipulation dient einerseits der Vorbereitung des Verkaufs, d.h. die Ware wird standardgemäß, den allgemeinen Kundenwünschen entsprechend manipuliert. Andererseits kann die Warenmanipulation ein Teil der Servicepolitik sein, wobei die Manipulation der Ware auf den speziellen Kundenwunsch hin durchgeführt wird.

Fallbeispiel
Barbara Berkemüller, Mitarbeiterin der Trinkmann GmbH in C-Stadt, stellt für den Kunden Oliver Guhn ein Sortiment unterschiedlichster Biere der Region mit entsprechenden Gläsern zusammen und verpackt diese in einer Holzkiste als Geschenk.

Die Warenmanipulation hat im Großhandel einen weitaus größeren Umfang und mehr Bedeutung als im Einzelhandel. Die Verpflichtung zur Manipulation kann Bestandteil des Kaufvertrages sein, ohne die Aufbereitung wie z.B. vorverpacken, auszeichnen, mischen, sortieren wäre ein Kaufabschluss nicht möglich. Für den Kunden bedeutet das Arbeits-, Zeit- und Kostenersparnis. Der Großhandel übernimmt also ausgegliederte Aufgaben des Einzelhandels oder der Gastronomie und verschafft sich damit eine gute Kundenbindung.

Kommissionierung
Kommissionieren ist das Zusammenstellen von Kundenaufträgen, das Verpacken der Ware und die Bereitstellung für den Transport.

Fallbeispiel
Vom Tagungshotel Gerber liegt eine Bestellung von 3 Fässern Gelsener Kirchbier, 8 Kisten alkoholfreies Bier, 10 Kisten Sekt der Marke Fürst Schaumgut und diversen Spirituosen vor. Gemäß des Kommissionierbelegs stellt der Lagermitarbeiter Egon Willig den Auftrag auf einer Palette zusammen, führt eine gründliche Warenausgangskontrolle durch und schweißt die Palette aus Sicherheits- und Diebstahlsgründen für den Transport ein. Der Beleg wird an den Verkauf weitergeleitet, die Palette steht zum Abtransport durch den Frachtführer Theustrans bereit.

Im Großhandel ist das Kommissionieren mit hohen Kosten verbunden. Daher muss ein geeignetes Verfahren gewählt werden:

Beim **statischen** Kommissionieren oder **„Mann-zur-Ware“** geht der Kommissionierer zur Ware und sortiert diese im Regal ab. Die Kommmissionierleistung ist gering, daher ist es für kleine Unternehmen mit geringen Abgabemengen geeignet, die nicht hohe Investitionen im Lager tätigen wollen. Beim **dynamischen** Kommissionieren bzw. **„Ware-zum-Mann“** erfolgt die Entnahme der Ware computergesteuert, automatische Regalförderzeuge oder Bediengeräte nehmen die Ware aus dem Regal und bringen sie zu dem Kommissionierer. Diese Art ist mit umfangreichen Investitionen in das Warenwirtschaftssystem und die Fördergeräte verbunden, hohe Kommissionsleistungen sind jedoch nur so zu leisten.

Beim **einstufigen** Kommissionieren wird jeder Auftrag einzeln ausgeführt, beim **mehrstufigen** Verfahren werden die Artikel für mehre Aufträge absortiert, um die Artikel dann an einem Sammelplatz wieder nach Aufträgen zu trennen.

Beim **seriellen Kommissionieren** werden die Positionen des Auftrags/der Aufträge nacheinander abgearbeitet. Beim **parallelen Kommissionieren** wird der Kundenauftrag/die Aufträge in mehrere Teile zerlegt entsprechend der Aufteilung des Lagers, denn das Lager ist in Zonen parzelliert. Für jede Zone ist ein Mitarbeiter verantwortlich, der innerhalb seiner Zone die Ware zusammenstellt. Am Ende werden die Teilaufträge wieder zusammengeführt und zu einer Kundensendung für den Warenausgang bereitgestellt. Bei dieser Art der Kommissionierung ist das Risiko höher, dass Zuordnungsfehler unterlaufen und der Kunde Falschlieferungen erhält bzw. Ware fehlt; die Kosten sind jedoch wesentlich geringer als beim seriellen Kommissionieren.

Bei der **Pick-Pack-Kommissionierung** wird neben dem Kommissionieren das Volumen des Auftrags ermittelt, die richtige Größe des Versandkartons gewählt und die Ware in den Versandkatalog gelegt.

Dynamisches und mehrstufiges Kommissionieren ist meist nur **vollautomatisch** mit Hilfe der EDV möglich. Dies ist eine sehr schnelle Art der Kommissionierung mit einer sehr geringen Fehlerquote. Es erfordert jedoch eine hohe Investition für die EDV, möglicherweise für Roboter und Kommissionsautomaten. Bei EDV-Ausfall ist ein Kommissionieren nicht möglich. Bei der chaotischen Lagerhaltung ist nur eine automatische Kommissionierung durchführbar.

Im Abholgroßhandel ist die Aufgabe des Kommissionierens an den Kunden übertragen, der Kunde sucht die Ware selbst aus und stellt sie zusammen. Im Einzelhandel wird die Kommissionierung in vielen Betriebsformen ebenfalls vom Kunden selbst vorgenommen. Waren- und Kaufhäuser führen Sammelkassen, an denen alle Warenkäufe des Kunden aus den verschiedenen Abteilungen zusammengetragen und verpackt oder zugestellt werden. Der Kunde bezahlt in einem Gesamtbetrag. Außerdem besteht in Einzelhandelsunternehmen die Möglichkeit der telefonischen, schriftlichen oder elektronischen Bestellung, dann wird eine Kommissionierung notwendig.

Im Versandhandel ist die Kommissionierung eine der wichtigsten Aufgaben der Logistik: Unzählige Sendungen müssen täglich sorgfältig zusammengestellt werden, um die Kundenzufriedenheit zu gewährleisten, die Schnelligkeit der Lieferung sicherzustellen und dabei die Kosten zu minimieren.

In Filialunternehmen des Handels wird auch im internen Warenverkehr kommissioniert: Die Filiallieferungen werden gesammelt, verpackt und für den Transport bereitgestellt. In einigen Unternehmen besteht noch zusätzlich die Möglichkeit der Lagerung für die Filialen, da diese aus Kostengründen nicht mehr über Reservelagerflächen verfügen. Für Handelsunternehmen mit einer hohen Anzahl von Filialen und einem Sortiment mit Artikeln des täglichen Bedarfs erfordert dies eine sehr diffizile Organisation, die deshalb oft an ein Logistikunternehmen vergeben wird. Die Kommissionierung im Versandhandel und in großen Filialunternehmen bedient sich der gleichen Methoden wie der Großhandel.

Warenausgangskontrolle
In den meisten Betriebsformen des Einzelhandels wird die Ware nach dem Verkauf am Packtisch, an der Kasse auf Art, Menge und Beschaffenheit geprüft.
Im Großhandel findet wie beim Wareneingang eine sorgfältige Ausgangskontrolle statt. Die Artikel werden nach Art, Menge und Beschaffenheit geprüft, Artikelnummer und Menge mit den Angaben auf den Warenbegleitpapieren verglichen. Bei Auslieferung an ein Transportunternehmen oder an den Kunden direkt lässt sich der Mitarbeiter den Erhalt bestätigen, die bestätigte Kopie wird an den Verkauf weitergeleitet.

3.4.2 Die Lagerorganisation

Die Lagerung der Ware trägt nicht zur Wertschöpfung bei. Daher ist jedes Handelsunternehmen bemüht, die Lagerungsprozesse so kurz wie möglich zu gestalten. Die Lagerung der Ware ist nicht erwünscht, doch unumgänglich, im Einzelhandel noch stärker als im Großhandel. Folgende Anforderungen werden an das Lager gestellt:

- Die Bevorratung sollte ausreichend sein, um die Kundenwünsche jederzeit erfüllen zu können.
- Im Großhandel sollen den Kunden kurze Lieferzeiten angeboten werden können.
- Die Kosten des Lagers müssen minimiert werden.
- Die Aufteilung des Lagers soll so wenige Warenbewegungen wie möglich gewährleisten.
- Das Lager muss die Ware vor Beschädigung, Diebstahl, Verderb usw. schützen.

Die Lagerorganisation entscheidet über folgende Problemstellungen:
Festlegung der Zuständigkeiten und Aufgaben
Das Lager kann **funktionsorientiert** oder **objektorientiert** organisiert sein.

Fallbeispiel
Bei der Trinkmann GmbH finden wir eine funktionsorientierte Organisation vor. Der Logistikbereich mit Lagerung ist ein eigener Bereich, der für alle Bereiche des Einkaufs und Vertriebs tätig ist. Dies entspricht der Organisation vieler Handelsunternehmen. Auch wenn Einkauf und Verkauf objektorientiert aufgeteilt sind, ist der Logistikbereich meist ein zentraler Bereich. Bei der Trinkmann GmbH wird jährlich überprüft, ob die Logistik in eigener Regie bleibt oder einem Serviceunternehmen übergeben wird.

Lagerarten

Die Lagerarten lassen sich wie folgt unterscheiden:

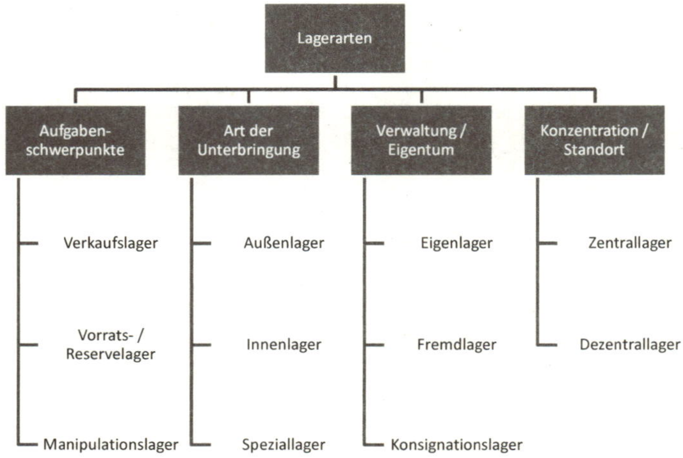

Abb 33: Lagerarten

Zum **Verkaufslager** gehören die Verkaufsräume, in denen die Waren des Abholgroßhandels und des Einzelhandels dem Kunden angeboten werden und zugänglich sind. Es dient neben der Lagerung als wichtiges Absatzinstrument.

Fallbeispiel
Die Zentrale der Trinkmann GmbH hält kein Verkaufslager; dagegen führen die Fachmärkte der Trinkmann GmbH große Verkaufslager und nur kleine Vorrats-/Reservelager. Die Filialen in Gelsenkirchen City und Essen-Vogelheim verfügen aus baulichen Gegebenheiten ausschließlich über ein Verkaufslager, alle angelieferten Waren müssen direkt in den Verkauf gebracht und dort einsortiert werden.

Die **Vorrats-/ Reservelager** dienen der Sicherung der Lieferfähigkeit und Verkaufsbereitschaft. Im Handlager, das sich in unmittelbarer Nähe zum Verkaufsraum befindet, werden Waren gelagert, die für das schnelle Auffüllen im Verkaufsraum benötigt werden.

Fallbeispiel
Die Lagerfläche der Trinkmann GmbH dient zum größten Teil als Vorratslager, sechs der acht Getränkefachmärkte verfügen über kleine, an den Verkaufsraum direkt angrenzende Lagerräume. Hier werden in erster Linie die Waren gelagert, die als Randsortiment geführt und schnell nachgefüllt werden müssen wie z.B. Salzgebäck und Süßwaren.

Im **Manipulationslager** werden die Waren für den Verkauf geeignet gemacht wie z.B. durch Veränderung oder Verbesserung der Ware sowie Herstellung der Verkaufsfähigkeit.

Nach der **Art der Unterbringung** lassen sich unterscheiden:

Im **Außenlager** werden witterungsunabhängige Waren im Freien gelagert. Diese auch als offenes Lager bezeichneten Flächen werden aus Sicherheitsgründen meist mit Zäunen versehen. Sind diese Flächen zusätzlich überdacht, spricht man von halboffenen Lagern, in der Praxis oft als Kalthallen bezeichnet.

Beim **Innenlager** wird die Ware in Gebäuden oder Hallen gelagert. Diese geschlossenen Lager bieten einen optimalen Schutz, eine große Sicherheit und gute Kontrollmöglichkeiten der eingelagerten Ware.

Speziallager werden eingerichtet, wenn die Ware einen besonderen Schutz benötigt, warenspezifische Anforderungen erfüllt werden müssen oder gesetzliche Vorschriften über die Lagerung bestehen.

Fallbeispiel
Die zu den Zapfanlagen gehörenden Kohlensäureflaschen müssen aus Sicherheitsgründen in einem besonders gesicherten und klimatisierten Raum gelagert werden.

Bei der Frage der **Verwaltung oder des Eigentums** des Lagers lässt sich unterscheiden:

- Das **Eigenlager** führt das Handelsunternehmen selbst: Es verfügt über geeignete Flächen sowie Räumlichkeiten und verwaltet diese auch selbst.
- Bei einem **Fremdlager** wird die Lagerhaltung auf ein Dienstleistungsunternehmen wie z. B. Speditionen oder Logistiker übertragen. Das geschieht in den meisten Fällen aus Kostengründen oder wenn die Lagerhaltung eine besondere Ausstattung erfordert. Handelsunternehmen nutzen die Fremdlager auch, um zeitlich begrenzt größere Warenpartien unterzubringen.

Fallbeispiel
Da bei der Lagerung des Wein- und Schaumweinsortimentes besondere Anforderungen an die Lagertemperatur bestehen, diese aber im eigenen Lager nicht erfüllt werden können, hat die Trinkmann GmbH geeignete Lagerräumlichkeiten angemietet.

Eine Besonderheit des Fremdlagers stellt das **Konsignationslager** dar: Der Lieferant stellt in den Räumlichkeiten des Kunden Ware zur Verfügung. Die dort gelagerte Ware ist Eigentum des Lieferanten und kann nach Bedarf vom Kunden entnommen werden. Die Abrechnung erfolgt je nach Vereinbarung z.B. monatlich oder quartalsmäßig. Diese Lagerart hat für den Kunden einen großen Vorteil, wenn genaue Absatzmenge und -zeitpunkt der Ware nicht abzuschätzen sind, aber die Ware ständig zur Verfügung stehen sollte.

Fallbeispiel
In einem kleinen Lagerraum in einem Bildungszentrum stellt die Trinkmann GmbH eine Auswahl an alkoholfreien Getränken, Bier, Wein und Spirituosen zur Verfügung. Diese können dann bei Bedarf von der zuständigen Mitarbeiterin des Bildungszentrums aus dem Lager entnommen und im dort eingerichteten Kiosk und in der hauseigenen Schankwirtschaft verkauft werden. Das Lager wird ständig auf einem bestimmten Bestand gehalten, die entnommenen Waren werden monatlich mit dem Bildungszentrum abgerechnet.

Lagerstandort
Sobald der Handelsbetrieb über einen absatzorientierten Standort verfügt – im Einzelhandel die Regel - der mit hohen Kosten verbunden ist, wird auf eine umfangreiche Lagerhaltung

direkt am Verkaufsort in den meisten Fällen verzichtet und Lagerräume am Stadtrand oder im Gewerbegebiet genutzt.

Neben der Kosten für die Räumlichkeiten muss vor allem der Großhandel bzw. Zentral- und Regionalläger eine gute **Verkehrsanbindung** beachten, möglichst in der Nähe eine Autobahnabfahrt, einer Bundesstraße oder nach Branchen abhängig direkt im Hafengebiet, nah am Flughafen, mit Gleisanschluss gelegen.

Die **Anfuhrmöglichkeiten** für LKWs sollten gut sein, Warenannahme und Betriebshof müssen Manövrierraum bieten, so dass gleichzeitige Be- und Auslieferung möglich sind, die Toreinfahrten müssen ausreichend groß sein.

Die **Kapazitäten** des Lagerraums sollten ausreichend sein, um die Übersichtlichkeit zu gewährleisten, den gesetzlichen Bestimmungen – soweit vorhanden – zu entsprechen und bei expandierenden Unternehmen Erweitungsmöglichkeiten zu bieten.

Im Einzelhandel muss die **Nähe zum Absatzort** gegeben sein; auch im Großhandel – von Branche und Absatzgebiet abhängig – kann dies eine Entscheidungsgrundlage sein.

Zentrale und dezentrale Lagerhaltung

In einem **Zentrallager** werden die gesamten Waren eines Handelsbetriebes zusammengefasst und an einem Ort gelagert.

Wenn ein Handelsunternehmen **Regionallager** unterhält oder die Ware direkt in den Verkaufsniederlassungen oder Filialen lagert, wird die Ware **dezentral** gelagert.

Vorteile zentraler Lagerhaltung

- Der gesamte Warenbestand ist konzentriert an einem Ort.
- Die zentrale Erfassung ermöglicht eine leichte Feststellung der Lagerbestände und dadurch auch eine bessere Kontrolle
- In der Gesamtbetrachtung ergeben sich geringere Lager- und Reservebestände und dadurch eine geringere Kapitalbindung.
- Es kann eine höherwertige technische Lagerausstattung eingesetzt werden.
- Die Lagerkapazitäten können besser und effektiver genutzt werden.
- Raum- und Verwaltungskosten sind niedriger.

Vorteile dezentraler Lagerhaltung

- Die Transportwege zum Kunden sind kürzer.
- Dadurch werden geringere Lieferzeiten und niedrige Transportkosten möglich.
- Die vom Kunden gewünschte Ware ist sofort verfügbar.

Lagergröße

Die Lagergröße des Handelsunternehmens ist von vielen Faktoren abhängig:

- Ein Handelsunternehmen mit vielen Filialen benötigt größere Lagerräumlichkeiten als ein Handelsunternehmen mit geringerer **Betriebsgröße.**
- Die **Art des Betriebes** ist entscheidend für die Lagergröße: Ein Großhandelsunternehmen verfügt oft über größere Lagerfläche als ein Einzelhandelsunternehmen.

- Bestehende **Nachfrageschwankungen** müssen Einfluss auf die Größe des jeweiligen Lagers nehmen.
- Waren mit einer geringen **Umschlagshäufigkeit** benötigen eine größere Lagerfläche als Ware mit einer hohen Lagerumschlagshäufigkeit.
- Für ein breites und tiefes Warensortiment wird ein größeres Lager benötigt als für ein flaches, somit ist die **Warentypologie** ein wichtiger Einflussfaktor.
- Bestehen für Artikel hohe **Mindestbestellmengen,** ist ein größerer Lagerraum notwendig.
- Bei Waren mit einer kurzen **Lieferfrist** kann das Lager von geringerer Größe sein.
- Bei Waren mit starken **Preisschwankungen** empfiehlt sich aus spekulatorischen Gründen ein größeres Lager.

Lagersteuerung und -verwaltung

Die Lagerarbeiten lassen sich grundsätzlich in drei Teilbereiche aufteilen.
Zur **Einlagerung** gehören die Warenannahme, die Identifizierung bzw. Zuordnung der Ware z.B. nach A-, B- oder C-Artikel, um einen Lagerplatz bestimmen zu können, sowie die Zuweisung eines Lagerplatzes. In mittelständischen und großen Handelsunternehmen findet die Zuweisung durch das Warenwirtschaftssystem statt. Nach der Zuweisung erfolgt der Transport der Ware zu dem vorgesehenen Platz.
Die **Lagerung** der Ware gewährleistet eine hohe Verkaufs- und Lieferfähigkeit, verursacht jedoch auch hohe Kosten. Daher wird der Warenbestand ständig mit Hilfe der Lagerkennziffern überprüft und kontrolliert.
Bei der **Auslagerung** wird zunächst geprüft, ob die Ware in ausreichender Menge vorrätig ist. Dann wird die Ware kommissioniert, zum Versandplatz gebracht und zur Verladung bereitgestellt.

Lagerordnungssysteme

Die Lagerordnung gewährleistet die Übersichtlichkeit der Warenlagerung und die optimale Ausnutzung der zur Verfügung stehenden Lagerfläche, ein schnelles Einordnen und Entnehmen sowie die Kontrolle der eingelagerten Waren. Anhand der jeweiligen Lagerumschlagshäufigkeit der Ware ergibt sich die Zugriffshäufigkeit auf die einzelnen Artikel, die ebenfalls bei der Entscheidung über die Art der Lagerordnung mit einbezogen wird.

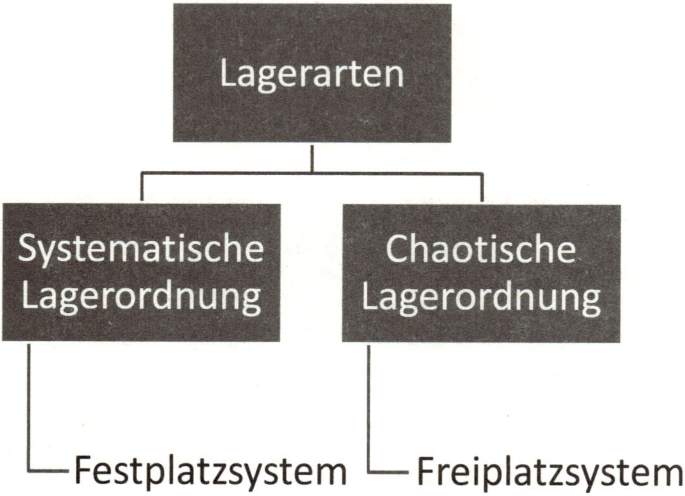

Abb 34: Lagerordnungssysteme

Systematische Lagerordnung/Festplatzsystem
Bei der systematischen Lagerordnung bekommt jeder Artikel gemäß des Lagerplans einen festen Lagerplatz zugewiesen. Die Artikel werden mit einer Kennzeichnung versehen, mit deren Hilfe sie dann in einen bestimmten Gang in einer festgelegten Zone auf einem reservierten Regalplatz eingeordnet werden. Die Kriterien der Zuweisung können z.B. die Zugehörigkeit zu einer bestimmten Warengruppe, das Gewicht, das Volumen, das Material oder die Lagerumschlagshäufigkeit des Artikels sein. Die ABC-Analyse kann dabei als wichtiges Hilfsmittel herangezogen werden.

Vorteile des Festplatzsystems

- Das Lager ist jederzeit ohne EDV übersichtlich und zugänglich.
- Lagerwege sind kurz, da oft benötigte Ware in den vorderen Regalplätzen lagert.

Nachteile des Festplatzsystems

- Die Regalflächen können bei hohen Wareneingängen nicht ausreichen.
- Bei geringen Wareneingängen bleiben Lagerplätze ungenutzt.

Chaotische Lagerhaltung/Freiplatzsystem
Dieses System sieht keine festen, reservierten Lagerplätze vor. Die eintreffenden Waren werden auf jeweils freien Lagerplätzen untergebracht mit Hilfe eines EDV- gestützten Lagersystem.

Vorteile der Freiplatzsysteme

- Die Lagerfläche wird optimal genutzt.
- Der Platzbedarf kann gesenkt werden.

Nachteile der Freiplatzsysteme

- Es können sich längere Lagerwege ergeben.
- Ohne EDV ist diese Lagerordnung nicht möglich.
- Bei Ausfall der EDV ist das Finden bestimmter Artikel nahezu unmöglich.

Lagereinrichtung

Die Lagereinrichtung und -gestaltung ist abhängig von der Art, der Beschaffenheit und der Menge der zu lagernden Ware. Allgemeine Anforderungen sind:

- Es sollte **ausreichender Platz** für die Entnahme, den Transport und eventuelle Manipulation der Ware zur Verfügung stehen.
- **Kurze Lagerwege** gewährleisten einen reibungslosen und schnellen Zugriff auf die Ware.
- Eine **artgemäße Lagerung** in Bezug auf die besonderen Erfordernisse der einzulagernden Waren, insbesondere im Hinblick auf z.B. Wärme, Kälte, Feuchtigkeit, Trockenheit, Licht, Ungeziefer, ist bei der Einrichtung zu berücksichtigen.
- Die **gesetzlichen Vorschriften** bezüglich der Lagerung bestimmter Waren wie z.B. Pflanzenschutzmittel, Lösungsmittel müssen beachtet werden.
- Die Einhaltung der **Brandschutz- und Unfallverhütungsvorschriften** muss gewährleistet sein.
- Bezogen auf **Einbruch und Diebstahl** müssen Sicherheitsvorkehrungen getroffen werden.

Zur Lagereinrichtung zählen Einrichtungsgegenstände wie z.B.

- **Regale** in verschiedenen Formen: Durchlaufregale, Compactregale, Paternosterregale, Fachregale, Hochregale, Palettenregale etc.
- **Verlade- und Beförderungsmittel, die dem innerbetrieblichen Transport der Ware dienen:** Flurfördermittel wie z.B. Stapler, Karren, Hubwagen, Aufzüge, Kräne, Stetigförderer wie z.B. Wandertische, Rollenbahnen, Kettenförderer
- **Packmittel** wie z.B. Paletten mit und ohne Aufsetzbügel, Gitterboxen, Container, Collicos, Kästen, Kartons
- **Zähl-, Wiege-, und Messgeräte**

3.4.3 Lagerbestands- und Lagerverbrauchsrechnungen

Lagerbestands- und Lagerverbrauchsrechnungen unterstützen die Planung und Kontrolle der Lagerbestände sowie die Optimierung des Warenflusses von der Ein- bis zur Auslagerung.

Fortschreibungsmethode
Mit Hilfe der Fortschreibungsmethode oder Skontrationsmethode werden alle Warenbewegungen fortlaufend festgehalten:

Anfangsbestand + Zugänge – Abgänge = Endbestand

Fallbeispiel
Im Zentrallager der Trinkmann GmbH werden artikelbezogene Lagerkarteien geführt. Das bedeutet, dass alle Warenzugänge und Warenausgänge fortlaufend gemäß der Eingangs- und Ausgangsbelege erfasst werden und somit immer die aktuellen Sollbestände erkennbar sind.

LAGERKARTEI *Lagerbereich A-4, Regal- Nr. 2*

Artikel- Nr. : 456
Artikelbezeichnung : Tomatensaft "Tomapur", 0,5 l Tetrapack
Meldebestand : 200
Höchstbestand : 560

Datum	*Warenzugang in Stück / Tetrapack*	*Warenausgang in Stück/ Tetrapack*	*Bestand in Stück/ Tetrapack*
01.01.			*320*
04.01.		*120*	*200*
10.01.	*360*		*560*
20.01.		*280*	*280*
24.01.		*120*	*160*
28.01.	*360*		*520*
31.01.		*220*	*300*
04.02.		*120*	*180*
12.02.	*360*		*540*
18.02.		*240*	*300*

Somit ist zu jeder Zeit ein Zugriff auf die jeweils aktuellen Sollbestände des Lagers möglich.

Befundsrechnung
Mittels der Befundsrechnung oder Bestandsdifferenzrechnung, auch als **Inventurmethode** bekannt, werden die Warenzu- und -abgänge nicht laufend erfasst, der Warenbestand ergibt sich erst am Ende einer Rechnungsperiode durch die Berücksichtigung des Anfangsbestandes gemäß der Vorjahresinventur, der neuen Inventur am Ende der Rechnungsperiode und der im Laufe des Jahres erfolgten Zugänge entsprechend der Wareneingangserfassung.

Anfangsbestand + Zugänge – Endbestand = Wareneinsatz

Fallbeispiel
Barbara Berkemüller, Mitarbeiterin der Buchhaltungsabteilung der Trinkmann GmbH, ermittelt am Anfang des neuen Geschäftsjahres den Wareneinsatz des Artikels dänischer Magenbitter "Vesterö" für das vergangene Geschäftsjahr.

Artikel- Nr. 355 Dänischer Magenbitter "Vesterö" Einstandspreis á 0,7l 2,20 Euro	*Menge in Flaschen á 0,7l*	*Wert zu Einstandspreisen in Euro*
Jahresanfangsbestand laut Inventur	*450*	*990,00 Euro*
+ Warenzugänge des laufenden Jahres gemäß der Lieferscheine	*+ 1650*	*+ 3.630,00 Euro*
- Endbestand laut Inventur	*- 550*	*- 1.210,00 Euro*
= Wareneinsatz	*= 1550*	*= 3.410,00 Euro*

Inventur/ Inventurverfahren
Jeder Kaufmann ist gemäß § 240 HGB verpflichtet, am Beginn seiner Handelstätigkeit und am Ende eines jeweiligen Geschäftsjahres eine Inventur durchzuführen und ein Inventar zu erstellen.

Unter Inventur versteht man die körperliche Tätigkeit der Bestandsaufnahme z.B. durch Zählen, Wiegen, Messen und Schätzen von Waren, Rohstoffen, Maschinen und sonstigen Gegenständen des Geschäftsvermögens. Dies wird ergänzt durch eine Buchinventur, aus der die bestehenden Forderungen, Verbindlichkeiten und Bankguthaben hervorgehen.

Anhand der Inventur werden die vorhandenen Vermögenswerte und Schulden mengenmäßig und wertmäßig erfasst. Das Verzeichnis, in das die Inventurbestände/ -werte eingetragen werden, wird als **Inventar** bezeichnet.

Durch die körperliche Bestandsaufnahme der Wirtschaftsgüter eines Betriebes soll eine Kontrolle gegeben sein, dass die tatsächlich vorhandenen Wirtschaftsgüter (Istbestände) mit den sich aus den Büchern ergebenden Beständen an Wirtschaftsgütern (Sollbestände) in Art, Menge und Wert übereinstimmen bzw. sollen Differenzen festgestellt und ihr Zustandekommen erklärt werden. Das Handelsrecht sieht im Inventar ein Instrument zur Vermögensfeststellung zum Schutze der Gläubiger.
Quelle: Günter Wöhe: Einführung in die Allgemeine Betriebswirtschaftslehre

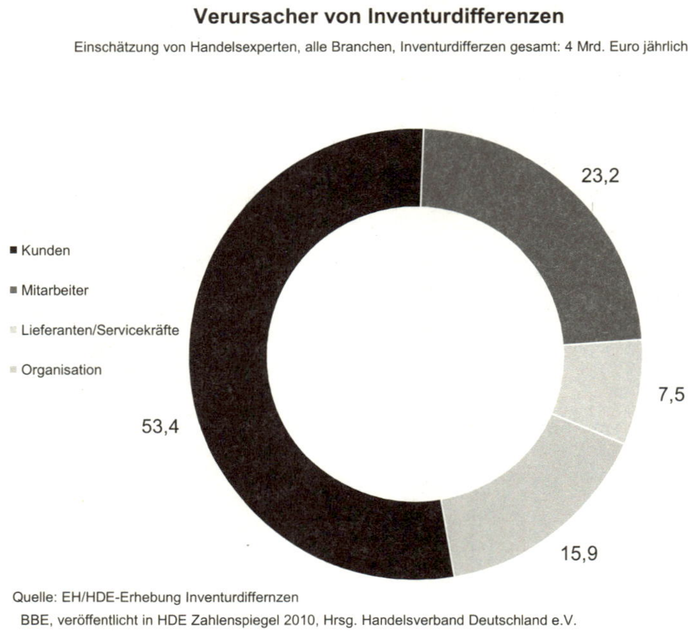

Abb 35: Verursacher von Inventurdifferenzen

Aus dem Vergleich des Soll-Bestandes anhand der Lagerkartei oder des Warenwirtschaftssystems und dem Ist-Bestand nach der Inventur ergibt sich die **Inventurdifferenz**. Die Inventurdifferenz wird in ihrer Gesamthöhe und in den einzelnen Warengruppen mit den Vorjahreswerten und Branchenwerten verglichen, in einem Großunternehmen innerhalb der Filialen. Weicht der Wert erheblich vom Durchschnitt ab, so muss die Ursache gefunden werden. Mögliche Gründe sind z. B.:

- Die Wareneingangskontrollen sind nicht sorgfältig, die Ware wird nicht korrekt erfasst, Warenrücksendungen nicht festgehalten.
- Preisänderungen und -nachlässe werden nicht berücksichtigt, Privatentnahmen werden nicht erfasst.
- In Filialunternehmen werden Umlagerungen nicht gebucht, Niederlassungen falsch beliefert.
- Im Einzelhandel wird geschätzt, dass der größte Anteil der Inventurdifferenz durch Diebstahl von Kunden, Mitarbeitern und Lieferanten verursacht wird.

Das HGB §§ 240, 241 sieht verschiedene Inventurverfahren vor, aus denen der Kaufmann das für sein Unternehmen geeignete Verfahren auswählen kann.

Stichtagsinventur	Die körperliche Bestandsaufnahme erfolgt am Bilanzstichtag bzw. bis zu 10 Tage davor oder danach. Durch Wertfortschreibung oder Wertrückrechnung werden die Bestandsveränderungen jeweils berücksichtigt. Die Durchführung einer solchen Inventur ist in vielen Unternehmen auf Grund des Umfanges der Inventurtätigkeit nur außerhalb der Geschäftszeiten möglich.
Stichprobeninventur	Bei der Aufstellung des Inventars darf der Bestand der Vermögensgegenstände nach Art, Menge und Wert auch mit Hilfe anerkannter mathematisch-statistischer Methoden anhand von Stichproben ermittelt werden. Das Verfahren muss den Grundsätzen ordnungsgemäßer Buchführung entsprechen. Der Aussagewert des auf diese Weise erstellten Inventars muss dem Aussagewert eines auf Grund einer körperlichen Bestandsaufnahme aufgestellten Inventars gleichkommen. Bei der Stichprobeninventur handelt es sich um eine kosten- und zeitsparende Inventurmöglichkeit, vor allem für Massenwaren.
Permanente Inventur	Voraussetzung für dieses Inventurverfahren ist eine ordnungsgemäße Lagerbuchführung. So werden z.B. mit Hilfe eines EDV-gestützten Warenwirtschaftssystems Warenzu- und -abgänge fortlaufend erfasst. Dieser buchmäßige Bestand (Sollbestand) wird zum Bilanzstichtag als Istbestand angesehen. Aus steuerrechtlichen Gründen kann jedoch nicht auf eine körperliche Bestandsaufnahme verzichtet werden; diese kann allerdings zu einem beliebigen Zeitpunkt oder auf mehrere Zeitpunkte verteilt, also als Teilinventuren, im Laufe des Geschäftsjahres durchgeführt werden. Somit ist sichergestellt, dass zumindest einmal im Geschäftsjahr eine Abstimmung mit den tatsächlichen Beständen des Lagers und ggf. eine Korrektur der Sollbestände erfolgt. Mit Hilfe der ABC- Analyse kann festgelegt werden, welche Waren häufiger und welche weniger häufig nachzuprüfen sind.
Verlegte Inventur	Die Inventurbestände werden zu einem Zeitpunkt innerhalb der letzten drei Monate vor oder der ersten zwei Monate nach Abschluss des Geschäftsjahres körperlich festgestellt. Durch Anwendung eines den Grundsätzen ordnungsgemäßer Buchführung entsprechenden Fortschreibungs- oder Rückrechnungsverfahrens muss gesichert sein, dass der am Ende des Geschäftsjahres vorhandene Bestand der

Vermögensgegenstände für diesen Zeitpunkt ordnungsgemäß bewertet wurde. Bei dieser Methode erfolgt lediglich eine Verschiebung des Arbeitsaufwandes der körperlichen Bestandsaufnahme.

Bewertungsansätze und -verfahren

Nach der Inventur werden die Lagerbestände bewertet, meist zu dem Wert, zu dem sie beschafft wurden. Ist jedoch ein Artikel in seiner Gesamtmenge in der Inventur erfasst und zu unterschiedlichen Einstandspreisen bezogen worden - der Listenpreis hat sich z.B. im Laufe des Jahres geändert, die Konditionen sind neu abgeschlossen worden - muss das Handelsunternehmen entscheiden, zu welchem Einstandspreis die Lagerbestände bewertet werden. Dabei muss es neben handelsrechtlichen auch steuerrechtliche Bestimmungen beachten:

Einzelbewertung

Die Ware muss nach Artikel, Einstandspreisen und Zugängen separat gelagert und erfasst werden.

Sammelbewertung

Wird die Ware bzw. der Artikel nicht getrennt gelagert, da sie gleichwertig sind, aber getrennt erfasst, ist eine Sammelbewertung zulässig. Sind Einstandspreis und Tageswert unterschiedlich, ist der niedrigere Wert nach dem Niedrigstwertprinzip anzusetzen.

Durchschnittsbewertung

Bei der einmaligen Durchschnittsbewertung zum Bilanzstichtag wird der Durchschnittspreis aus dem Anfangsbestand und den Zugängen einer Periode ermittelt (gewogenes arithmetisches Mittel). Mit diesem Durchschnittspreis werden der Wareneinsatz und der Endbestand bewertet.

Fallbeispiel

Artikel Nr. 409	*Menge in Stück (Flaschen)*	*Einstandspreis pro Stück in Euro*	*Gesamtwert in Euro*
Anfangsbestand am 01.01.	*450*	*4,00*	*1.800,-*
Warenzugang am 04.01.	*500*	*4,50*	*2.250,-*
Warenzugang am 14.03.	*300*	*5,50*	*1.650,-*
Warenzugang am 10.07.	*450*	*5,90*	*2.655,-*
Warenzugang am 12.10.	*400*	*6,50*	*2.600,-*
	= 2100		*= 10.955,-*

Durchschnittspreis: *Gesamtwert : Gesamtmenge*
10.955,- : 2100 = 5,22 Euro

Bei einem angenommenen Endbestand am 31.12. von 550 Flaschen wird dieser - unter der Voraussetzung, dass der Tageswert nicht niedriger ist - mit einem Gesamtwert von 2.871,- Euro (550 · 5,22) als Inventurwert angesetzt.

Eine weitere Möglichkeit der Durchschnittsbewertung stellt die **permanente Durchschnittsbewertung** dar (gleitender Durchschnittswert). Bei dieser permanenten Bewertung wird nach jedem Zugang der Durchschnittspreis ermittelt.

Fallbeispiel

Artikel Nr. 409	*Menge in Stück (Flaschen)*	*Einstandspreis pro Stück in Euro*	*Gesamtwert in Euro*
Anfangsbestand *Warenzugang*	*450* *+ 500*	*4,00* *4,50*	*1.800,-* *+ 2.250,-*
Bestand *Warenausgang*	*950* *- 550*	**4,26** *4,26*	*4.050,-* *- 2.343,-*
Bestand *Warenzugang*	*400* *+ 300*	**4,27** *5,50*	*1.707,-* *+ 1.650,-*
Bestand *Warenausgang*	*700* *- 450*	**4,80** *4,80*	*3.357,-* *- 2.158,07-*
Bestand *Warenzugang*	*250* *+ 450*	**4,80** *5,90*	*1.198,93* *+ 2.655,-*
Bestand *Warenausgang*	*700* *- 550*	**5,51** *5,50*	*3.853,93* *- 3.025,-*
Bestand *Warenzugang*	*150* *+ 400*	**5,53** *6,50*	*828,93* *+ 2600,-*
Endbestand	*= 550*	**6,23**	*= 3.428,93*

Nach jedem Warenzugang wird der neue Durchschnittspreis errechnet. Dieser ist dann die Grundlage für den Bestand und den Warenausgang.
Der Endbestand am 31.12. von 550 Flaschen wird mit einem Gesamtwert von 3.428,93 Euro als Inventurwert angesetzt – unter der Voraussetzung, dass der Tageswert nicht niedriger ist –.

Verbrauchsfolgeverfahren

Handelsrechtlich sind ebenfalls Bewertungsverfahren zulässig, die eine bestimmte Verbrauchsfolge der Waren unterstellen

Lifo- Methode
last in, first out

Bei dieser Bewertungsmethode wird unterstellt, dass die zuletzt beschafften Waren zuerst veräußert werden. Das Verfahren bietet sich besonderst bei Waren an, die durch ständige Preissteigerung gekennzeichnet sind. Der vorhandene Endbestand wird mit einem niedrigeren Anschaffungswert am Bilanzstichtag angesetzt als er tatsächlich ist. Der Wareneinsatz hingegen wird mit den letzten, höheren Anschaffungspreisen bewertet. Daraus ergibt sich, dass der ausgewiesene Gewinn bei steigenden Preisen niedriger ist als bei der Durchschnittswertberechnung. Möchte ein Kaufmann von dieser Methode in eine andere Vorgehensweise wechseln, ist die Zustimmung des Finanzamtes erforderlich.

Fallbeispiel

*Der angenommene **Endbestand** zum 31.12. soll wie in den vorangegangenen Beispielen 550 Flaschen betragen, er wird mit dem **Wert** des **Anfangsbestandes** und der **ersten Lieferung** berechnet:*

450 Flaschen	*Anfangsbestand 01.01.*	*a 4,00 Euro*	*= 1.800,00 Euro*
100 Flaschen	*Warenzugang 04.01.*	*a 4,50 Euro*	*= 450,00 Euro*
550 Flaschen	*Endbestand 31.12.*		*= 2.250,00 Euro*

Aus dem Beispiel der Bewertung des Endbestandes vom 31.12. von 550 Flaschen nach der Lifo- Methode ergibt sich ein Wert von 2.250,00 Euro für den Artikel 409.

Fifo- Methode
first in, first out

Hier wird angenommen, dass die zuerst beschafften Waren als erstes veräußert werden. Der zu bewertende Bestand am Bilanzstichtag setzt sich also aus den zuletzt beschafften Waren und deren Anschaffungswert zusammen. Geht man von einer Preissteigerung in der zurückliegenden Periode aus, wird somit ein höherer Gewinn und umgekehrt bei fallenden Beschaffungspreisen ein niedriger Gewinn ausgewiesen.

Fallbeispiel

*Der **Endbestand** wird anhand der **letzten Lieferungen** berechnet:*

400 Flaschen	*Warenzugang 12.10.*	*a 6,50 Euro*	*= 2.600,00 Euro*
150 Flaschen	*Warenzugang 10.07.*	*a 5,90 Euro*	*= 885,00 Euro*
550 Flaschen	*Endbestand 31.12.*		*= 3.485,00 Euro*

*Aus dem Beispiel der Bewertung des Endbestandes am 31.12. von 550 Flaschen nach der Fifo- Methode ergibt sich ein Wert von **3.485,00 Euro** für den Artikel.*

3.4.4 Kosten der Lagerhaltung

Die Bevorratung von Waren verursacht erhebliche Kosten. Jeder Handelsbetrieb ist daher bemüht, die gelagerte Warenmenge und die Lagerdauer so gering wie möglich zu halten.

Abb 36: Kosten der Lagerhaltung

Die Lagerkosten können nach fixen und variablen Kosten unterschieden werden. Die Kosten, die nicht von der Menge der gelagerten Ware abhängig sind, sind die **fixen Lagerkosten**, hierzu gehören z.B. Miete, Abschreibungen, Raumnebenkosten, Löhne und Gehälter für die fest angestellten Lagermitarbeiter. **Variable Lagerkosten** sind die Kosten, die von der Menge der gelagerten Ware abhängig sind wie z.B. Kosten auf Grund von Beschädigung oder Verderb der Ware, Zinskosten für das in Ware gebundene Kapital.

Aus den Lagerkosten ergibt sich der **Lagerkostensatz**. Der Lagerkostensatz ermittelt den prozentualen Anteil der Lagerkosten am Wert des durchschnittlichen Lagerbestands; der **Lagerhaltungskostensatz** berücksichtigt noch zusätzlich die Lagerzinsen.

Lagerkostensatz:

$$\frac{\text{Lagerkosten} \cdot 100}{\text{Durchschnittlicher Lagerbestand zu Einstandspreisen}}$$

Lagerhaltungskostensatz:

$$\frac{(\text{Lagerkosten} + \text{Lagerzinsen}) \cdot 100}{\text{Durchschnittlicher Lagerbestand zu Einstandspreisen}}$$

Fallbeispiel
Für die Warengruppe „Prosecco" beträgt
der durchschnittliche Lagerbestand 11.875,00 Euro,
die Lagerkosten 1.068,75,
die durchschnittliche Lagerdauer 45 Tage,
der durchschnittliche Bankenzinssatz 8,5%.
Zunächst wird der Lagerkostensatz ermittelt:

$$\frac{1.068,75 \cdot 100}{11.875} = 9\%$$

Der Lagerkostensatz kann mit Branchenzahlen verglichen werden, um zu erkennen, ob die Lagerung optimiert werden muss.
Zur Ermittlung des Lagerhaltungskostensatzes müssen zunächst die Lagerzinsen ermittelt werden.

Der Lagerzinssatz ergibt sich aus der Formel

$$\frac{\text{durchschnittlicher Bankzinssatz} \cdot \text{durchschnittliche Lagerdauer}}{360}$$

$$\frac{8,5 \cdot 45 = 1,0625\ \%}{360}$$

Die Lagerzinsen ergeben sich aus der Formel

$$\frac{\text{durchschnittlicher Lagerbestand} \cdot \text{Lagerzinssatz}}{100}$$

$$\frac{11.875 \cdot 1,0625}{100} = 126,17$$

Daraus ergibt sich ein Lagerhaltungskostensatz von

$$\frac{(1.068,75 + 126,17) \cdot 100}{11.875} = 10,06\%$$

Der Lagerhaltungskostensatz kann wieder mit Branchenwerten verglichen und beurteilt werden.

Um fixe Lagerkosten einzusparen, kann das Handelsunternehmen z.B. nicht benötigte Lagerräumlichkeiten an andere Unternehmungen vermieten oder im Bedarfsfall vorübergehend Fremdlager bei Logistikunternehmen einrichten. Dadurch können die eigene Lagerkapazität und insbesondere die fixen Lagerkosten gering gehalten werden.
Um variable Kosten einzusparen, sollte der Handelsbetrieb die Warenmengen im Lager so gering wie möglich halten. Lagerkennzahlen wie z.B. die Lagerumschlagshäufigkeit der Ware und der Lagerkostenhaltungssatz sind dabei wichtige Kennziffern. Die Auswahl von zuverlässigen Lieferanten mit kurzen Lieferfristen wirkt sich ebenfalls auf die Minimierung der variablen Kosten aus.

Die Kontrolle, bezogen auf die Menge und den Wert der Ware, erstreckt sich vom Wareneingang, der Bestandsführung bis zum Warenausgang. Die Erfassung der neu eingegangenen Ware, Quantitäts- und Qualitätskontrolle, die Überwachung der Abläufe bezüglich der Lagerarbeiten und die Kontrolle anhand der Lagerkennzahlen sind häufig der Lagerverwaltung als Aufgaben zugeordnet. Wareneingangsbücher, Lagerkarteien der Lagerverwaltung, Lagerfachkarten und die Inventuren sind die gebräuchlichsten Hilfsmittel, die in einem Handelsbetrieb zur Lagerkontrolle eingesetzt werden. Die meisten Handelsbetriebe verfügen über EDV- gestützte Warenwirtschaftssysteme, die für eine erheblich schnellere und einfachere Kontrolle des Lagers eingesetzt werden können.

3.5 Beschaffungs- und Logistikcontrolling

3.5.1 Aufgaben und Instrumente

Hauptaufgabe des Controllings ist der Soll-Ist-Vergleich, bei dem die Ergebnisse mit den geplanten Zielen verglichen werden. Falls die Istdaten den Solldaten entsprechen, kann das Unternehmen zufrieden sein. Doch wenn Abweichungen entstehen, müssen diese erfasst und die Ursachen hierfür gefunden werden, um Vorschläge zu entwickeln, wie die Ziele in Zukunft erreicht werden können.

Wichtige Controllingziele in der Beschaffung sind die Optimierung der Beschaffung, das frühzeitige Erkennen von Schwachstellen im Einkauf und die Senkung der Beschaffungskosten. Das Logistikcontrolling wird heute als noch entscheidender beurteilt, da angenommen wird, dass hier große Einsparpotenziale bestehen.

Die wichtigsten Verfahren des Beschaffungscontrollings sind die ABC-Analyse, die XYZ-Analyse, die Wertanalyse, die optimale Bestellmengenrechnung und die Limitrechnung.

ABC-Analyse

Die ABC-Analyse wird eingesetzt, um das Wesentliche vom Unwesentlichen zu trennen. In der betrieblichen Praxis ist es oft so, dass relativ wenige Waren-, Artikelgruppen bzw. Artikel eine große Bedeutung für ein Unternehmen haben. So erzielen z.B. oft 20% aller Artikel einer Warengruppe 80% des Umsatzes oder 20% der Artikel vereinnahmen 80% des Lagerbestandes. Diese Regel bildet die Grundlage für die ABC-Analyse. Hierfür werden für die Grundgesamtheit drei Cluster gebildet:

- **A** = sehr wichtig ca. 70 % bis 80 % Anteil
- **B** = wichtig ca. 15% bis 30% Anteil
- **C** = unwichtig ca. 5 % bis 15% Anteil

Fallbeispiel

Die Sachbearbeiter im Einkauf erstellen regelmäßig für jede Artikelgruppe eine ABC-Analyse. Dabei gehen sie in folgenden Arbeitsschritten vor:
Formulierung des Untersuchungsauftrag, z.B. ABC Analyse der Artikelgruppe Korn
Feststellen des durchschnittlichen Einkaufspreises und die Verkaufsmenge
Errechnen des Einkaufswerts (Preis · Menge)
Ermitteln der Prozentanteile am Gesamteinkaufsvolumen
Absteigende Sortierung nach Prozentanteilen
Kumulierung der Prozentanteile
Definieren der A-, B- und C-Artikel

Artikel Kornbrannt	*2.850 Flaschen*	*zu 1,75 Euro*
Artikel Weizen	*17.000 Flaschen*	*zu 3,50 Euro*
Artikel Korn-Klar	*12.000 Flaschen*	*zu 2,50 Euro*
Artikel Goldene Ähre	*1.800 Flaschen*	*zu 2,75 Euro*

Der Sachbearbeiter erstellt diese ABC-Analyse:

Artikel	*Durch-schnitt-licher Einkaufs preis*	*Verkauf smenge*	*Einkaufs-wert*	*Prozentanteil am Einkaufsvolu men*	*Kumu-liert*	*Klassifizie rung*
Weizen	*3,50*	*17.000*	*59.500,00*	*59,84 %*	*59,84 %*	*A-Artikel*
Korn-Klar	*2,50*	*12.000*	*30.000,00*	*30,17 %*	*90,01 %*	*B-Artikel*
Kornbrannt	*1,75*	*2.850*	*4.987,50*	*5,02 %*	*95,03 %*	*C-Artikel*
Goldene Ähre	*2,75*	*1.800*	*4.950,00*	*4,98 %*	*100 %*	*C-Artikel*
		33.650	*99.437,50*			

Bei A-Artikeln sind häufige Bestellungen angebracht, um den Lagerbestand klein zu halten und die Lagerumschlagshäufigkeit zu erhöhen. Auch sind fortlaufende Kontrollen wichtig. Bestellungen erfolgen nach dem Bestellpunktverfahren. Außerdem sollte das Handelsunternehmen mit den Lieferanten über weitere Verkürzungen der Lieferzeit verhandeln und Alternativen auf dem Beschaffungsmarkt prüfen. Darüber hinaus ist es sinnvoll, die internen Beschaffungskosten zu analysieren und ggf. zu senken.

Bei den B-Artikeln lassen sich schwer allgemeine Regeln aufstellen. Die Vorgehensweise ist von Fall zu Fall je nach Bedeutung im Sortiment vorzunehmen. Sie werden regelmäßig kontrolliert, in gewissen Zeitabständen wird ihre Disposition überprüft.
C-Artikel sollen so wenig wie möglich bestellt werden; auch auf Kontrollen kann verzichtet werden, denn Fehler ergeben nur einen geringfügig erhöhten Lagerbestand.

XYZ-Analyse

Bei der XYZ-Analyse werden die Artikel nach der Genauigkeit eingeschätzt, mit der ihr Bedarf vorhergesagt werden kann: X-Güter haben eine sehr hohe Vorhersagegenauigkeit. Sie sind gekennzeichnet durch einen konstanten Bedarfsverlauf. Als Y-Artikel wird die Ware bezeichnet, bei der die Nachfrage von saisonalen Schwankungen abhängig ist. Z-Artikel weisen einen Trend auf – steigend oder fallend – oder werden nur vereinzelt nachgefragt. Durch die Einteilung kann der Einkauf Risikopotenziale beim Einkauf erkennen. In jedem Fall bedürfen X-Artikel der vollen Aufmerksamkeit.

Viele Unternehmen kombinieren die ABC- und XYZ-Analyse, um die Beschaffung zu optimieren. Bei Einsatz einer kombinierten Analyse sind folgende Kombinationen für das Beschaffungscontrolling von besonderer Bedeutung:

- AX-Artikel:
  Dieses sind Artikel, die einen hohen Wertanteil haben und zudem gängig sind. Hier ist auf eine ständige Verkaufsbereitschaft zu achten, d.h. für das Controlling eine ständige Überprüfung der Lagerbestände und der Lieferbereitschaft des Lieferanten.
- AZ-Artikel:
  Dieses sind Artikel, die zwar einen hohen Wertanteil haben, aber nur selten gebraucht werden.
  Hier achtet das Controlling auf eine bedarfsgerechte Lieferung, möglichst nah am Zeitpunkt des Verkaufs. Hierdurch werden die Kapitalbindungskosten des Lagers reduziert.
- CX-Artikel:
  Diese Artikel haben einen geringen Wertanteil, werden aber sehr häufig benötigt. Hierbei handelt es sich häufig um Massenartikel, die günstig beschafft werden müssen und ständig im Sortiment verfügbar sein müssen. Diese Artikel werden in großen Mengen, dafür aber weniger oft bestellt.

Wertanalyse

Bei der Wertanalyse wird zunächst vom Einkauf und noch stärker vom Verkauf festgestellt, welche Funktionen ein Artikel aus der Sicht des Kunden, vielleicht auch des Unternehmens, innerhalb des Sortiments erfüllen soll,. Nun wird der Angebotsartikel mit seinen Funktionen überprüft. Entspricht der Artikel den Soll-Vorstellungen oder besitzt er unnötige Funktionen, die die Kosten des Artikels erhöhen und nicht zum Nutzen beitragen? So können Artikel von verschiedenen Lieferanten verglichen und für die beste Lösung entschieden werden.

Optimale Bestellmenge

Bei Bestellung von kleinen Mengen sind die Kosten hoch. Mit zunehmender Bestellmenge sinken die Bestellkosten, weil weniger Verwaltungsaufwand notwendig wird. Außerdem verbessern sich die Konditionen. Doch mit zunehmender Bestellmenge steigen die Lagerkosten. Außerdem nimmt das Risiko des Verfalls, der Beschädigung und Veralterung zu. Daher errechnet der Einkauf die optimale Bestellmenge. Als optimale Bestellmenge wird die Bestellmenge mit den geringsten Gesamtbestellkosten verstanden. Diese ermitteln sich aus den fixen Bestellkosten (Auftragsschreibung, Warenvereinnahmung, Rechnungsprüfung) und den variablen Bestellkosten (Lagerkosten und Lagerzinsen für die Kapitalbindung des Lagerwertes).

Fallbeispiel:
Die Trinkmann GmbH benötigt pro Jahr 6000 Biergläser des Artikels 1258 der Fa. Schluck GmbH zum Einstandspreis von 0,70 Euro.
Der Lagerhaltungskostensatz beträgt 6%, der durchschnittliche Lagerbestand soll die Hälfte der Bestellmenge ausmachen. Die Bestellkosten je Bestellvorgang betragen 3,00 Euro.

Bestel-lmenge	*Zahl der Bestellungen/ Jahr*	*Bestell-kosten*	*Durchschnitt-licher Lagerbestand*	*Lager-kosten*	*Gesamt-kosten*
200	*30*	*90,00 Euro*	*100 Stück* *70,00 Euro*	*4,20 Euro*	*94,20*
400	*15*	*45,00 Euro*	*200 Stück* *140,00 Euro*	*8,40*	*53,40*
600	*10*	*30,00 Euro*	*300 Stück* *210,00 Euro*	*12,60*	*42,60*
800	***7 – 8***	***22,50***	***400 Stück*** ***280,00 Euro***	***16,80***	***39,30***
1000	*6*	*18,00*	*500 Stück* *350,00 Euro*	*21,00*	*39,00*

Die rechnerisch exakte Ermittlung der optimalen Bestellmenge kann nach der Andler´schen Formel ermittelt werden:

$$x_{opt} = \sqrt{\frac{200 \times Jahresbedarfsmenge \times Bestellkosten}{\text{Einstandspreis je Mengeneinheit} \times \text{Lagerhaltungskostensatz}}}$$

mit Wurzel
200 ·6000 · 3
0,70 ·6

Die optimale Bestellmenge beträgt 926 Gläser.

Steuerung der Einkaufslimite
Viele Handelsunternehmen geben dem Einkauf ein Limit vor. Das Limit gibt an, wie viel Geld dem Einkauf für einen Zeitraum zur Verfügung steht. Das Limit wird zunächst anhand der Planzahlen errechnet und ggf. durch die Ist-Entwicklung korrigiert.

Fallbeispiel:
Die Trinkmann GmbH plant im 1. Halbjahr einen Umsatz der Artikelgruppe „Grappa" von 64.000 Euro. Die Handelsspanne beträgt für diese Artikelgruppe 53,125 %. Das durchschnittliche Planlager soll 2.250,00 Euro betragen, das Inventurlager am 1.1 beträgt 3.000,00 Euro.

	Warenumsatz zu Verkaufspreisen Plan 1. Halbjahr	*64.000,00 Euro*
	Handelsspanne Plan 53,125 %	
=	*Wareneinsatz Plan*	*30.000,00 Euro*
-	*Anfangsbestand*	*3.000,00 Euro*
+	*Endbestand*	*2.250,00 Euro*
=	*Limit 1. Halbjahr Plan*	*29.250,00 Euro*

3.5.2 Steuerung mit Kennzahlen

Kennzahlen sind Messzahlen, die zu einem bestimmten Zeitpunkt regelmäßig ermittelt werden. Ist ein Warenwirtschaftssystem vorhanden, so können die wichtigsten Kennziffern jederzeit abgerufen werden. Im Folgenden sind relative Messzahlen erläutert, bei denen verschiedene Werte in Verhältnis gesetzt werden. Kennziffern werden im Controlling im Soll-Ist-Vergleich eingesetzt sowie verglichen mit Branchenwerten. Durchschnittliche Branchenwerte erhält das Handelsunternehmen durch den Fachverband, von der Kooperation oder aus Veröffentlichungen der Fachzeitschriften.

Kennziffern aus dem Beschaffungscontrolling

Lieferanten werden mit folgenden Kennziffern beurteilt:

Reklamationsquote:

$$\frac{\text{Reklamationswert zu Einstandspreisen} \quad 100}{\text{Wareneinsatz}}$$

$$\frac{\text{Zahl der Reklamationen} \cdot 100}{\text{Gesamtzahl der Lieferungen}}$$

Verzugsquote:

$$\frac{\text{Zahl der verspäteten Lieferungen} \cdot 100}{\text{Gesamtzahl der Lieferungen}}$$

Servicegrad:

$$\frac{\text{Anzahl der erfüllten Aufträge} \cdot 100}{\text{Gesamtzahl der Aufträge}}$$

Kennziffern aus dem Lagercontrolling

Im Logistikbereich werden die eigenen Leistungen analysiert, um ihre Wirksamkeit zu überprüfen, Kosten und Kapazitätsauslastungen auszuwerten. Insbesondere die Lagerkennziffern geben Hinweise auf Kosteneinsparungsmöglichkeiten und Kapitalbindung, da diese als branchenbezogene Vergleichszahlen veröffentlicht werden.

Der **durchschnittliche Lagerbestand** bestimmt die Warenmenge, die innerhalb einer bestimmten Periode durchschnittlich gelagert oder bevorratet wird. Die Berechnung kann sowohl mengen- als auch wertmäßig erfolgen. Bei der wertmäßigen Berechnung ist der Bestand zu Einstandspreisen zu bewerten.

$$\frac{\text{Inventurbestand + Jahresendbestand}}{2}$$

Fallbeispiel
Bei der Marco Trinkmann GmbH ergeben sich am Jahresende für den Artikelbitter „Leone" zum Einstandspreis von 4,00 e folgende Bestände:

Bestand Artikel Leone	*Menge*	*Wert*
Inventurbestand	*350*	*1.400,00 Euro*
31.01.	*200*	*800, 00 Euro*
28.02.	*280*	*1.120,00 Euro*
31.03.	*260*	*1.040,00 Euro*
30.04.	*300*	*1.200,00 Euro*
31.05.	*320*	*1.280,00 Euro*
30.06.	*280*	*1.120,00 Euro*
31.07.	*260*	*1.040,00 Euro*
31.08.	*260*	*1.040,00 Euro*
30.09.	*290*	*1.160,00 Euro*
31.10.	*310*	*1.240,00 Euro*
30.11.	*300*	*1.200,00 Euro*
Inventurbestand	*230*	*920,00 Euro*

290 Flaschen $\frac{350 + 230}{2}$

1.160,00 Euro $\frac{1.400 + 920}{2}$

Werden mehrere Bestände – wie hier z.B. die Monatsendbestände berücksichtigt – ergibt dies einen wesentlich genaueren Wert.

$$\frac{\text{Inventurbestand + 12 Monatsbestände}}{13}$$

280 Flaschen $\frac{350 + 3.290}{13}$

1120,00 Euro $\frac{1.400 + 13.160}{13}$

Die **Lagerumschlagshäufigkeit**, in der Praxis auch als Lagerumschlagsgeschwindigkeit – LUG – bezeichnet, zeigt, wie oft der durchschnittliche Lagerbestand in einer Periode verkauft bzw. erneuert wird. Die Kennziffer kann für einen Artikel, eine Warengruppe, eine Abteilung oder für das gesamte Sortiment ermittelt werden. Um einen einheitlichen zwischenbetrieblichen Vergleich zu ermöglichen, wird die wertmäßige Berechnung zu Einstandspreisen durchgeführt. Grundsätzlich strebt das Handelsunternehmen eine hohe Lagerumschlagshäufigkeit an, weil dies viele positive Folgen hat:

- Verbesserung der Wirtschaftlichkeit und Rentabilität
- Erhöhung der Liquidität
- Senkung des Kapitalbedarfs
- Senkung der Lagerkosten

$$\frac{\text{Wareneinsatz zu Einstandspreisen}}{\text{durchschnittlicher Lagerbestand}}$$

Fallbeispiel

Aus dem Warenwirtschaftssystem ergibt sich ein Jahresumsatz für den Artikel Kräuterbitter „Leone" von 8.640,00 Euro.

7,71	$\frac{8.640}{1.120}$

Mit der **durchschnittlichen Lagerdauer** wird der Zeitraum zwischen Wareneingang und -ausgang ermittelt. So wird die zunächst noch abstrakte Kennziffer Lagerumschlagshäufigkeit eine greifbare Größe.

$$\frac{360}{\text{Lagerumschlagshäufigkeit}}$$

Fallbeispiel

Der Artikel Kräuterbitter „Leone" lagert durchschnittlich 47 Tage (46,69). $\frac{360}{7{,}71}$

Mit Hilfe des **Lagerzinssatzes** bzw. der **Lagerzinsen** werden die Zinskosten berechnet, die durch die Kapitalbindung in die Ware entstehen. Die Kapitalbindung wird in der Praxis oft als totes Kapital bezeichnet, da das investierte Kapital bei den Geschäftsbanken zinsbringend hätte angelegt oder für neue notwendige Investitionen hätte eingesetzt werden können.

Lagerzinssatz (%)

$$\frac{\text{Jahreszinssatz d. Banken} \cdot \text{durchschn. Lagerdauer}}{360}$$

Fallbeispiel

Für den Artikel Kräuterbitter „Leone" ergibt sich bei einem üblichen Jahreszinssatz der Banken von 6% ein Lagerzinssatz

0,78 %	$\frac{6 \cdot 46{,}69}{360}$
Lagerzinsen (Euro)	$\frac{\text{durchschn. Lagerbestand} \cdot \text{Lagerzinssatz}}{100}$
8,74	$\frac{1.120 \cdot 0{,}78}{100}$

Die **Lagerreichweite** gibt an, wie lange der durchschnittliche Lagerbestand bei einem durchschnittlichen Absatz ausreicht.

$$\frac{\text{durchschnittlicher Lagerbestand (Stück)}}{\text{durchschnittliche Absatzmenge}}$$

$$\frac{\text{durchschn. Lagerbestand zu Einstandspreisen}}{\text{durchschnittlicher Umsatz zu Einstandspreisen}}$$

Fallbeispiel

Das Warenwirtschaftssystem gibt an, dass mit dem Artikel Kräuterbitter „Leone" ein durchschnittlicher täglicher Umsatz von 25,71 Euro erzielt wird.

Die Bestände reichen durchschnittlich ***für 44 Tage*** *(43,56).*	$\frac{1.120}{25{,}71}$
Flächennutzungsgrad	$\frac{\text{genutzte Lagerfläche} \cdot 100}{\text{verfügbare Lagerfläche}}$
Einsatzgrad der **Transportmittel**	$\frac{\text{Einsatzzeit} \cdot 100}{\text{Arbeitszeit}}$

Die Kennziffern des Beschaffungscontrollings können ebenso als Kennziffern der Logistik eingesetzt werden, um die eigene Leistungsfähigkeit zu überprüfen. Beim Servicegrad muss beachtet werden, dass dieser auch Grenzen hat, denn ein 100%iger Servicegrad hätte sehr hohe Logistikkosten zur Folge. So wird meist ein Grad von ca. 90 – 95% angestrebt.

3.6 Entsorgung

3.6.1 Die Bedeutung der Abfallwirtschaft

In einem Handelsbetrieb fallen durch den Umgang mit der Ware Abfälle wie z.B. Verpackungsmaterialien, Bügel, verdorbene Lebensmittel, unverkäufliche Ware an, die entsorgt werden müssen. Immer mehr rechtliche Vorschriften schreiben dem Handelsbetrieb vor, wie dieser die Entsorgung vornehmen muss, doch auch die Öffentlichkeit, die Kunden und letztlich auch die Mitarbeiter selbst fordern ein umweltbewusstes Handeln des Unternehmens. So können Aktivitäten im Umweltschutz zum Marketingfaktor werden.

Bei den rechtlichen Vorschriften sind für den Handel vor allem das Kreislaufwirtschafts- und Abfallgesetz und die Verpackungsordnung von Bedeutung.

3.6.2 Formen der Entsorgung

Kreislaufwirtschafts- und Abfallgesetz

Das Gesetz regelt den Umgang mit Abfällen. Das frühere Verfahren, dass die Wirtschaft produziert und die Städte und Gemeinden auf Kosten der Bürger die Abfälle zu entsorgen haben, wurde durch das Verursacherprinzip abgelöst: Die Betriebe sind für die Vermeidung, Verwertung und die umweltverträgliche Beseitigung der Abfälle grundsätzlich selbst verantwortlich.

Die Grundprinzipien des Gesetzes:

- Zunächst sollen Abfälle möglichst **vermieden** werden, z.B. sollen beim Transport Mehrwegtransportgefäße anstelle von Einwegverpackungen verwendet, Paletten getauscht und Transportverpackungen sparsam eingesetzt werden.
- Lassen sich Abfälle nicht vermeiden, sind sie in einen **Verwertungskreislauf** einzubringen, um die in ihnen erhalten Wertstoffe wieder zu gewinnen und neu zu verarbeiten.
- Nicht mehr nutzbare Abfälle sind sicher und umweltverträglich zu **entsorgen**, z.B. durch die endgültige Ablagerung auf einer Deponie oder in einer Müllverbrennungsanlage.

Meist wird im Handel nach Papier/Pappe/Karton, Verpackungen wie Aluminium, Weißblech, Kunststoffe, Verbundverpackungen und Glas, getrennt nach den Farben weiß, grün und braun, sortiert und mit Entsorgungsunternehmen zusammengearbeitet, die die sortierten Abfälle regelmäßig – meist gegen Entgelt – abholen.

In einem Handelsunternehmen können auch **Sondermüll** oder Sonderabfälle anfallen. Dies sind Abfallstoffe, die im Wirtschaftskreislauf keinen Wert mehr besitzen und eine Gefahr für die Gesundheit oder Umwelt darstellen. Zu Sondermüll zählen z.B. Lösemittel, Säuren, Laugen, Lacke, Altpestizide und Stoffe mit Schwermetallverunreinigungen. Der Gesetzgeber bezeichnet diese gefährlichen Abfallstoffe als **besonders überwachungsbedürftige Abfallstoffe**, die Entsorgung dieser Abfälle unterliegt der gesetzlichen Nachweispflicht.

Da diese Abfallstoffe in jedem EU- und Bundesland unterschiedlich definiert sind, kann es sein, dass bestimmter Abfall in einem oder mehreren Ländern nachweispflichtig und damit Sondermüll ist, während Abfall der selben Art in andern Ländern nicht nachweispflichtig und somit auch kein Sondermüll ist. Dies kann dazu führen, dass Sondermüll in ein anderes Land transportiert bzw. exportiert wird, um dort ohne Extrakosten entsorgt zu werden. Problematisch und strafrechtlich relevant ist, wenn giftiger Abfall nicht der ordnungsgemäßen Sonderabfallentsorgung zugeführt, sondern als Handelsware umdeklariert und mit großen

Mengen von normalem Abfall oder Erde vermischt und anschließend als normaler Abfall entsorgt wird.

Verpackungsverordnung
Die **Verpackungsverordnung** ist für den Handel – besonders für den Einzelhandel - von besonderer Relevanz. Hier sind die Verpflichtung zur Rücknahme bzw. zur Sammlung gemäß den stofflichen Trennungsvorschriften und die Verwertung geregelt. Nach der Verpackungsordnung werden unterschieden:

Transportverpackung

Diese Verpackung dient dem Transport vom Lieferanten zum Kunden; sie erleichtert den Transport und schützt die Ware. Hersteller und Handelsunternehmen sind nach der Verpackungsverordnung verpflichtet, die Transportverpackung zurückzunehmen. Meist werden diese Verpackungen nach der Rücknahme wieder verwendet oder stofflich verwertet.

Fallbeispiel
Der Lagermitarbeiter Egon Willig stellt die kommissionierten Wein- und Spirituosenkartons für die Belieferung des Hotels „Bettenburg" auf einer Palette zusammen und schweißt diese aus Sicherheits- und Diebstahlsgründen anschließend mit einer Spezialfolie für den Transport ein. Die Palette wird nach dem Transport zurückgebracht und weiterverwendet, die Folie wird ebenfalls zurückgenommen und vorschriftsmäßig entsorgt.

Umverpackung

Umverpackung ist die zusätzliche Verpackung um die Verkaufsverpackung herum, die nicht aus Gründen der Hygiene, der Haltbarkeit oder des Schutzes der Ware vor Beschädigung oder Verschmutzung für die Abgabe an den Endverbraucher erforderlich ist. Sie erleichtert den Absatz der Ware, z.B. die Selbstbedienung, oder fungiert als Werbeträger. Der Händler, der Ware in Umverpackung anbietet, ist verpflichtet, diese vor dem Verkauf an den Endverbraucher zu entfernen oder dem Endverbraucher die Möglichkeit einzuräumen, diese während des Verkaufs zurückzugeben. Hierfür muss der Händler in der Verkaufsstelle oder auf dem zur Verkaufsstelle gehörenden Gelände geeignete Sammelgefäße zur Aufnahme der Umverpackungen bereitstellen, für den Endverbraucher gut sichtbar und zugänglich. Der Händler muss ebenfalls sicherstellen, dass die Umverpackungen einer erneuten Verwendung oder einer stofflichen Verwertung zugeführt werden.

Fallbeispiel
In den Getränkefachmärkten der Trinkmann GmbH werden besonders hochwertige Weinbrände und Champagner in speziellen Kartons oder Holzkisten angeboten, auf denen zusätzliche Informationen über das jeweilige Produkt stehen und die die Exklusivität besonders hervorheben. Selbstverständlich können die Kunden auf die aufwendige Verpackung verzichten und diese im Fachmarkt lassen.

Verkaufsverpackung

Unter der Verkaufsverpackung ist die Verpackung zu verstehen, die notwendig ist, um die Ware an den Kunden zu übergeben. Sie stellt z.B. als geschlossener Behälter eine Verkaufseinheit dar, die gleichzeitig einen optimalen Transport und Aufbewahrung der Ware gewährleistet. Im Sinne der Verpackungsverordnung zählen ebenfalls so genannte Serviceverpackungen, die den Verkauf der Ware an Endverbraucher ermöglichen oder unterstützen, zu den Verkaufsverpackungen. Die Verkaufsverpackung fällt generell beim Endverbraucher an. Es besteht eine Rücknahmeverpflichtung von Seiten des Händlers, die aber entfällt, wenn z.B. durch die Teilnahme an einem System (z.B. Duales System Deutschland, "grüner Punkt") gewährleistet ist, dass die Verkaufsverpackungen beim Kunden regelmäßig durch entsprechende Unternehmen abgeholt werden.

Die Verpackungsverordnung verfolgt also zwei Ziele: Die Rücknahmepflicht verpflichtet die Wirtschaft, Verpackungen von ihren Kunden zurückzunehmen und sie dann wieder zu verwenden oder zu verwerten.

Die Verpackungsverordnung regelt neben der Rücknahmepflicht die **Pfanderhebung** für Erfrischungsgetränke (auch ohne Kohlensäure), Wasser, Bier und alkoholhaltige Mischgetränke in ökologisch nicht vorteilhaften Verpackungen wie Getränkedosen, Einweg-Glasflaschen und Einweg-Plastikflaschen, erkennbar an dem DPG-Logo. Die Pfandgebühr beträgt 0,25 Euro. Sobald ein Handelsunternehmen eine Art von Einweggetränkeverpackungen führt wie z.B. die Dose oder die PET-Flasche, ist es verpflichtet, diese Art unabhängig von der Marke, dem Kennzeichen und wo sie erworben wurde, zurückzunehmen. Damit muss der Einzelhändler auch Leergut von anderen Anbietern zurücknehmen, es sei denn, seine Verkaufsfläche liegt unter 200 qm. Auf Mehrweg-Bierflaschen wird eine Pfandgebühr von 0,08 Euro erhoben, für Mehrweg-Bierflaschen mit Bügelverschluss 0,15 Euro und sonstige Mehrwegflaschen aus Glas oder härterem Plastik 0,15 Euro.

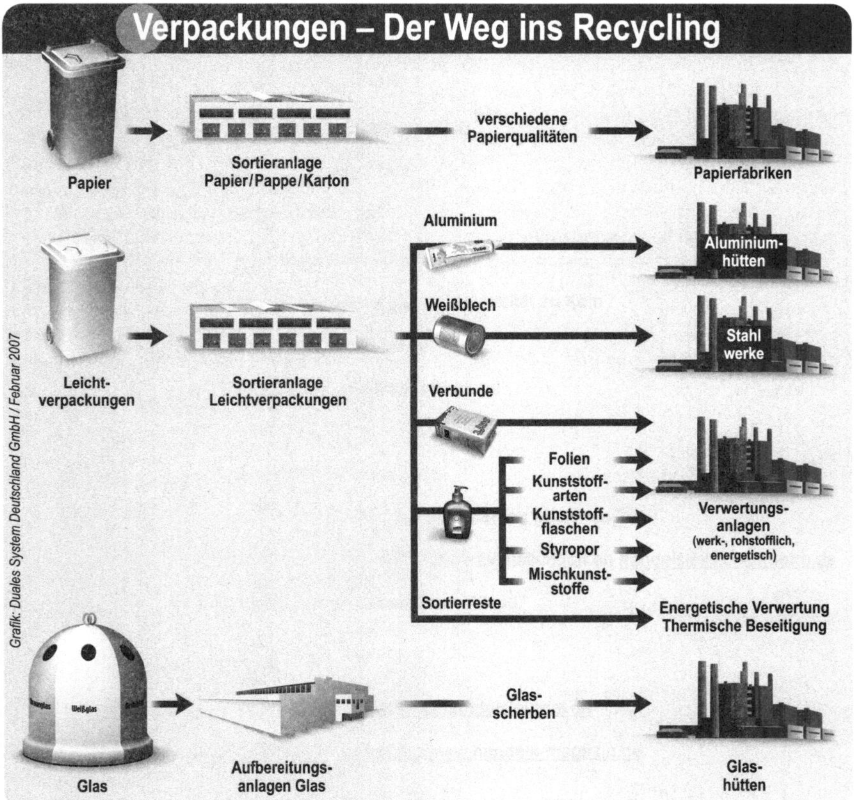

Abb 37: Verpackung – der Weg ins Recycling

Das **Elektro- und Elektronikgerätegesetz** regelt die Entsorgung von jährlich rund 1,1 Millionen Tonnen gebrauchter Waschmaschinen, Fernseher, Computer, Kühlschränke und Kleingeräte. Die Verbraucher dürfen ihre Elektrogeräte nicht mehr in den Haus- oder Sperrmüll geben, sondern müssen diese im Wertstoffhof abgeben oder abholen lassen, ohne dass dem Verbraucher hierbei Kosten entstehen. Die Geräte tragen eine Kennzeichnung für die separate Sammlung: eine durchgestrichene Abfalltonne.

Für die separate Sammlung müssen sich die Hersteller und Importeure von Elektrogeräten beim Elektro-Altgeräte-Register (EAR) eintragen lassen, denn sie finanzieren den Abtransport der Altgeräte bei den Städten und Gemeinden gemäß ihrem Anteil, mit dem sie Neugeräte auf den Markt bringen.

Die Entsorgungsunternehmen holen allein hiervon ca. 275 Container je Arbeitstag bei den Kommunen ab. Der Branchenverband ZVEI schätzt die jährlichen Kosten für die Altgeräterücknahme auf 350 bis 500 Millionen Euro, die Entsorgung eines Kühlschranks kostet ca. 15 Euro, einer Waschmaschine nur 8 Euro, da die darin enthaltenen Rohstoffe wieder verwertet werden können.

3.6.3 Betriebliche Entsorgung

Gemäß der Verpackungsverordnung ist ein Teil der Abfallentsorgung vom Verbraucher auf die Hersteller und die Handelsbetriebe übertragen worden. Das bedeutet, dass die Warenverpackungen zurückgenommen werden müssen. Von der Rücknahme der Verkaufsverpackungen können sich Hersteller und Handelsbetriebe allerdings befreien, wenn gewährleistet ist, dass diese leeren Verkaufsverpackungen regelmäßig bei den Endverbrauchern abgeholt werden. Hierfür haben sich Hersteller und Handelsbetriebe zusammengeschlossen und das "Duale System Deutschland AG" gegründet. Dieses Unternehmen wird durch die Vergabe des "grünen Punktes" an die Lizenznehmer (Verpackungshersteller, Produzenten, Abfüller, Handelsbetriebe) finanziert. Die Höhe des Lizenzentgeltes richtet sich jeweils nach der Art des verwendeten Materials, dem Gewicht der Verpackung und der anfallenden Menge an Verpackungseinheiten. Die Lizenzkosten werden von Hersteller und Handel in die Kalkulation übernommen und somit an den Endverbraucher weitergegeben. Der "grüne Punkt" auf den Verkaufsverpackungen weist darauf hin, dass eine Abnahme, Sortierung und Verwertung dieser Verpackungen garantiert ist.

4. Alles, was Recht ist

4.1 Grundzüge des Kaufvertragsrechts

Alle Anstrengungen des Kaufmanns im Marketing richten sich darauf, dass der Kunde zugreift und einen Kaufvertrag mit dem Kaufmann abschließt. Deshalb wollen wir einige Grundlagen des Kaufvertragsrechts hier behandeln. Auch für das Verhältnis des Kaufmanns zu seinem Lieferanten gelten die Grundsätze des Kaufvertragsrechts. Im Verkehr mit Letztverbrauchern freilich gelten oftmals noch besondere Bestimmungen – wir werden sie hier kennenlernen.

4.1.1 Wie ein Vertrag zustande kommt

Nach unserer Rechtsordnung gilt der **Grundsatz der Vertragsfreiheit**. Er besagt dreierlei:

Abschlussfreiheit: Jeder hat die freie Wahl, ob er überhaupt einen Vertrag abschließen will, und mit wem
(Eine Ausnahme stellen Monopolunternehmen dar (z. B. Trinkwasserversorgung)

Inhaltsfreiheit: Es steht frei, was in einen Vertrag enthalten ist.
(ausgenommen sind sittenwidrige Vereinbarungen; im Verkehr mit Privatpersonen können auch spezielle Vertragsinhalte gelten)

Formfreiheit: Es steht frei, einen Vertrag mündlich, schriftlich oder auf andere Weise zu schließen.
(Nur in bestimmten Fällen schreibt der Gesetzgeber eine bestimmte Form vor, z.B. beim Grundstückskauf)

Wie kommt ein Vertrag zustande?
Jeder Vertrag setzt zwei Willenserklärungen voraus:

Angebot und **Annahme**

Ein Angebot richtet sich immer an eine bestimmte Person. Der andere kann hierauf nur mit Ja oder Nein reagieren. Die Annahme muss sich inhaltlich auf das Angebot beziehen. Eine vom Angebot inhaltlich abweichende Annahmeerklärung gilt als neues Angebot. Beiden Erklärungen liegt ein rechtlich relevanter Wille zugrunde. Der kann sich in einer Unterschrift, einer Geste oder einem bestimmten Handeln äußern, zum Beispiel auch im Handschlag oder Kopfnicken.
Vom Angebot zu unterscheiden ist die Anpreisung im Schaufenster oder in der an einen größeren Kreis gerichteten Werbung. Sie ist eine Einladung an andere, ihrerseits ein (Kauf-) Angebot abzugeben. Wenn also der Kaufmann in seinem Schaufenster versehentlich eine Ware zu niedrig auszeichnet, dann kann der einzelne Verbraucher hieraus keinen Anspruch ableiten, tatsächlich die Ware zu diesem günstigen Preis kaufen zu können. (Die wettbewerbsrechtliche Seite einer falschen Preisauszeichnung finden Sie an anderer Stelle.)

Wie lange ist ein Angebot gültig?
Unter Anwesenden kann die Annahme nur sofort erfolgen, (§ 147 Abs. 1 BGB). Unter Abwesenden geht man von einer Überlegungszeit von 24 Stunden aus; hinzu kommen noch die üblichen Postlaufzeiten.
Sinn dieser Vorschrift ist, dass ein Verkäufer die Möglichkeit haben soll, nach Ablauf der Frist anderweitig über die Ware zu verfügen. In der Regel wird man solche schriftlichen Angebote befristen. („Wir halten uns an dieses Angebot bis zum ...gebunden“).

Wie wird das Angebot bestätigt?
Unter Kaufleuten kann dies durch eine Auftragsbestätigung erfolgen. Nicht selten, vor allem dann, wenn in Verhandlungen noch Abweichungen eines ursprünglichen Angebots vereinbart wurden, schickt der Kaufmann ein kaufmännisches Bestätigungsschreiben.

Fallbeispiel
Bisher hatte die Brauerei der Fa. Trinkmann GmbH kein Skonto gewähren wollen. In den Verhandlungen wurde dann ein Skonto von 3 % vereinbart. Trinkmann schickt jetzt dem Hersteller ein Bestätigungsschreiben: ...“bestätige die Vereinbarung über 3 % Skonto“. Schweigt der Hersteller hierauf, dann gilt dies unter Kaufleuten als Zustimmung.

Die Option
Im Vertragsrecht ist die Option eine Besonderheit: Sie ermächtigt nämlich einen Partner, durch einseitige Willenserklärung einen Vertrag festzusetzen.

Fallbeispiel
Die Trinkmann GmbH hat vom Vermieter ein Ladenlokal auf 10 Jahre angemietet. Im Vertrag wird ihr eine Option auf weitere fünf Jahre eingeräumt. Nach 10 Jahren kann die Trinkmann GmbH also einseitig entscheiden, ob sie den Mietvertrag zu den gleichen Bedingungen verlängern will oder nicht. Dies ist für sie auf jeden Fall vorteilhaft: Denn haben sich die Mieten an diesem Standort bis dahin deutlich erhöht, kann sie den Vorteil für sich nutzen. Hat sich aber das Mietniveau dort gesenkt, dann wird sie klugerweise die Option nicht wahrnehmen und stattdessen mit dem Vermieter neu verhandeln.

Pflichten der Vertragspartner
Nimmt man einen Kaufvertrag einmal juristisch unter die Lupe, dann verbergen sich dahinter mehrere verschiedene Bestandteile. Denn wenn Kaufmann Müller seinem Kunden Meier per Handschlag oder schriftlich einen Schrank verkauft, dann ist ja tatsächlich zunächst noch nichts passiert. Jetzt hat Kaufmann Müller zunächst die Pflicht
- dem Meier den Schrank zu übergeben und
- ihm das Eigentum daran zu verschaffen.

Meier wiederum hat die Pflicht,
- den Schrank auch wirklich abzunehmen und
- den vereinbarten Kaufpreis zu zahlen

Zu den Nebenpflichten des Verkäufers kann gehören
- die Ware zu verpacken
- Informationen über den Gebrauch der Ware zu erteilen

Die verschiedenen juristischen Elemente lassen sich unterscheiden in ein
- **rechtliches Verpflichtungsgeschäft** (die Verpflichtung, die Sache bzw. das Geld zu übereignen, und ein
- **dingliches Erfüllungsgeschäft** (die tatsächliche Übereignung von Ware und Geld).

Die Nichtigkeit von Verträgen:
Nichtigkeit bedeutet, dass ein Rechtsgeschäft **von Anfang an unwirksam** ist. Dies kann in folgenden Fällen gegeben sein:

- wenn ein Geschäft gegen die guten Sitten verstößt (z.B. bei Wuchergeschäften). Ein solches Geschäft kann vorliegen, wenn man die Zwangslage oder Unerfahrenheit eines

anderen zu seinem eigenen Vermögensvorteil ausnutzt und damit Leistung und Gegenleistung in einem krassen Missverhältnis stehen.
- Wenn ein Geschäft gegen ein gesetzliches Verbot verstößt.

Fallbeispiel
Der Kunde M schließt mit dem Straßenhändler S einen Kaufvertrag über 100 Packungen eines Viagra-Nachahmerpräparats zum „Superpreis". Ein solcher Vertrag ist nichtig; damit sind auch die normalerweise aus einem Kaufvertrag entstehenden Pflichten für Käufer und Verkäufer nicht existent und damit auch nicht einklagbar.

- Allerdings sind nicht alle Kaufverträge, die gegen ein gesetzliches Verbot verstoßen, nichtig.

Fallbeispiel
Kaufmann Müller verkauft am Sonntag entgegen den Ladenschlussbestimmungen einen Schrank. Dieser Kaufvertrag bleibt gültig.

- Nichtig sind auch Scherzgeschäfte oder Scheingeschäfte sowie Geschäfte mit Geschäftsunfähigen. Gerade letzteres kann für einen Kaufmann unangenehm werden.

Fallbeispiel
Der noch nicht siebenjährige Fritz kauft von seinem angesparten Taschengeld den neuen Harry Potter Roman. Einige Zeit später kommt wutentbrannt der Vater und will das Geld zurück. Er ist im Recht! Denn dieser Vertrag war von Anfang an nichtig.

4.1.2 Die Anfechtung

Dies ist ein besonderer Weg, mit dem ein Vertrag in seinem Bestand in Frage gestellt wird. Angefochten wird aber nicht der Vertrag, sondern die eigene Willenserklärung. Die Anfechtung hat zur Folge, dass der Vertrag mit dem Zeitpunkt der Anfechtung unwirksam wird. Folgende Fälle unterscheidet das Gesetz:

Rechtlich relevant sind die folgenden Anfechtungsgründe:

Anfechtung wegen Irrtum

- Irrtum in der Erklärungshandlung. Hier geht es um das Verschreiben, Versprechen oder Vergreifen.
- Irrtum über den Erklärungsinhalt: Hier irrt der erklärende sich über den Sinn seines Erklärungsmittels (z.B. Wort, Zeichen)
- Falsche Übermittlung: Ein Bote hat z.B. etwas anderes erklärt als das, was ihm aufgetragen war.
- Die Anfechtung muss unverzüglich – also ohne schuldhaftes Zögern – erfolgen, nachdem der Anfechtende von dem Anfechtungsgrund erfahren hat.
- Wer seine Willenserklärung angefochten hat, muß dem anderen den Schaden ersetzen, den dieser dadurch erlitten hat, dass er auf die Wirksamkeit des Vertrags vertraut hat. Das Vertragsverhältnis wird hier rückabgewickelt.

Problematisch: Der Motivirrtum

Fallbeispiel
Fritz Müller kauft seiner Angebeteten ein kostbares Halsband. Er hat vor, diese demnächst zu ehelichen. Kurz darauf sieht Fritz die Treulose engumschlungen mit einem anderen. Er rennt zum Juwelier und will sein Geld zurück, weil er sich geirrt hat. Wenn er gewusst hätte,

was für eine treulose Tomate seine Angebetete ist, hätte er nie den Schmuck gekauft. Hier aber liegt der Irrtum in seinem Motiv. Und der berechtigt ihn nicht, seine Willenserklärung anzufechten!

Rechtlich relevant sind jedoch die folgenden Anfechtungsgründe.

- **Anfechtung wegen arglistiger Täuschung**
  Eine arglistige Täuschung liegt vor, wenn durch die Vorspiegelung falscher Tatsachen (oder das Verschweigen der Wahrheit) der andere zu seiner Willenserklärung bewogen wurde.

Fallbeispiel
Gustav Schlawiener verkauft sein Cabrio an Karl Frisch. Den stark angerosteten Boden hat er so kaschiert, dass der Rost nicht mehr zu sehen ist. Karl kann anfechten. Obendrein kann er Schadensersatz für seine geleisteten Aufwendungen verlangen. Er könnte aber auch auf Kosten des anderen den Mangel beseitigen lassen, den dieser arglistig verschwieg.

- **Anfechtung wegen widerrechtlicher Drohung**
  Eine Drohung ist die Ankündigung eines Übels für den Fall, dass der andere eine Willenserklärung nicht abgibt. Die Drohung ist widerrechtlich, wenn das angedrohte Übel gegen ein Gesetz, einen Vertrag oder gegen die guten Sitten verstößt.

Fallbeispiel
D möchte sehr gern vom Kunstsammler K ein bestimmtes Bild kaufen. K aber, der den D überhaupt nicht ausstehen kann, hat dies schon mehrfach verweigert. Zufällig erfährt D, dass K Steuern in erheblichem Umfang hinterzogen hat. D geht jetzt zu K und fragt erneut nach dem Bild mit der Bemerkung, es könnte ja ein Brief zum Finanzamt gehen. Dann hätte K die nächsten Jahre ohnehin keine Gelegenheit mehr, sein tolles Bild anzusehen. Daraufhin verkauft ihm K das Bild.
Natürlich kann ein Kaufmann einem säumigen Zahler androhen, dass er ihm einen Mahnbescheid schicken wird. Denn zu dieser Maßnahme gibt ihm das Gesetz ausdrücklich die Möglichkeit.

4.1.3 Die Rechte der Verbraucher bei Fernabsatzverträgen

Mehr und mehr Geschäfte kommen inzwischen über das Internet zustande. Für alle Geschäfte mit Letztverbrauchern, die über E-Mail, aber auch über Telefon, Fax, Katalog und Brief sowie über Rundfunk-, Tele- oder Mediendienste zustande kommen, gelten einige besondere Vorschriften.

Widerrufsrecht und Rückgaberecht.
Innerhalb von 14 Tagen nach Vertragsabschluss kann der Verbraucher einen Vertrag durch Widerruf bzw. Rückgaberecht rückgängig machen. Wenn die Belehrung des Verbrauchers über seine Rechte nicht vor oder gleichzeitig bei Vertragsschluss in Textform erfolgt, beträgt die Widerrufsfrist-/ Rückgabefrist 1 Monat. Das rechtzeitige Absenden des Widerrufs oder Rücksenden der Ware genügt. Diese Frist beginnt erst dann zu laufen, wenn dem Verbraucher alle gesetzlich vorgeschriebenen Informationen zur Verfügung gestellt worden sind. Die Ware muß beim Empfänger eingegangen und der Verbraucher muß über sein Widerrufs- bzw. Rückgaberecht belehrt worden sein. Dem Verbraucher kann entweder ein Widerrufsrecht oder Rückgaberecht eingeräumt.
Nachdem es immer wieder zu Problemen über die Zulässigkeit von solchen Belehrungen gekommen ist, hat der Gesetzgeber einen solchen Belehrungstext direkt ins Gesetz aufgenommen:

Muster für die Widerrufsbelehrung

Sie können Ihre Vertragserklärung innerhalb von 14 Tagen (einem Monat) ohne Angaben von Gründen in Textform (z.B. Brief, Fax, E-Mail) oder – wenn Ihnen die Sache vor Fristablauf überlassen wird – durch Rücksendung der Sache widerrufen. Die Frist beginnt nach Erhalt dieser Belehrung in Textform, jedoch nicht vor Eingang der Ware beim Empfänger (bei der wiederkehrenden Lieferung gleichartiger Waren nicht vor Eingang der ersten Teillieferung) und auch nicht vor Erfüllung unserer Informationspflichten gem. Artikel 246 § 2 in Verbindung mit § 1 Abs. 1 und 2 EGBGB sowie unserer Pflichten gemäß § 312e Abs. 1 Satz 1 BGB in Verbindung mit Artikel 246 § 3 EGBGB. Zur Wahrung der Widerrufsfrist genügt die rechtzeitige Absendung des Widerrufs oder der Sache. Der Widerruf ist zu richten an:

(Namen, Firma, ladungsfähige Anschrift des Widerrufsadressaten, ggf. Fax, E-Mailadresse, Internetadresse)

Widerrufsfolgen

Im Falle eines wirksamen Widerrufs sind die beiderseits empfangenen Leistungen zurückzugewähren und ggf. gezogene Nutzungen (z.B. Zinsen) herauszugeben. Können Sie uns die empfangene Leistung ganz oder teilweise nicht oder nur in verschlechtertem Zustand zurückgewähren, müssen Sie uns insoweit ggf. Wertersatz leisten. Bei der Überlassung von Sachen gilt dies nicht, wenn die Verschlechterung der Sache ausschließlich auf deren Prüfung – wie Sie Ihnen etwa im Ladengeschäft möglich gewesen wäre – zurückzuführen ist. Im übrigen können Sie die Pflicht zum Wertersatz für eine durch die bestimmungsgemäße Ingebrauchnahme der Sache entstandene Verschlechterung vermeiden, indem sie die Sache nicht wie ihr Eigentum in Gebrauch nehmen und alles unterlassen, was deren Wert beeinträchtigt. [1]

Paketversandfähige Sachen sind auf unsere Gefahr zurückzusenden. Sie haben die Kosten der Rücksendung zu tragen, wenn die gelieferte Ware der bestellten entspricht und wenn der Preis der zurückzusendenden Sache einen Betrag von 40,00 Euro nicht übersteigt oder wenn Sie bei einem höheren Preis der Sache zum Zeitpunkt des Widerrufs noch nicht die Gegenleistung oder eine vertraglich vereinbarte Teilzahlung erbracht haben. Andernfalls ist die Rücksendung für sie kostenfrei. Nicht paketversandfähige Sachen werden bei Ihnen abgeholt. Verpflichtungen zur Erstattung von Zahlungen müssen innerhalb von 30 Tagen erfüllt werden. Die Frist beginnt für Sie mit der Absendung Ihrer Widerrufserklärung oder der Sache, für uns mit deren Empfang.

Bei Produkten, die nach Ihrer Spezifikation hergestellt oder eindeutig auf Ihre persönlichen Bedürfnisse zugeschnitten wurden, besteht kein Widerrufsrecht.[i]

Unterschied von Widerrufs- und Rückgaberecht:

Das Widerrufsrecht:
Der Kunde erklärt den Widerruf, ohne gleich die Ware zurücksenden zu müssen. Der Verkäufer muss evtl. den Kaufpreis rückerstatten, bevor er die Ware wieder in Händen hat. Allerdings können dem Kunden bei einem Widerrufswert bis 40,00 Euro die Kosten der Rücksendung auferlegt werden. Das Widerrufsrecht kann (u. a.) für individuell angefertigte Waren ausgeschlossen werden.

Das Rückgaberecht :
Das Rückgaberecht wird durch die Rücksendung der Ware ausgeübt. Der Verkäufer hat seine Ware wieder, bevor er den Kaufpreis erstattet. Der Verkäufer muss beim Rückgaberecht aber in jedem Fall (auch bei Artikeln mit einem Warenwert von unter 40,00 Euro) die Kosten der Rücksendung tragen. Das Rückgaberecht kann auch bei individuell angefertigter Ware (z.B. maßgeschneidert) nicht ausgeschlossen werden.

Ausgenommen sind einige besondere Verträge wie z.B. Fernunterrichtsverträge, Bank- oder Versicherungsverträge, Lebensmittellieferungsverträge wie Pizzaservice oder Grundstücksverträge.

Das Widerrufsrecht ist im Übrigen in folgenden Fällen ausgeschlossen:
- speziell für den Kunden angefertigte Waren (Beispiel: Eine Kundin läßt sich eine Brosche mit ihren Initialen vom Juwelier anfertigen)
- Entsiegelte CD oder Software
- Zeitungen, Zeitschriften
- Lotterien und Versteigerungen

Die Kosten der Rücksendung trägt der Unternehmer. Bei einem Warenwert von weniger als 40 Euro kann dies im Vertrag oder durch AGB auf den Verbraucher abgewälzt werden.

Welche Folgen haben Widerruf oder Rücksendung?
Mit dem Widerruf wird der Vertrag unwirksam. Hat der Kunde eine Ware nicht bestimmungsgemäß genutzt, so kann der Unternehmer hierfür nur dann einen Wertersatz fordern, wenn er den Verbraucher ausdrücklich darauf hingewiesen hat.
Diese Vorschriften sind **zwingend;** der Verbraucher darf nicht auf seine Rechte verzichten. Verstößt ein Unternehmer hiergegen, so stellt dies auch einen Wettbewerbsverstoß mit den üblichen Folgen dar.

4.1.4 Minderjährige und Kaufvertrag

Schließt ein Kaufmann mit einem Minderjährigen einen Vertrag, der über den Rahmen des Taschengelds hinausgeht, so ist dieser schwebend unwirksam. Er erlangt also erst dann seine Wirksamkeit, wenn der gesetzliche Vertreter dem Vertrag zustimmt. Das könnte für den Kaufmann sehr unangenehm werden:

Fallbeispiel
Der 16-jährige Franz kauft vom Kaufmann das neueste Handy für 700 Euro. Auf dem Schulhof prahlt er damit und wird in eine Schlägerei verwickelt, das Handy geht zu Bruch. Die Eltern stimmen dem Kauf nicht zu – der Kaufmann hat den Schaden.

Die Mängelrüge

Was ist ein Mangel?
Wenn eine Sache bei der Übergabe mangelhaft ist, stehen dem Käufer Mängelansprüche zu. Ein Mangel liegt immer dann vor, wenn

- Die Sache nicht die vertraglich vereinbarte Beschaffenheit hat (z.B. der angegebene km-Stand eines Autos)
- Die Sache sich nicht für die nach dem Vertrag vorausgesetzte Verwendung eignet (z.B.: Ein Handwerker kauft für schwere Einsätze eine Bohrmaschine, die tatsächlich nur eine Heimwerkerqualität aufweist)

- Die Sache sich für die gewöhnliche Verwendung nicht eignet und nicht die übliche Beschaffenheit aufweist, die der Kunde erwarten kann (z.B.: Der gekaufte Spaten knickt beim Gebrauch in einem schweren Lehmboden um)
- eine andere Sache geliefert wurde (Falschlieferung)
- eine zu geringe Menge geliefert wurde
- Werbeaussagen über die Sache nicht zutreffen. Dabei kommt es nicht darauf an, ob z.B. ein Einzelhändler selbst oder ein anderer für eine Ware geworben hat
- Wenn die Montageanleitung fehlerhaft ist, so daß ein Kunde z.B. ein Möbelstück falsch zusammen gebaut hat. (die sog. Ikea-Klausel)

Keine Haftung besteht bei natürlichem Verschleiß, aber auch dann, wenn der Käufer den Mangel bei Vertragsabschluß kannte oder kennen mußte.

Welche Rechte hat der Käufer?

- Er kann **Nacherfüllung** verlangen: Das ist dann entweder Nachbesserung oder Ersatzlieferung. Die Nachbesserung bedeutet die Beseitigung des Mangels innerhalb einer angemessenen Frist. Sämtliche Kosten der Nacherfüllung hat der Verkäufer zu tragen.
- Merke: Eine Ersatzlieferung hat nichts mit dem landläufig bekannten Umtausch einer mangelfreien Ware zu tun.

- Rücktritt vom Kaufvertrag. Dies setzt voraus, dass die Nacherfüllung gescheitert oder unzumutbar ist, wenn also z.B. die Sache nicht mehr lieferbar ist oder die gesetzte Frist erfolglos abgelaufen ist.
- Minderung des Kaufpreises.
- Schadensersatz: Wenn der Verkäufer schuldhaft eine Vertragspflicht verletzt hat, kann der Käufer Schadensersatz leisten. Zumeist wird deshalb den Einzelhändler, der die Ware nicht produziert hat, diese Verpflichtung nicht treffen. Anders ist dies, wenn er eine Garantie übernommen hatte und die Sache einen Mangel hat.

Wenn der Käufer vom Vertrag zurücktrat, muß er dem Verkäufer u.U. eine Nutzungsentschädigung für den Gebrauchsvorteil zahlen. In manchen Verträgen ist solch eine pauschale Nutzungsentschädigung gleich vereinbart, z.B. im Möbeleinzelhandel.

Wer muss den Mangel beweisen?

Unter Kaufleuten muss der Käufer beweisen, dass die Sache bei der Übergabe mangelhaft war. Deshalb ist es wichtig, dass der Kaufmann eine gekaufte Sache unverzüglich untersucht und gegebenenfalls rügt. Anders ist es bei Letztverbrauchern: Hier gilt innerhalb der ersten sechs Monate nach Kauf die gesetzliche Vermutung, dass ein beanstandeter Mangel bereits bei der Übergabe der Sache vorgelegen hat.
Mängelansprüche **verjähren** innerhalb von zwei Jahren, bei Bauwerken und den in ein Bauwerk eingebauten Teilen in fünf Jahren. Lediglich bei gebrauchten Sachen kann die Gewährleistungsfrist auf ein Jahr reduziert werden.
Einen besonderen Schutz hat der Gesetzgeber dem Verbraucher mit den Regelungen zum **Verbrauchsgüterkauf** im BGB gegeben (§§ 474 ff). Vereinbarungen zwischen Verkäufer und Verbraucher, die von den gesetzlichen Vorschriften zum Nachteil des Verbrauchers abweichen, sind unzulässig. Rügt ein Verbraucher gegenüber einem Einzelhändler eine Sache, dann kann der Einzelhändler seinen eigenen Lieferanten in Rückgriff nehmen; hierfür steht ihm längstens eine Frist von fünf Jahren zu.

Fallbeispiel

Der Lieferant L hat die Sache am 12. Juli 2010 an den Einzelhändler E geliefert; dieser hat sie am 18. Oktober an den Verbraucher V verkauft. Wenn dieser nun am 10. Mai 2011 rügt, kann der Einzelhändler bis zum 18. Oktober 2012 Rückgriff nehmen, (also innerhalb von zwei Jahren nach dem Verkauf an den Verbraucher), längstens jedoch bis zu 5 Jahre, nachdem er selbst die Ware von L gekauft hat.

Was hat Garantie mit Gewährleistung zu tun?
Streng genommen, eigentlich nichts. Die Garantie ist freiwillig und sie räumt dem Kunden mehr Rechte ein als das Gesetz. Der Kaufmann muss

- eine Garantie einfach und verständlich abfassen
- einen Hinweis auf die gesetzliche Gewährleistung geben
- alle wesentlichen Angaben nennen.

Gewährleistung und Produkthaftung
Der Einzelhändler hat in den meisten Fällen einen Mangel an einer Ware nicht zu vertreten. Damit der Verbraucher aber z.B. auch Mangelfolgeschäden ausgleichen kann, gibt das Produkthaftungsgesetz ihm einen entsprechenden Anspruch gegenüber dem Hersteller oder dem Importeur einer Sache.

4.1.5 Lieferungs- und Zahlungsverzug

Wenn der Verkäufer eine Ware nicht rechtzeitig liefert, kann dem Kunden hierdurch ein Schaden entstehen. Um seine rechtlichen Ansprüche zu sichern, muß der Kunde den Lieferanten zunächst in Verzug setzen – es sei denn, er hätte den Liefertermin kalendermäßig festgesetzt, also z.B. mit der Vertragsklausel „Lieferung am 12. Juli 2010". – trifft. Der Käufer setzt den Verkäufer dadurch in Verzug, daß er ihm eine angemessene Nachfrist setzt. Liefert dann der Verkäufer innerhalb dieser Nachfrist nicht, dann kann der Käufer vom Vertrag zurücktreten und Schadensersatz wegen Nichterfüllung verlangen. Schadensersatz schuldet der Verkäufer allerdings nur dann, wenn ihn ein Verschulden– Vorsatz oder Fahrlässigkeit- trifft.

Dies kann dann etwas so aussehen:
„ Lauf Vertrag vom ... haben Sie sich verpflichtet, uns bis zum 31.7. 100 Herrenhemden Typ XY zu liefern. Bis heute ist die Lieferung nicht bei uns eingegangen. Wir setzen Ihnen hiermit eine Nachfrist bis zum 15.8. Sollte diese Frist ergebnislos verstreichen, werden wir vom Vertrag zurücktreten und Schadensersatz wegen Nichterfüllung verlangen."

Der Schadensersatz setzt in jedem Falle ein Verschulden des Lieferers voraus. Schadensersatz könnte zum Beispiel der Ersatz des entgangenen Gewinns sein.
In der Praxis wird man häufig eine **Vertragsstrafe** vereinbaren, weil der tatsächlich entstandene Schaden in seiner Höhe nicht leicht zu erbringen ist.

Auch der Käufer kann in Verzug kommen...
...vor allem dann, wenn er seine Lieferung nicht bezahlt. Hier gilt analog das Gleiche wie beim Lieferverzug: Hier wird üblicherweise eine feste Frist nach der Lieferung oder ein kalendarischer Zahlungstermin vereinbart. Ist nichts vereinbart, dann muß der Lieferer den Käufer mahnen und dabei eine feste Frist setzen. Der Zahlungsverzug hat zur Folge, daß von diesem Termin an der Verkäufer Verzugszinsen in Rechnung stellen darf – und die liegen um 5 % über dem Basiszinssatz. Der Lieferer hält in diesem Falle am Vertrag fest. Er kann aber auch vom Vertrag zurücktreten.

Unmögliches kann man nicht verlangen...
Stellen Sie sich folgendes vor. Ein Kunsthändler verkauft einem Kunden ein Bild von Paul Klee an, das er selbst auf einer Versteigerung erworben hat. Auf dem Transport vom Auktionsort zum Kunsthändler wird das Bild geraubt. Unser Kunsthändler kann also beim besten Willen dieses einmalige Stück nicht liefern. Jetzt bleibt zwar der zwischen

Kunsthändler und Käufer geschlossene Vertrag wirksam, der Schuldner aber (also der Kunsthändler) wird von seiner vertraglichen Leistung frei. Er muß seinem Kunden jedoch dessen Schaden ersetzen.

4.1.6 Verbraucher haben besondere Rechte...

Teilzahlungsgeschäfte
Von einem Teilzahlungsvertrag spricht das BGB dann, wenn Zahlungen nach Ablauf von drei Monaten nach einer Lieferung zu leisten sind. Solche Verträge müssen immer schriftlich abgeschlossen werden; sie müssen folgende Angaben enthalten:

- den Barzahlungspreis
- den Teilzahlungspreis inklusive aller Teilzahlungen, Zinsen und sonstigen Kosten
- Betrag, Zahl und Fälligkeit der einzelnen Zahlungen
- den effektiven Jahreszins
- die Kosten einer Versicherung, die im Zusammenhang mit dem Teilzahlungsgeschäft abgeschlossen wird
- die Vereinbarung eines Eigentumsvorbehalts oder einer anderen Sicherheit

Fehlt eine dieser Angaben oder die Schriftform, so ist der gesamte Vertrag nichtig!

Eine Besonderheit im Vertragsrecht: Widerrufs- und Rückgaberecht bei Teilzahlungsverträgen
Bei einem Teilzahlungsvertrag hat der Verbraucher ein Widerrufs- und Rückgaberecht, das er innerhalb von zwei Wochen nach Vertragsabschluß geltend machen kann. Diese Frist beginnt erst dann zu laufen, wenn er über dieses Recht belehrt worden ist; es gilt der Zeitpunkt der Absendung des Widerrufs.

Besonderheiten beim Haustürgeschäft
Wenn Geschäfte im Bereich der Privatwohnung, anläßlich einer Freizeitveranstaltung (z.B. Kaffeefahrt), in öffentlichen Verkehrsmitteln oder öffentlichen Verkehrsflächen abgeschlossen werden, hat der Verbraucher wiederum bestimmte Rechte:
- Widerrufs- und Rückgaberecht. Hier gilt das Gleiche wie oben; ausgenommen sind Geschäfte über maximal 40 Euro, die sofort erbracht und bezahlt werden. Die Regelung gilt auch dann nicht, wenn der Verbraucher den Verkäufer bestellt hat und dann ein Vertrag geschlossen wird.

4.1.7 Einige besondere Formen des Kaufvertrags:

- **Kauf auf Probe:** Der angehende Handelsfachwirt Fleißig nimmt beim Buchhändler B das Buch „Praxiswissen Gepr. Handelsfachwirt“ drei Tage zur Ansicht mit. Er kann jetzt selbst entscheiden, ob er das Buch behalten oder zurückgeben will. *(Behalten dringend empfohlen! Die Redaktion)*
- **Bestimmungskauf:** Hier behält sich der Käufer die nähere Bestimmung über Form, Maße usw. vor. In diesem Falle wurde ein wirksamer Vertrag abgeschlossen; der Käufer muß sich dann über den genauen Typ entscheiden.
- **Der Versendungskauf:** Versendet der Verkäufer auf Verlangen des Käufers die Sache an einen anderen Ort, so hat er seine Leistung (die „Erfüllung“) erst dann erbracht, wenn er die Sache dem Spediteur oder einem anderen Transportunternehmen übergeben hat. Ab da reist die Sache auf Risiko des Käufers. Verkäufer und Käufer können aber auch vereinbaren, dass der Verkäufer die Sache auf eigene Kosten dem Käufer an dessen Wohnsitz zu übergeben hat. Hier liegt denn auch das Transportrisiko beim Verkäufer.

• **Merke:** Beim Vebrauchsgüterkauf liegt das Transportrisiko immer beim Verkäufer!

4.1.8 Zwischen Gesetz und Vertrag: Die Allgemeinen Geschäftsbedingungen

Was sind Allgemeine Geschäftsbedingungen?
Im Rechtsverhältnis zwischen Verkäufer und Käufer gibt es eine Vielzahl von Regelungen, die in allen Verträgen gleich sind. Die Bedingungen über den Gerichtsstand des Verkäufers, die Zahlungsbedingungen, eine eventuelle Skontierung oder auch Garantieansprüche, die über die gesetzliche Gewährleistung hinausgehen sind solche Beispiele. Da ist es natürlich einfach, solche Inhalte in Allgemeinen Geschäftsbedingungen festzuhalten. Sie werden aber nur dann Inhalt des Vertrages, wenn dies entweder ausdrücklich vereinbart wurde oder wenn – wie im Alltag des Einzelhandelsbetriebs – sie deutlich am Ort des Kaufs ausgehängt werden.

AGB dürfen keine **verbotenen Klauseln** enthalten. Dies können z.B. sein
- überraschende Klauseln, mit denen der Käufer nicht rechnen mußte
- Unangemessene Fristen
- Verspätete Preiserhöhungen
- Einschränkung der Gewährleistungsansprüche

Gerade Letztverbraucher sollen durch diese strengen Regelungen über AGB (Sie finden sie in den §§ 305 ff des BGB) geschützt werden.
Es kann passieren, daß sich zwei gewerbliche Partner beim Kaufvertrag gegenüberstehen. Jeder hat eigene AGB. Welche sollen gelten? Wenn man sich darüber nicht einigt, gilt das Gesetz. Wenn A dem B ein Angebot mit einem Hinweis auf seine AGB macht und dem passen diese nicht, dann müßte der B widersprechen.

4.1.9 Die Verjährung
Sie kennen das: Wer weiß nach Jahren noch so genau, wie es eigentlich war? Was war mit dem Mangel einer Sache? Was hat man bei einem Vertrag eigentlich genau gewollt? Aus diesem Grunde hat der Gesetzgeber Verjährungsfristen eingeführt. Diese beträgt grundsätzlich (§ 195 BGB) drei Jahre und beginnt am Ende des Jahres zu laufen, in dem eine Forderung entstanden ist. Kürzer sind die Mängelansprüche (zwei Jahre), länger die Ansprüche bei einem Bauwerk (fünf Jahre) Und dann gibt es auch noch ganz lange Verjährungsfristen. Wenn Sie z.B. gegenüber einem Schuldner einen Mahnbescheid erwirkt haben, dann gilt dieser 30 Jahre. Aber dann ist endgültig Schluß!
Interessant sind noch zwei Fälle: Wenn ein Schuldner eine Forderung anerkennt, dann beginnt die Verjährungsfrist erneut zu laufen! Gehemmt wird eine Verjährung dann, wenn z.B. Klage erhoben wird. Während der Laufzeit dieser Klage ruht also praktisch die Verjährungsfrist. Auch dann, wenn Schuldner und Gläubiger über einen Mängelanspruch verhandeln, ruht in dieser Zeit die Frist.

4.2 Damit eine Werbung nicht gegen die Wand fährt.... Einige Grundlagen das Wettbewerbsrechts

Marketing ist vergleichbar dem Motor, der ein Unternehmen nach vorn zieht.
Da sind Kreativität und Tempo gefragt. Nicht alles aber, was dem Kreativen so einfällt, hat auch vor dem Auge des Gesetzes Bestand. Damit die Regeln des Leistungswettbewerbs, wie ihn unsere Wirtschaftsverfassung vorgibt, eingehalten werden, hat der Gesetzgeber mit dem Gesetz gegen Wettbewerbsbeschränkungen (volkstümlich Kartellgesetz genannt) und dem Gesetz gegen den unlauteren Wettbewerb(UWG) Rahmenbedingungen geschaffen. Während das erstere vor allem ein Kartellverbot (Verbot von Absprachen mit negativen Auswirkungen auf den Wettbewerb) – mit bestimmten Ausnahmen – sowie Vorschriften über marktbeherrschende Unternehmen enthält, befasst sich das UWG mit dem Verhalten im Wettbewerb.
Es soll dafür sorgen, dass ein fairer Wettbewerb besteht und der Verbraucher nicht getäuscht wird. Der Gesetzgeber hat im Jahr 2004 mit einer Menge alter Vorschriften aufgeräumt, weil er davon ausgeht, dass der heutige Verbraucher mündig ist und nicht an jeder Stelle beschützt werden muss. Seit 2009 gibt es jedoch wieder eine Verschärfung zum Verbraucherschutz aus der EU. Der Fachmann kennt die Rechtsprechung, hier beschränken wir uns auf Grundlagen, die in den Dschungel des Wettbewerbsrechts eine Schneise schlagen sollen. (Näheres: Collier, Stock, Ein Pfad durch den Dschungel des Wettbewerbsrechts. 5., völlig überarbeitete Auflage 2010 im gleichen Verlag)
Hier beschränken wir uns auf die wesentlichsten Vorschriften des UWG.

4.2.1 Was ist unlauter? Die Generalklausel des § 3 UWG und die Sündenregister der § § 4 und 3, Abs. 3

Die wichtigste Vorschrift des UWG findet sich im § 3. Den wollen wir deshalb auch vollständig zitieren:

„(1) Unlautere geschäftliche Handlungen sind unzulässig, wenn sie geeignet sind, die Interessen von Mitbewerbern, Verbrauchern oder sonstigen Marktteilnehmern spürbar zu beeinträchtigen.
(2) Geschäftliche Handlungen gegenüber Verbrauchern sind jedenfalls dann unzulässig, wenn sie nicht der für den Unternehmer geltenden fachlichen Sorgfalt entsprechen und dazu geeignet sind, die Fähigkeit des Verbrauchers, sich auf Grund von Informationen zu entscheiden, spürbar zu beeinträchtigen und ihn damit zu einer geschäftlichen Entscheidung zu veranlassen, die er andernfalls nicht getroffen hätte. Dabei ist auf den durchschnittlichen Verbraucher oder, wenn sich die geschäftliche Handlung an eine bestimmte Gruppe von Verbrauchern wendet, auf ein durchschnittliches Mitglied dieser Gruppe abzustellen. Auf die Sicht eines durchschnittlichen Mitglieds einer auf Grund von geistigen oder körperlichen Gebrechen, Alter oder Leichtgläubigkeit besonders schutzbedürftigen und eindeutig identifizierbaren Gruppe von Verbrauchern ist abzustellen, wenn für den Unternehmer vorhersehbar ist, dass seine geschäftliche Handlung nur diese Gruppe betrifft.
(3) Die im Anhang dieses Gesetzes aufgeführten geschäftlichen Handlungen gegenüber Verbrauchern sind stets unzulässig."

Dies ist die „Generalklausel" des Gesetzes. Es lohnt sich, dass wir uns näher mit ihr beschäftigen:

Der Paragraph beginnt gleich mit einem Wort, das Sie vielleicht wie aus einer anderen Zeit empfinden: „Unlauter". Was ist das? Die Gerichte haben es einmal so formuliert: Unlauter alles ist, was dem anständigen Verhalten in der Wirtschaft widerspricht. Es erinnert so ein bisschen an den Spruch, den wir alle mal gelernt haben: "Was Du nicht willst, was man Dir tu, das füg auch keinem anderen zu..."

Das UWG beschränkt sich aber ausdrücklich auf ein Handeln zu Zwecken des (wirtschaftlichen) Wettbewerbs, ein Handeln also, das den Absatz von Gütern fördern soll. Es gilt also z.B. nicht im Streit mit dem Nachbarn.
Das Gesetz sagt auch, wen es schützen will, nämlich

- Zuallererst den Verbraucher. Dieser Gedanke des Verbraucherschutzes ist gerade in den letzten Jahren deutlich verstärkt worden
- Die (gesetzestreuen) Mitbewerber
- Die sonstigen Marktteilnehmer

Ein Wettbewerbsverhalten soll also nicht dazu führen, dass jemand mit unlauterer Weise einer dieser drei Gruppen einen Schaden zufügt.

Einige Beispiele:
- Ein Kaufmann wirbt mit einem extrem günstigen Angebot für einen Fernseher. Tatsächlich aber hat er gar keinen Fernseher dieses Typs auf Lager.
  Die Folge: Die Verbraucher stürmen seinen Laden, das Geschäft seiner Mitbewerber bleibt leer. Kunden ziehen frustriert wieder nach Hause oder lassen sich dazu überreden, ein anderes, vielleicht teureres Gerät mitzunehmen. Hier also wurde gleich den Verbrauchern wie auch den Mitbewerbern ein Nachteil zugefügt.
- Ein Zeitungswerber spricht auf der Straße Passanten an und hindert sie am Weitergehen, bis sie einen Vertrag unterschrieben haben.
- Bei einer „Kaffeefahrt" wird die Rückreise so lange verschoben, bis der erwartete Umsatz gemacht wird.

Der § 4 des UWG nennt einige Gruppen von unzulässigem Wettbewerbsverhalten:
- Beeinflussung der Verbraucher durch Zwang oder Ausnutzung der Unwissenheit, insbesondere auch der Unerfahrenheit von Kindern oder Jugendlichen.
- Ausnutzung von Angstgefühlen.

Fallbeispiel
„Inflation droht!!! Bringen Sie Ihr Geld in Sicherheit! Kaufen Sie ein Grundstück in Kanada!"

- Verschleierung des Wettbewerbscharakters. Diese Vorschrift verbietet die Schleichwerbung. Dazu gehört auch das Gewinnen von Adressen unter Verschweigen einer wirtschaftlichen Absicht wie auch eine Werbung im redaktionellen Teil einer Zeitung, die vom Leser nicht ohne weiteres als solche zu erkennen ist.
- Mangelnde Transparenz bei Verkaufsförderungsmaßnahmen.

Fallbeispiel
Ein Händler wirbt mit einem Rabatt von 20 % . Tatsächlich gilt dieser aber erst ab einem Einkaufswert von 100 Euro. Diese Bedingung für den Rabatt muss er auch bereits in der Werbeanzeige selbst klar und deutlich angeben. Wer eine Sonderaktion zeitlich begrenzt, muss auch das Enddatum nennen.

- Fehlende eindeutige Teilnahmebedingungen bei Gewinnspielen.

Fallbeispiel:
Jeder Einsender einer richtigen Lösung gewinnt, wenn tatsächlich unter den Einsendern die Gewinne erst gezogen werden.

- Schädigung der Mitbewerber durch Diskriminierung und Behinderung

- Kaufabhängige Teilnahme an Gewinnspielen
  Wer gewinnt nicht gern etwas? Und was tut man nicht alles, um zu den glücklichen Gewinnern zu gehören? Hängt der Gewinn eines Preises vom Zufall ab und muss der Teilnehmer einen Einsatz leisten, dann liegt jedoch eine Lotterie vor, die nur ausnahmsweise von den Behörden genehmigt werden. Ein solcher Einsatz kann nicht nur in einem Preis bestehen sondern auch dann vorliegen, wenn nur der kaufende Kunde an diesem Spiel teilnehmen kann. Hier spricht man von einem rechtlichen Kaufzwang.
  Ein Kaufzwang besteht auch dann, wenn der Kunde die Lösung nur dann finden kann, wenn er die Ware kauft.

Fallbeispiel:
Ein Getränkehersteller führt ein Gewinnspiel durch, dessen Lösung im Innendeckel des Schraubverschlusses versteckt ist. Der Kunde muss also dieses Getränk kaufen – anders kommt er nicht an die Lösung.

Eine Ausnahme von dieser Regel hat der Gesetzgeber gelassen: In Zeitungen und Zeitschriften sind Preisausschreiben mit kleinen Gewinnen seit Jahren üblich. Der mögliche Gewinn wird hier nicht als Grund für den Kauf der Ware angesehen, vielmehr steht die Freude am Rätsel selbst im Vordergrund. Deshalb ist dies ausnahmsweise zulässig.

Unzulässig ist aber auch, wenn der Verbraucher eine sogenannte Mehrwertdienstnummer anrufen muss, um an einem Gewinnspiel teilzunehmen (also Z.B. eine 0805...Nummer)
In all diesen Fällen muss der Werbende auch alternative Teilnahmemöglichkeiten anbieten (z.B. Postkarte oder Email).

- **Herabsetzung von Mitbewerbern**
  Unzulässig ist es, den Mitbewerber pauschal unsachlich herabzusetzen.
  Beispiel: „Lieber Sixt als zu teuer"
  Die Herabsetzung eines Mitbewerberprodukts als „Der Mist des Monats"
  Anschwärzen von Mitbewerbern
  Wer angebliche Tatsachen über einen Mitbewerber verbreitet, die den Ruf und die Kreditwürdigkeit des Mitbewerbers schädigen können, handelt ebenfalls unlauter, wenn er diese Tatsachen nicht beweisen kann.

Fallbeispiel
Ein Kaufmann erzählt wahrheitswidrig hinter vorgehaltener Hand seinem Lieferanten, dass sein Mitbewerber kurz vor der Insolvenz steht. Der Lieferant stellt daraufhin die Geschäftsbeziehung zu diesem Mitbewerber ein.

- Nachahmung von Waren und Dienstleistungen
  Wer ein Markenprodukt nachahmt, beutet damit den Ruf dieses Markenartikels aus, er schmarotzt von einer fremden Leistung. Dies ist auch dann verboten, wenn das Plagiat als solches erkennbar ist.

Fallbeispiel
Ein Hersteller bietet eine Uhr an, die äußerlich genau wie eine echte Rolex aussieht und mit dem Namen „Bolex" gekennzeichnet ist. Auch dies ist unzulässig! Aber auch Dienstleistungen lassen sich kopieren. Da tritt ein Unternehmen mit einer knackigen Werbaussage auf, die Werbung ist sehr erfolgreich. Ein Mitbewerber sieht das und lässt seine eigene Werbung genauso gestalten. Auch er handelt unlauter. Im übrigen kann man nur „Vorsicht!" rufen, wenn Sie vielleicht ein tolles Foto in einer Zeitschrift oder im Internet finden, das so gut zu Ihrem Marktauftritt passen würde – Sie können hier ganz schnell

Urheberrechtsansprüche des Inhabers dieses Fotos auslösen, und das kann richtig teuer werden!

- Gezielte Behinderung
  Dazu gehört z.B. der Boykott eines Mitbewerbers, aber auch der gezielte Unter-Einstandspreis, mit dem man einen Mitbewerber in die Knie zwingen will. Eine gezielte Behinderung stellt auch das Domaingrabbing dar. Der Grabber lässt eine Domain mit Namen oder Zeichen eines anderen für sich eintragen. Dann bietet er dem Inhaber des namens an, ihm den Eintrag zu verkaufen. Ein starkes Stück, werden Sie sagen – und das sagte der Gesetzgeber auch. Aber passiert ist es....

- Zuwiderhandlungen gegen bestimmte gesetzliche Vorschriften
  Wer gegen Vorschriften verstößt, die das Verhalten auf den Märkten regeln, kann auch wettbewerbsrechtlich belangt werden.

Fallbeispiel
Ein Kaufmann öffnet sein Geschäft am Sonntag, obwohl das Ladenschlussgesetz die Sonntagsöffnung untersagt und kein gesetzlicher Ausnahmefall vorliegt.
Ein Kaufmann zeichnet im Einzelhandel seine Ware mit folgendem Preisschild aus: - 249 Euro + Mehrwertsteuer.
Da der Gesetzgeber gegenüber Letztverbrauchern eine Bruttopreisauszeichnung inklusive aller Preisbestandteile verlangt, ist eine solche Preisangabe auch wettbewerbsrechtlich daneben!

Die „schwarze Liste“ des § 3, Abs. 3
Im Anhang zu § 3,3 hat der Gesetzgeber eine Liste von nicht weniger als 30 Tatbeständen aufgeführt, die per se unlauter sind. Da dies alles sehr spezielle Tatbestände sind, soll hier auf eine detaillierte Wiedergabe verzichtet werden. Interessenten finden sie im Gesetzestext. Unter anderem sind hier genannt:

- Die Verwendung von Qualitätszeichen ohne die erforderliche Genehmigung
- Die unwahre Angabe, eine Handlung sei von einer staatlichen Stelle genehmigt worden (z.B. „Staatlich genehmigte Auktion!“)
- Lockvogelangebote – wenn die Ware nicht mindestens für zwei Tage bevorratet ist.
- Die unwahre Angabe, eine Ware sei nur für einen ganz kurzen Zeitraum verfügbar, um den Verbraucher unter Druck zu setzen
- Der vom Unternehmer finanzierte Einsatz redaktioneller Inhalte, ohne daß dies eindeutig gekennzeichnet ist (redaktionelle Schleichwerbung)
- Schneeballsysteme
- Die unwahre Angabe, der Unternehmer werde demnächst sein Geschäft aufgeben
- Die unwahre Angabe, der Verbraucher habe bereits einen Preis gewonnen. (In diesem Falle spricht übrigens das BGB dem Verbraucher ein Recht an diesem Preis zu!)
- Die Übermittlung von Werbematerial unter Beifügung einer Zahlungsaufforderung, wenn damit der Eindruck erweckt wird, die Ware sei bereits bestellt.

Dies ist nur ein Auszug aus 30 Tatbeständen, die stets unzulässig sind!

4.2.2 Wer andre in die Irre führt... – das Irreführungsverbot des UWG

Hier hat der Gesetzgeber die alte strenge Formulierung auch in das neue Gesetz übernommen. Verboten sind alle Werbungen im geschäftlichen Verkehr, die geeignet sind, die angesprochenen Verkehrskreise über das Angebot oder das werbende Unternehmen irrezuführen. Gemeint sind hier nun wirklich alle Angaben über die geschäftlichen Verhältnisse, weil solche Angaben in der Werbung natürlich den möglichen Kunden veranlassen sollen, dort einzukaufen.

Irreführung – das bedeutet übrigens nicht zwangsläufig, dass nur unwahre Angaben verboten sind. Auch Aussagen, die „wahr" sind, können irreführend sein:

Fallbeispiel
Da wirbt ein Hersteller von Fernsehern mit der Angabe „72 cm – Bildröhre". Tatsächlich misst die Diagonale der Bildröhre wirklich 72 cm – Der Kunde jedoch erwartet, dass der sichtbare Teil der Bildröhre 72 cm beträgt.

Auch Verschweigen einer Tatsache, die für den Kunden wichtig ist, kann irreführend sein. Besonders beliebt: Die Werbung mit den Ergebnissen der Warentests.

Fallbeispiel
Ein Hersteller wirbt mit dieser Aussage: „Stiftung Warentest: Gut!" Er verschweigt aber, dass von 10 Herstellern sieben die Note „Sehr gut" bekommen haben. Aus der Werbung unseres Herstellers bekommt der Kunde einen vollkommen falschen Eindruck. Diese Werbung ist unzulässig. (Sie können gleich im Hinterkopf behalten, dass jemand, der mit Testergebnissen wirbt, den Monat des Tests und die Anzahl der Produkte, die mindestens gleiche Note erhalten haben, anzugeben hat.

Einige besondere Fälle irreführender Werbung hat das UWG aufgeführt:

- Irreführung über die Vorratsmenge

- Wer mit einem besonders günstigen Sonderangebot wirbt, rechnet natürlich damit, dass seine Kunden darauf abfahren! Deshalb muss er auch einen erhöhten Warenvorrat bereithalten. Zwei Tage muss dieser reichen – so formuliert es das Gesetz! Sonst liegt ein unzulässiges Lockvogelangebot vor.

- Irreführung über die Herstellungsart
  Auch die hat ja für einen Kunden große Bedeutung. Wer eine handwerklich gefertigte Ware sucht, der fühlt sich getäuscht, wenn sich das Produkt als industrielle Massenware aus Fernost herausstellt.

- Irreführung über Beschaffenheit, Ursprung oder Bezugsquelle
  Kunstseide als Seide anzupreisen ist ebenso unlauter wie ein das Angebot „Doppelter Steinhäger", der vor lauter Schwäche seiner 30% kaum aus der Flasche kommt... Manchmal verbindet der Verbraucher auch mit einer Herkunftsbezeichnung eine besondere Qualitätsvorstellung. Und deshalb darf Herr X. aus Frankfurt das von ihm hergestellte Marzipan nicht als Lübecker Marzipan verkaufen.

- Wer seine Produkte mit der Aussage „Direkt vom Hersteller" unter die Leute bringt, der muss auch selbst Hersteller sein. Denn mit dieser Werbeaussage verbindet sich die Vorstellung beim Verbraucher, das Produkt möglicherweise besonders preisgünstig erwerben zu können.

- Und wer in einer Kleinanzeige seine Kaufmannseigenschaft versteckt und unter Chiffre wirbt, erweckt damit den Eindruck, er würde als Privatmann ein besonderes Schnäppchen anbieten.

- Irreführende Umweltwerbung
  Wie oft wurde der Begriff Bio schon strapaziert. Er darf tatsächlich – ebenso wie öko, naturrein, umweltschonend usw. nur dann gebraucht werden, wenn Eigenschaft und Herstellung auch der Umweltbeschaffenheit entsprechen, die der Verbraucher erwartet. Umweltzeichen enthalten i.d.R. anerkannte Anforderungen, die das Produkt selbstverständlich erfüllen muss. Wenn nicht, liegt Irreführung und damit ein Verstoß gegen § 5 UWG vor.

- Irreführung über den Verkaufsanlass

Fallbeispiel
Die Ankündigung eines „Räumungsverkaufs wegen Geschäftsaufgabe ist unzulässig, wenn hinterher das Geschäft munter weiter betrieben wird.

- Irreführung über den Preis
  Die Preisangabenverordnung bestimmt, wie die im Laden „feilgehaltenen" Waren auszuzeichnen sind. Ganz einfach: Mit allen Preisbestandteilen wie eben auch der Mehrwertsteuer. Soweit es der Verkehrsauffassung entspricht, sind auch die Verkaufseinheit und die Gütebezeichnung anzugeben (z.B. im Lebensmittelhandel die Handelsklassen nach der Handelsklassenverordnung). Unzulässig sind Mondpreise.
  Beispiel:
  Kaufmann Müller hat für einen Fernsehsessel in den letzten Monaten immer 399 Euro verlangt. Weil er weiß, dass Preisgegenüberstellungen immer wirken, malt er ein Preisschild:

Fernsehsessel
bisher 499,--
Jetzt nur 399,--

Im Übrigen ist eine Preisgegenüberstellung mit dem eigenen, vorher verlangten Preis durchaus zulässig, nur wahr muss sie eben sein. Und das bedeutet, dass Ihr eigener, höherer Preis auch über einen längeren Zeitraum hindurch bestanden haben muss. Zulässig ist auch die Gegenüberstellung mit einer unverbindlichen Preisempfehlung des Herstellers. Ja, und sogar gegenüber den Mitbewerberpreisen darf man seine eigenen Preise herausstellen – nur Vorsicht! Denn damit provozieren Sie ihn natürlich, und das kann schnell in einen unerfreulichen Preiskampf mit Hauen und Stechen ausarten. Auch müssen Sie sicherstellen, dass zum Zeitpunkt ihrer Werbung die Preise auch noch aktuell sind.

- Irreführung über Titel, Auszeichnungen oder Größe und Bedeutung
  Jetzt sind wir fast beim Thema „Schönheitswettbewerb" angelangt. Dass die Aussagen, mit denen Sie sich schmücken, wahr sein müssen, ergibt sich schon aus dem vorher Gesagten. Bei der Werbung mit der eigenen Größe kommt hinzu, dass derjenige, der sich als „Der Größte" bezeichnet, in allen wesentlichen Punkten wie Verkaufsfläche, Umsatz, Zahl der Mitarbeiter usw. einen wesentlichen und dauerhaften Vorsprung vor seinen Mitbewerbern nachweisen muss.

Die Werbung mit dem Blickfang
Im Marketing haben Sie gelernt, wie wichtig z.B. in einer Anzeige ein packender Blickfang ist. Aber das kann auch ins Auge gehen:

So warb ein Drogeriemarkt mit folgender Anzeige:

Farbbilder 9x13 ab 1 Cent Bei Erstbestellung je Color-Abzug vom Negativ zuzüglich Filmentwicklungskosten 2,55 Euro

Hier ist die Täuschung wieder offensichtlich. Die erklärenden Hinweise müssen daher immer klar und deutlich und auf den ersten Blick erkennbar sein.

Und jetzt kommt noch ein besonders interessanter Fall:

Irreführung durch Werbung mit Selbstverständlichkeiten.

Wieder ein Beispiel:
Autohändler Huber wirbt für seine Autos mit „Zwei Jahre Garantie!"
Die Irreführung liegt in diesem Falle darin, dass für jedes Produkt, das ein Letztverbraucher erwirbt, eine gesetzliche Gewährleistung von 2 Jahren gilt.
Die Werbung von Huber aber soll den Eindruck erwecken, als würde er etwas ganz besonders bieten – und darin liegt die Irreführung! Ähnliches z.B. auch im Fernabsatz, wenn jemand schreibt: „Ihr Vorteil bei uns: 14 Tage Widerrufsrecht"

Irreführend kann auch eine Werbung sein, wenn sie Tatsachen verschweigt. Der Gesetzgeber spricht hier von „Irreführung durch Unterlassen". Dies betrifft auch Fälle, in denen ein Unternehmer auf seiner Homepage im Internet bestimmt vorgeschriebene Angaben über sein Unternehmen unterläßt.

4.2.3 Belästigende Werbung

Wer mit seiner Werbung seine Mitmenschen in unzumutbarer Weise belästigt, handelt unlauter. Dies stellt das UWG ausdrücklich fest.

Fallbeispiel
Das Einwerfen von Werbung in einen Briefkasten trotz eines Verbotsaufklebers, das direkte und aufdringliche Ansprechen auf der Straße wie auch das Zusenden unbestellter Ware gehören ausdrücklich hierzu.

Besonders lästig: Die Telefonwerbung gegenüber Privatpersonen. Nur dann, wenn der Verbraucher vorher ausdrücklich sein Einverständnis erklärt hat, ist eine Telefonwerbung zulässig. Das gleiche gilt für unverlangte Telefax-, aber auch Email- und SMS Werbung. Doch eine Ausnahme gibt es von diesem Grundsatz: Wenn der Unternehmer im Zusammenhang mit einem Verkauf eine elektronische Adresse erhalten hat, darf er sie für seine eigene Direktwerbung nutzen – es sei denn, der Kunde hätte dem ausdrücklich widersprochen. Und auf diese Möglichkeit des Widerspruchs muss der Kaufmann den Verbraucher bei der Erhebung der Adresse klar und deutlich hinweisen.

Eine Werbung ist aber auch dann unzulässig, wenn die Identität des Absenders verschleiert oder unterdrückt wird. Denn der Adressat der Werbung muss jederzeit die Möglichkeit haben, die Einstellung der Werbung zu verlangen.

4.2.4 Wie geht man gegen Wettbewerbsverstöße vor?

Zunächst einmal ist zu sagen: Das Wettbewerbsrecht ist ein reines Zivilrecht. Mit ganz wenigen Ausnahmen also muss derjenige, der sich durch eine Werbung geschädigt fühlt, selbst sein Recht suchen – Vater Staat hilft ihm nicht dabei.

Wer hat einen Anspruch?

- zunächst einmal der unmittelbar verletzte Mitbewerber
- Wirtschaftsverbände
- Verbraucherschutzverbände
- Industrie- und Handelskammern wie Handwerkskammern

Der einzelne Verbraucher jedoch ist nicht klagebefugt aus dem UWG. Er kann sich aber an einen Verbraucherschutzverein wenden. Wenn er Unterlassung einfordern möchte, muss er dies über den allgemeinen Unterlassungsanspruch aus dem BGB machen und kann darauf klagen. Das UWG hilft ihm dabei nicht.

Welche Ansprüche kann man geltend machen?

Der wichtigste Anspruch ist der Beseitigungs- oder auch der Unterlassungsanspruch. Dieser Unterlassungsanspruch kann z.B. mit einer wettbewerbsrechtlichen Abmahnung geltend gemacht werden. Der Verletzer ist verpflichtet, dem Anspruchsberechtigten nicht nur verbindlich zu erklären, dass er eine beanstandete Werbung nicht wiederholen wird. Er muss dieses Versprechen darüber hinaus mit dem Versprechen einer Vertragsstrafe für den Fall eines zukünftigen Verstoßes absichern – und die kann schon einmal locker einen hohen vier- oder gar fünfstelligen Betrag ausmachen. Die Aufwendungen für die Abmahnung darf der Berechtigte dem Verletzer aufbürden. Auch dies kann schon einmal ein vierstelliger Betrag sein. Grund genug, bei der Werbung an die rechtlichen Regeln zu denken...
Reagiert ein Verletzer nicht auf eine Abmahnung, dann muss er allerdings damit rechnen, dass der Geschädigte mit einer Einstweiligen Verfügung oder einer Klage vor dem Landgericht sein Recht sucht. Und das wird dann noch erheblich teurer.

Hier spricht der Staatsanwalt mit:

In einigen wenigen Fällen sind Wettbewerbsverstöße sogar strafbar. Da diese Fälle sehr selten sind, sollen sie nur der Vollständigkeit halber kurz aufgeführt werden:

- Besonders schwere Irreführung
- Progressive Kundenwerbung (das sind die berüchtigten Schneeballsysteme)
- Verrat von Geschäfts- oder Betriebsgeheimnissen
- Verwertung von anvertrauten Vorlagen
- Verleiten zum Verrat

Im bereits zitierten Buch werden sie näher beschrieben.

Über diesen Anspruch hinaus kann ein Mitbewerber u.U. auch noch einen **Schadensersatzanspruch,** Verbände und Kammern können einen Anspruch auf eine **Abschöpfung des Gewinns** geltend machen.

Fallbeispiel

Es gibt Unternehmen, die sich darauf spezialisiert haben, Gewerbetreibenden ein Angebot für den Eintrag in ein Branchenverzeichnis zuzuschicken, das wie eine Rechnung aussieht. Und immer gibt es dann Empfänger dieser „Rechnung“, die sie bezahlen, ohne dies sorgfältig zu prüfen. Hier entstehen natürlich auch erhebliche unberechtigte Gewinne, und die dürfen dann von den Verbänden abgeschöpft werden – zugunsten des Bundeshaushalts! Und so ist Vater Staat dann doch wieder am Wettbewerbsverfahren beteiligt.

Die Verjährung von Wettbewerbsansprüchen

Der Unterlassungsanspruch gegen eine Werbung verjährt bereits nach sechs Monaten, für die anderen o.g. Ansprüche gelten längere Verjährungsfristen.

Tipps zur IHK - Prüfung

Ihre Prüfung zum Handelsfachwirt wird schriftlich und mündlich durchgeführt. Die schriftliche Prüfung in den verschiedenen Handlungsbereichen dauert:

Handlungsbereich	**Dauer in Minuten**
Unternehmensführung und -steuerung	120 Minuten
Handelsmarketing	90 Minuten
Führung und Personalmanagement	90 Minuten
Volkswirtschaft für die Handelspraxis	60 Minuten
Beschaffung und Logistik	90 Minuten

Außerdem wählen Sie aus den folgenden Handlungsbereichen **ein** Prüfungsfach, das Sie zusätzlich 90 Minuten schriftlich bearbeiten müssen:

- Handelsmarketing und Vertrieb oder
- Handelslogistik oder
- Außenhandel oder
- Mitarbeiterführung und Qualifizierung.

Für alle Prüfungen sind die jeweiligen Gesetzestexte zugelassen wie BGB, UWG, HGB und Arbeitsgesetze sowie eine Formelsammlung. Wir empfehlen Ihnen die „Formelsammlung für Handelsfachwirte und andere IHK-Fortbildungsprüfungen" aus dem weConsult-Verlag, da diese Sammlung speziell auf Ihre Fortbildung abgestimmt ist.

Bei der schriftlichen Prüfung empfehlen wir Ihnen, so schwer dies vielleicht auch fallen mag, zunächst den gesamten Bogen mit allen Fragen durchzulesen. Sie erhalten einen Überblick über die gesamte Prüfung und können entscheiden, mit welcher Aufgabe Sie beginnen. Es ist ratsam, eine Aufgabe auszuwählen, die für Sie gut lösbar erscheint, um sich zu motivieren und möglicherweise auch die Nervosität abzulegen. Sollten Sie die Aufgaben nicht der Reihe nach bearbeiten, dann streichen Sie die bearbeiteten Aufgaben im Originalbogen ab oder durch, so dass Sie immer den Überblick behalten, was noch zu bearbeiten ist.

Bei den Prüfungen werden oft die Verben „nennen", „beschreiben" und „erläutern" verwandt. Beachten Sie bitte den Unterschied in der damit geforderten und erwarteten Bearbeitungstiefe und -breite.

- Bei „nennen" wird nur eine stichwortartige Aufzählung von Ihnen verlangt.
- Bei „beschreiben" müssen Sie den Sachverhalt in ganzen Sätzen darstellen, ohne Erläuterungen oder Begründungen.
- Dies verlangt jedoch „erläutern". Sie beschreiben eine Situation, einen Sachverhalt oder eine Problemlösung und zusätzlich begründen Sie, warum Sie zu diesem Ergebnis gekommen sind. Bei manchen Fragestellungen ist die Problemlösung offen, nur die Begründung fließt in die Punktebewertung ein.

Lesen Sie die Aufgaben bei der Bearbeitung nochmals genau durch. Jedes Wort hat seine Bedeutung innerhalb der Aufgabenstellung. Markieren Sie die wichtigsten Angaben und die Arbeitsaufträge. Dabei antworten Sie nur auf das, was auch gefragt ist. Die Korrektoren sind angehalten, bei Arbeitsaufträgen, die quantifiziert sind wie z.B. „drei Möglichkeiten", nur die erstgenannten zu bewerten. Die Korrektoren dürfen keine Auswahl treffen nach dem Grad der Richtigkeit und der Chance, die volle Punktzahl zu erhalten. Außerdem müssen Sie berücksichtigen, dass Ihnen möglicherweise die Bearbeitungszeit nicht reicht, wenn Sie über das Gefragte hinaus lange Ausführungen machen!

Korrektoren freuen sich über eine leserliche Schrift. Geben Sie stets an, welche Frage Sie bearbeiten, so dass auch alle Antworten berücksichtigt werden können.

Spätestens zur schriftlichen Prüfung müssen Sie sich für ein Thema entscheiden, zu dem Sie eine Präsentation für die mündliche Prüfung vorbereiten. Das Thema soll sich auf zwei Handlungsbereiche beziehen. Wir empfehlen Ihnen, bereits mit Beginn Ihrer Fortbildung zu überlegen, welcher Themenbereich Sie besonders interessiert und Ihrem Arbeitsalltag entspricht. Dieses Thema stellen Sie – möglichst praxisorientiert – innerhalb von 10 Minuten dar. Dabei sollen Sie ein Problem aus dem Handel zunächst darstellen, es sodann analysieren und beurteilen, um daraus eine Lösung zu entwickeln. Sie können es mit Hilfe einer Powerpointpräsentation darstellen, den Beamer müssen Sie meist selbst stellen, oder zur Unterstützung Whiteboard, Pinwand, Tageslichtprojektor und Flipchart einsetzen.

Im Anschluss an die Präsentation führt der Prüfungsausschuss mit Ihnen ein Fachgespräch zu Ihrer Präsentation. Sie müssen also zu Ihrer gewählten Themenstellung ein vertieftes Wissen aufweisen, um auf weitergehende Fragen der Prüfer antworten zu können. Dieses Fachgespräch kann bis zu 20 Minuten dauern.

Bei der Präsentation sowie im Fachgespräch beurteilt der Prüfungsausschuss Ihre Leistungen inhaltlich, jedoch auch Ihr Auftreten, Ihren Medieneinsatz und Ihr sprachliches Ausdrucksvermögen. Die Präsentation geht mit einem Drittel in die Bewertung der mündlichen Prüfung ein, das Fachgespräch mit zwei Drittel.

Haben Sie in der schriftlichen Prüfung den Handlungsbereich „Mitarbeiterführung und Qualifizierung“ gewählt, können Sie außer der Präsentation und Fachgespräch noch einen weiteren Prüfungsteil absolvieren: Sie erarbeiten eine Konzeption für eine Auszubildenden- oder Mitarbeiterschulung, das Thema dürfen Sie hierzu frei wählen. Diese Konzeption muss schriftlich eingereicht werden. Neben der schriftlichen Konzeption stellen Sie diese Schulung in einer Präsentation dem Prüfungsausschuss vor, dieser führt im Anschluss wieder ein Fachgespräch mit Ihnen. Bei Bestehen dieses Prüfungsteils haben Sie die berufs- und arbeitspädagogischen Kenntnisse gemäß § 30 BBiG nachgewiesen, sie haben damit den „AdA-Schein“.

Sie können Prüfungsbögen aus der Vergangenheit kaufen, um mit diesen Originalbögen zu üben. Doch die darin enthaltenen Lösungshinweise sind Hinweise für den Korrektor, wie die Lösung im Umfang oder Tiefe bearbeitet werden sollte. Sie stellen keine Musterlösung dar. Inhaltlich gibt es oft auch andere Lösungen.

Gut geeignet für die Vorbereitung ist das Buch „Geprüfter Handelsfachwirt werden“ aus dem weConsult-Verlag, das zu jedem Prüfungsfach vier Aufgabensätze und speziell ausgearbeitete Musterlösungen enthält, mit denen Sie dann ca. 6 Monate vor der Prüfung, wenn der größte Teil des Rahmenplanes behandelt wurde, üben können.

Immer ist es hilfreich, in Arbeitsgruppen einmal die Fragen durchzugehen. Sie können dann miteinander die Lösung diskutieren und vermeiden, dass Sie sich nur an den Wortlaut einer Frage klammern. Denn wichtiger ist ja, dass Sie auch dann mit einer Prüfungsaufgabe zurechtkommen, wenn sie ein wenig anders gestellt ist!

Wir haben Ihnen hier je einen Übungssatz aus den Fächern Handelsmarketing und Beschaffung und Logistik bereit gestellt, damit Sie einen ersten Eindruck vom Niveau erhalten, die zur Verfügung gestellte Zeit einschätzen und Ihr Wissen überprüfen können.

5. Übungsaufgaben

Prüfungsfach Handelsmarketing
90 Minuten

Marketing, Marketingzielsetzung, 12 Punkte

a) Erläutern Sie, was unter Marketing zu verstehen ist. (3 Punkte)
b) Erläutern Sie anhand von drei Faktoren die unterschiedlichen Zielsetzungen des handelsbezogenen und des industriebezogenen Marketings. (9 Punkte)

Lösungshinweis:

a) Unternehmerische Denk- und Handlungsweise, das den Absatzmarkt in den Mittelpunkt aller Aktivitäten stellt. Marketing beinhaltet die Erhebung marktrelevanter Daten mit dem Ziel, diese im Rahmen der Entwicklung und Umsetzung von Marketingstrategien einzubeziehen. Die Planung, Gestaltung und Kontrolle der absatzpolitischen Instrumente innerhalb des Marketings dienen der Schaffung, Erweiterung und Erhaltung von Absatzmärkten.

b) Handelsbezogenes Marketing verfolgt das Ziel des Aufbaus eines Sortimentsimages sowie der Einführung von Handelsmarken. Im Rahmen der Distribution hat der Handelsbetrieb das Ziel einer möglichst auf das Unternehmen beschränkten Warenverteilung, z.B. das Alleinvertriebsrecht mit Gebietsschutz. Bei der Kommunikation wird die Werbung auf das Handelsunternehmen abgestimmt, das Ziel ist eine Erhöhung und Festigung der Geschäftstreue.

Industriebezogenes Marketing hat als Ziel die Förderung der Herstellermarke und den damit verbundenen Aufbau eines Markenimages. Bei der Distribution wird möglichst große Verteilungsdichte mit hoher Lieferbereitschaft angestrebt. Die Kommunikationspolitik bezieht sich im Bereich der Werbung speziell auf die einzelnen Produkte und soll in erster Linie die Markentreue fördern und festigen.

Standortpolitik, 15 Punkte

Sie als Handelsfachwirt möchten sich mit einem Sportfachgeschäft selbständig machen.

a) Erläutern Sie drei Faktoren, die bei der Standortwahl der Geschäftsräume von Bedeutung sind. (9 Punkte)

b) Erläutern Sie zwei betriebswirtschaftliche Überlegungen, die Miethöhe einer Immobilie zu überprüfen. (6 Punkte)

Lösungshinweise:

a)
- *demografische Faktoren wie Einwohnerzahl, Durchschnittsalter, Erwerbsquote, Nationalitäten der Einwohner des Einzugsgebietes*
- *wirtschaftliche Faktoren wie z.B. Einkommen, Kaufkraft, Zentralität*
- *Lebensgewohnheiten wie z. B. Lebensstandard, Freizeitverhalten, Anzahl der Sportvereine*
- *Konkurrenzsituation*

- *Infrastruktur wie öffentliche Verkehrsmittel, Erreichbarkeit mit dem PKW, Parkplätze*
- *Objektbewertung wie z.B. Größe, Schaufensteranlage, Ausbaumöglichkeiten, Lagerräume,*

b)
- *Kostenanteil der Miete zum Umsatz: ca. 5 – 7 %*
- *Plan-Umsatz pro qm; Vergleich mit Branchenwerten*
- *Energiekosten, im Verhältnis zu den Mietkosten*
- *Zuschnitt der Immobilie, um Personalbesetzung zu prüfen*
- *u.a.*

Sortimentspolitische Maßnahmen, 15 Punkte

Handelsunternehmen haben in der Vergangenheit immer wieder diversifiziert.

a) Erläutern Sie Diversifikation und unterscheiden Sie dabei horizontale, vertikale und laterale Diversifikation. Geben Sie jeweils ein Beispiel. (11 Punkte)
b) Beschreiben Sie zwei Risiken der lateralen Diversikifation. (4 Punkte)

Lösungshinweise:

Zu a)
- *Diversifikation: Ausweitung des Sortiments um Bereiche, die bisher nicht geführt wurden und die nicht unmittelbar im Zusammenhang stehen zum bisher geführten Sortiment.*
- *horizontal: Das Sortiment wird durch Bereiche erweitert, die auf der gleichen Stufe der Absatzkette stehen wie das Handelsunternehmen; das Bekleidungsfachgeschäft nimmt Schuhe in das Sortiment auf, die Holzgroßhandlung führt demnächst Gartenhäuser.*
- *vertikal: Das Handelsunternehmen wird in einer vor- oder nachgelagerten Stufen der Absatzkette aktiv; das Großhandelsunternehmen eröffnet ein Ladengeschäft für den Endverbraucher, das Filialeinzelhandelsunternehmen bietet seine Handelsmarke auch anderen Einzelhändlern an.*
- *lateral: Das Handelsunternehmen nimmt fremde Leistungsprogramme in das Sortiment; der Getränkegroßhandel übernimmt Maklervermittlung für gastronomische Immobilien, der Einzelhändler eröffnet ein Bistro in seinem Geschäft.*

Zu b) Risiken z.B.:
- *Know-how fehlt*
- *Profilierung, Imageprägung ist nicht mehr klar*

Servicepolitik, 18 Punkte

Das Warenhaus „Alles für die Familie“ muss sein Serviceangebot überprüfen: Die Konkurrenzsituation sowie die Kundenstruktur haben sich geändert. Bei der Kundenstruktur gewinnen besonders junge Familien an Bedeutung.

a) Beschreiben Sie eine systematische Vorgehensweise, die sich für die Festlegung und Überprüfung der Serviceleistungen anbietet. (8 Punkte)

b) Nennen Sie zwei Funktionen, die Serviceleistungen grundsätzlich für Kunden erfüllen sollen. (2 Punkte)

c) Konzipieren Sie für junge Familien ein geeignetes Servicebündel aus vier Maßnahmen. (8 Punkte)

Lösungshinweise:

a) *- Bestandsaufnahme der bisherigen Serviceleistungen*
- Zielsetzung des Serviceangebots wie z.B. Profilierung gegenüber der Konkurrenz, Bindung der Kundengruppe Familie
- Abgleich des bisherigen Serviceangebots mit der Zielsetzung. Streichung und/oder Erweiterung von Leistungen
- Kontrolle

b) *Kunden an das Unternehmen binden*
Einkauf erleichtern
Kauferlebnisse schaffen
u.a.

c) *Bereitstellung von Buggies, Einkaufswagen mit Kindersitzen*
Spielecken mit z.B. Rutsche, Video, Legotischen
Wickelplätze, Stillräume in angenehmer Atmosphäre
Kinderbetreuung
Fahrstühle
u.a.

Preispolitik, 11 Punkte

Ein Einzelhandelsunternehmen hat die Möglichkeit, seine Preise wettbewerbs-, kosten- oder nachfrageorientiert zu gestalten.

a) Erklären Sie diese grundsätzlichen preispolitischen Verfahren. (6 Punkte)

b) Nennen Sie fünf absatzfördernde Maßnahmen des Einzelhandels, die sich aus der Preispolitik ableiten. (5 Punkte)

Lösungshinweise:

a) *wettbewerbsorientiert: Preise werden abhängig von der Preisgestaltung der Mitbewerber festgelegt, Nachfrage- und Kostensituation bleiben weitgehend unberücksichtigt. Gefahr eines Verdrängungswettbewerbs.*
kostenorientiert: Die Verkaufskalkulation bestimmt den Preis, Mitbewerber und Nachfrage bleiben hierbei unberücksichtigt. Bei Alleinstellung bzw. auf Verkäufermärkten möglich.
nachfrageorientiert: Die Preisbereitschaft des Kunden bestimmt den Preis. Bei schwacher Konkurrenzsituation oder gleichem Konkurrenzverhalten möglich, z.B. Zubehör für technische Geräte.

b) *Rabatt*
Zugaben
Coupons
Ratenzahlung, Kreditkauf
Kundenkarte mit Bonus-/Zahlungsfunktion
Kreditkartenzahlung
Inzahlungnahme von Altgeräten
u.a.

Werbung, 09 Punkte

Die Ableitung des Werbeetats aus der Umsatzhöhe ist nicht ohne Kritik.

a) Erläutern Sie in diesem Zusammenhang die Begriffe prozyklische, antizyklische und azyklische Werbung. (6 Punkte)
b) Erläutern Sie die Kritik. (3 Punkte)

Lösungshinweise:

a) prozyklisch: Orientierung der Werbeausgaben am Umsatz wie z.B. 5% des Umsatzes azyklisch: gleichbleibend hohe Werbeausgaben unabhängig von der Umsatzentwicklung antizyklisch: in Phasen des Umsatzrückganges wirbt das Unternehmen verstärkt, in Phasen der Umsatzsteigerung bleibt der Werbeetat konstant oder wird reduziert.
b) Die Werbung soll zumeist den Umsatz steigern oder steht im Zusammenhang mit dem Einsatz der anderen absatzpolitischen Instrumente. Daher ist es besser, den Etat der Werbung entsprechend der Marketingziele festzulegen, um zu sichern, dass die Pläne erreicht werden.

Verkaufsförderung/Visual Merchandising, 8 Punkte

Die Ladengestaltung spielt im Rahmen des Visual Merchandisings eine wichtige Rolle. Für die Planung werden oft Kundenlaufstudien erstellt. Beschreiben sie, was unter einer Kundenlaufstudie zu verstehen ist und nennen Sie drei Erkenntnisse, die daraus gewonnen werden können.

Lösungshinweise:

Die Kundenlaufstudie ist als Multimomentaufnahme eine Form der primären Marktforschung. Es wird beobachtet, welchen Weg der Kunde durch den Laden geht, wie lange er sich in den Abteilungen aufhält und wo er sich im Besonderen der Ware zuwendet.
Erkenntnisse: z.B.

- *Verweildauer in den Abteilungen bzw. Warengruppen*
- *Feststellen der gut bzw. schlecht frequentierten Bereiche der Verkaufsfläche*
- *Erkenntnisse über die allgemeine Kundenorientierung in Bezug auf die Warenplatzierung und -präsentation*

Controlling, 12 Punkte

In einem Filialunternehmen mit vielen Filialen weisen Filiale A, B und C folgende Kennzahlen auf:

	Umsatz netto	Flächenleistung	Pro-Kopf-Leistung
durchschnittliche Ergebnisse aller Filialen	2.542.000,00	9.593,00	293.000,00
Filiale A	2.835.000,00	8.146,00	368.000,00
Filiale B	2.546.000,00	9.498,00	295.000,00
Filiale C	2.465.000,00	9.622,00	257.000,00

a) Analysieren Sie die vorliegenden Zahlen. (9 Punkte)
b) Erläutern Sie eine Handlungsempfehlung für Filiale A, um die Ergebnisse zu verbessern. (3 Punkte)

Lösungshinweise:

*a) Filiale A übersteigt den durchschnittlichen **Umsatz** um 12%, Filiale C verfehlt den durchschnittlichen Umsatz um 3%.*
*Bei der **Flächenleistung** verfehlt Filiale A den durchschnittlichen Wert um 15% trotz des guten Umsatzes, die anderen Filialen erreichen die durchschnittlichen Werte.*

*Bei der **Pro-Kopf-Leistung** erreicht Filiale A ein um 26% besseres Ergebnis, die Filiale C erreicht die durchschnittliche PKL um 12% nicht.*

b) Filiale A muss seine Flächenleistung korrigieren durch z.B. Untervermietung, durch weitere Umsatzsteigerungen mit Hilfe von Sortimentserweiterungen.

Prüfungsfach Beschaffung und Logistik
90 Minuten

Beschaffungsmarktforschung, 15 Punkte

Bei der Warenbeschaffung spielt die Beschaffungsmarktforschung eine wichtige Rolle.

a) Erklären Sie, was unter Beschaffungsmarktforschung zu verstehen ist, und nennen Sie drei konkrete Ziele, die dabei verfolgt werden. (9 Punkte)

b) Gehen Sie beispielhaft auf die Bedeutung der Beschaffungsmarktanalyse und Beschaffungsmarktbeobachtung ein. (6 Punkte)

Lösungshinweise:

a) Unter der Beschaffungsmarktforschung ist die systematische Erhebung von Informationen mit Hilfe der Methoden und Arten der Marktforschung sowie deren Auswertung zu verstehen, die den Beschaffungsmarkt für den Händler überschaubar machen.
Ziele der Beschaffungsmarktforschung sind z.B.:

- *grundsätzlich die Ermittlung von Bezugsquellen*
- *herausfinden des günstigsten und leistungsfähigsten Lieferanten*
- *aufspüren von neuen Produkten*

b) Durch die Beschaffungsmarktanalyse werden z.B. zu einem bestimmten Zeitpunkt die Anzahl der Lieferanten, deren Marktanteil sowie deren Preise und Lieferkonditionen festgestellt. Es handelt sich um eine Momentaufnahme.
Mit Hilfe der Beschaffungsmarktbeobachtung sollen Veränderungen auf den Beschaffungsmärkten wie z.B. allgemeine Preisveränderungen, Veränderungen der Konditionen der Lieferanten festgestellt werden. Es handelt sich um eine Zeitraumbetrachtung.

Bezugsquellen / Lieferantenauswahl, 10 Punkte

Für den Warenbezug stehen dem Handelsbetrieb verschiedene Beschaffungswege zur Verfügung.

a) Erläutern Sie drei Kriterien für die Beurteilung und Auswahl möglicher Beschaffungswege. (6 Punkte)

b) Wählen Sie zwei mögliche Beschaffungswege aus und stellen Sie jeweils die Vorzüge heraus. (4 Punkte)

Lösungshinweise:

a)

- *Die Beschaffungsmenge und die damit z. B. verbundene Mindestabnahme sowie Mindermengenzuschläge. Kleinere Handelsbetriebe beschaffen deshalb eher über den indirekten Weg.*

- *Zuschüsse zu Werbekosten und Verkaufsförderungshilfen sind Faktoren, die oft zu einer Entscheidung zu Gunsten der direkten Beschaffung führen.*
- *Die Produktauswahl ist ein Kriterium, das im Besonderen kleinere Handelsbetriebe zu einer indirekten Beschaffung führt, da hier bei den Bezugsquellen ein breites oder auch tiefes Sortiment zu finden ist.*

u.a.

b) Die indirekte Beschaffung z.B. über einen Großhändler bietet den Vorteil, dass geringe Mengen beschafft werden können, wobei der Großhändler auch in den meisten Fällen die Lieferbereitschaft garantiert. Der Großhändler bietet in der Regel auch Sortimentsergänzungen sowie Beratung in Bezug auf Neuheiten an.
Die Warenbeschaffung beim Hersteller ist ein Beispiel für die direkte Beschaffung. Hier hat derjenige Handelsbetrieb den Vorteil, der Waren in größerer Menge benötigt, da hier in Bezug zur Menge günstige Preise und Konditionen gewährt werden. Oft bieten die Hersteller zur Einführung ihrer Produkte Werbekostenzuschüsse und Verkaufsförderungshilfen an.

Bedarfsermittlung, Optimale Bestellmenge, 17 Punkte

Die Revision einer Großhandlung stellt fest, dass einige Artikel des Sortiments sehr häufig bestellt wurden. Die Revision will nun mit Hilfe der Andler´schen Formel die Bestellmengen überprüfen.

a) Erläutern Sie den Begriff „Optimale Bestellmenge". (3 Punkte)

b) Beschreiben Sie vier Voraussetzungen für die Anwendung der Andler´schen Formel. (8 Punkte)

c) Ermitteln Sie die optimale Bestellmenge für folgenden Artikel. (6 Punkte)

Jahresbedarf	24.000 Stück
Einstandspreis	1,20 Euro
Kosten je Bestellung	30,00 Euro
Marktüblicher Zinssatz	7%
Lagerkostensatz	13%

Lösungshinweise:

a) Die Verkaufsbereitschaft ist gesichert, Bestell- und Lagerkosten sind so gering wie möglich.

b) Innerhalb einer Zeitperiode müssen

- *Bedarfmengen gleichbleibend sein*
- *Einstandspreise sich nicht ändern*
- *Zinssätze unverändert bleiben*
- *Lieferzeiten unverzüglich und zuverlässig sein*

u.a.

c) $\frac{200 \cdot 24.000 \cdot 30}{1,20 \cdot 13} = 3038$ bitte Wurzelzeichen einsetzen

Lagerkennziffern, 16 Punkte

Aus der Lagerdatei der Getränkegroßhandlung Fass GmbH gehen folgende Werte hervor:

Lagerdatei

Artikel-Nr.	348
Artikelbezeichnung	Himbeergeist „Edelbeerli" 0,7l Flasche
Meldebestand	160
Höchstbestand	550

Datum	Warenzugang	Warenabgang	Bestand
01.01.			320
12.01.	210		530
02.02.		30	500
01.03.		120	380
28.03.		200	180
04.04.	280		460
01.05.		80	380
30.05.			380
18.06.		140	240
03.07.		60	180
31.07.			180
02.09.	180		360
01.10.		160	200
02.11.		40	160
16.11.	320		480
02.12.		180	300
12.12.	200		500
21.12.		160	340
31.12.			340

a) Ermitteln Sie den durchschnittlichen Lagerbestand in Flaschen. (4 Punkte)
b) Errechnen Sie die durchschnittliche Kapitalbindung bei einem Einstandspreis von 8,00 Euro. (4 Punkte)
c) Stellen Sie die Umschlagshäufigkeit fest. (4 Punkte)
d) Welcher Lagerzins ergibt sich bei einem angenommenen Jahreszinssatz der Banken von 10%? (4 Punkte)

Lösungshinweise:

a) $$\frac{320 + 500 + 380 + 180 + 380 + 380 + 180 + 180 + 360 + 200 + 160 + 300 + 340}{13} = 297$$

b) $297 \cdot 8{,}00 = 2.376{,}00$ *Euro*

c) *Wareneinsatz = Anfangsbestand + Zugänge – Abgänge*
= 320 + 1190 - 1170 = 340 Flaschen

$$\frac{340}{297} = 1{,}14$$

d) *Lagerdauer =* $\frac{360}{1{,}14} = 316$ *Tage*

$$\frac{316 \cdot 10}{360} = 8{,}78\ \%$$

Lagerordnungssysteme, 8 Punkte

Bei der Lagerorganisation stehen verschiedene Lagerordnungssysteme zur Verfügung. Beschreiben Sie anhand von jeweils zwei Vorteilen die chaotische Lagerhaltung und die Festplatzlagerung.

Lösungshinweise:
Bei der chaotischen Lagerhaltung gibt es für die Waren keine festen Lagerplätze, die Waren werden auf den jeweils freien Flächen untergebracht. Die Vorteile liegen in der besseren, optimalen Ausnutzung der Lagerfläche, es ergibt sich ebenfalls eine Platzersparnis, da keine Lagerfläche für bestimmte Waren vorgehalten werden muss.
Die Festplatzlagerung sieht für jede Ware einen für sie bestimmten Lagerplatz vor. Die Vorteile liegen generell in der Übersichtlichkeit der Warenanordnung, bei der Einlagerung der Waren wird ebenfalls die Entnahmehäufigkeit berücksichtigt, so ergeben sich in der Regel kurze Lagerwege.

Supply Chain Management, 10 Punkte

Handelsunternehmen und Lieferanten kommunizieren teilweise papierlos per Electronic Data Interchage - EDI.

a) Beschreiben Sie drei Vorteile, die sich durch EDI ergeben. (6 Punkte)
b) In diesem Zusammenhang steht die Zukunftsherausforderung für Handel und Lieferanten „Supply-chain-management". Erläutern Sie diesen Begriff. (4 Punkte)

Lösungshinweise:
a) Kostenreduzierung durch Einsparungen von z.B. Material-, Personalkosten
Schnellere Erstellung, Bearbeitung und Kontrolle der Auftragsbearbeitung
Optimierung der Sortimente durch ständigen Informationsaustausch zwischen Handel und Lieferanten
Verkürzung der Beschaffungszeit
Steigerung der Lagerumschlagshäufigkeit
u.a.
b) Optimierung der Absatzkette eines Artikels oder des Sortimentes von der Stufe der Urerzeugung bis zur Verteilung durch den Handel.

Lagerwirtschaft, 12 Punkte

Eine Großhandlung überprüft die Eigenlagerung im Vergleich zur Fremdlagerung. Für die Eigenlagerung liefert das Rechnungswesen folgende Zahlen:

kalkulatorische langfristige Lagermiete	40.000,00 Euro
fixe Lagerkosten	29.000,00 Euro
Abschreibung auf Lagereinrichtung	15.000,00 Euro
variable Lagerkosten je Stück	0,76 Euro

Ein Logistikunternehmen bietet die Einlagerung für 1,80 je Stück an.

a) Ermitteln Sie, welche Form der Lagerhaltung bei einer durchschnittlichen Lagermenge von 68.000 Stück pro Jahr vorteilhafter wäre. (6 Punkte)
b) Ermitteln Sie, bei welchem durchschnittlichen Lagerbestand pro Jahr die kritische Lagermenge liegt. (6 Punkte)

Lösungshinweise:

a)

***Eigenlagerung**:*	*fixe Kosten*	*84.000,00 Euro*
	Variable Kosten	*51.680,00*
	Gesamtkosten	***135.680,00***
Fremdlagerung		***122.400,00***

b)

$$84.000 + 0{,}76x = 1{,}80x$$
$$84.000 = 1{,}80x - 0{,}76x$$
$$84.000 = 1{,}04x$$
$$\frac{84.000}{1{,}04} = 80.769 \text{ Stück}$$

Controlling, 12 Punkte

Ein Großhandelsunternehmen möchte den Servicegrad erhöhen.

a) Erläutern Sie, was unter dem Begriff Servicegrad zu verstehen und wie er zu ermitteln ist. (4 Punkte)
b) Beschreiben Sie vier Möglichkeiten, den Servicegrad zu erhöhen. (8 Punkte)

Lösungshinweise:

a)
Servicegrad misst den Anteil der termingerecht ausgeführten Aufträge.

$$\frac{\text{termingerecht ausgeführte Aufträge} \cdot 100}{\text{Gesamtaufträge}}$$

b) z.B.
- *Optimierung der Lagerbestände durch geeignete Bestellverfahren*
- *Lieferanten wählen, die „just-in-time“ liefern können, Abrufaufträge erteilen*
- *ABC-Analyse anwenden, auf A-Artikel konzentrieren und Servicegrad sichern*
- *Absatzmarktforschung verbessern, um Umsatz und Absatz und danach Lagerbestände gezielter zu planen*
- *EDI mit wichtigen Kunden einführen, um Nachfrage stets zu beobachten und rechtzeitig zu reagieren*
- *EDI mit Lieferanten vereinbaren, um deren Lieferfähigkeit zu sichern*

6. Literaturverzeichnis

Literaturhinweise und Adressen

Gabler Wirtschaftslexikon, 17. Auflage, Wiesbaden 2010

Müller-Hagedorn, Der Handel, Kohlhammer, 1998

IT-Trens im Handel 2009, EHI Retail Institute

Weis, Marketing, 15. Auflage, Ludwigshafen 2009

Katalog E, Hrsg. Institut für Handelsforschung an der Universität zu Köln

Handel aktuell, EHI Retail Institute, Köln (Jahrbuch)

Factbook Einzelhandel 2010, Hrsg HDE und Handelsjournal

Theis, Handelsmarketing, Frankfurt

Heinemann, Multi-Channel-Handel, Wiesbaden 2008

Erfolgreich im mittelständischen Handel, BBE Handelsberatung München 2010

Metro Handelslexikon (Jahrbuch), Metro AG, Düsseldorf, Bestellungen an handelslexikon@metro.de

HDE Zahlenspiegel 2010, Hrsg. Handelsverband Deutschland

Fachzeitschriften:

Handelsjournal handelsjournal@fachverlag.de; www.handelsjournal.de

Handels-Magazin, westermann@patzer-verlag.de; www.handels-magazin.de

Lebensmittel-Praxis; lebensmittelpraxis@pvnet.de

Lebensmittel Zeitung;redaktion@lz-net.de; www.lz-net.de

Textilwirtschaft; redaktion@dfv.de; www.textilwirtschaft.de

Absatzwirtschaft; absatzwirtschaft@fachverlag.de; www.absatzwirtschaft.de

Adressen:

Handelsverband Deutschland e.V.; www.hde.de

BBE Handelsberatung; bbe.de

Institut für Handelsforschung; www.ifhkoeln.de/informationen.php

EHI Retail Institute; www.ehi.org/nc.html

GS1 Germany; info@gs1-germany.de web2.cylex.de/firma-home/gs1-germany-gmbh-2459852.html

Statistisches Bundesamt; /www.destatis.de/jetspeed/portal/cms/

7. Index

Fachbücher aus dem weConsult-Verlag

Peter Collier, Volker Wedde
Geprüfter Handelsfachwirt/in werden
Anleitung für eine erfolgreiche Prüfung vor der IHK

Taschenbuch, 348 Seiten, 23,80 Euro

10. Aufl. 2010, ISBN 978-3-87717-713-6

Peter Collier, Volker Wedde
Formelsammlung für Handelsfachwirte und andere IHK Fortbildungsprüfungen

Taschenbuch, 76 Seiten, 9,80Euro

3.Aufl. 2010, ISBN 978-3-87717-712-9

Peter Collier, RA Günter Stock
Ein Pfad durch den Dschungel des Wettbewerbsrechts

Taschenbuch, 124 Seiten, 12,80Euro

5. völlig überarbeitete Auflage 2010, ISBN 978-3-87717-829-4

Peter Collier, Norbert Hitter, Volker Wedde
Formelsammlung für Handelsassistenten

Taschenbuch, 76 Seiten, 9,80Euro

ISBN 978-3-87717-826-3

Peter Collier, Volker Wedde
Kaufmännische Formelsammlung

Taschenbuch, 78 Seiten, 9,80Euro

ISBN 978-3-87717-828-7

Peter Collier, Erika Kuhn
Geprüfter Marketingfachkaufmann/frau werden

Taschenbuch,186 Seiten, 19,80Euro

2. Auflage 2009, ISBN 978-3-00027-619-4

Sybille Schulemann-Adlhoch, Thomas Zimmermann, Peter Collier, Volker Wedde
Praxiswissen Geprüfter Handelsfachwirt

Taschenbuch, 208 Seiten, 23,90

ISBN 978-3-87717-825-6

In Vorbereitung

Peter Collier, Erika Kuhn
Betriebswirt des Handwerks werden
Anleitung für eine erfolgreiche Prüfung vor der Handwerkskammer

Sybille Schulemann u.a.
Praxiswissen Gepr. Handelsfachwirt II
Unternehmensführung und -steuerung - Führung und Personalmanagement - Volkswirtschaft für die Handelspraxis - Außenwirtschaft

weConsult-Verlag- Der Spezialist für die kaufmännische Fortbildung